Grenzenlose Heimat

Samuel Salzborn

# Grenzenlose Heimat

## Geschichte, Gegenwart und Zukunft der Vertriebenenverbände

ELEFANTEN PRESS BERLIN

# Inhalt

# Vorwort

Zu Beginn des neuen Jahrtausends scheinen die Vertriebenenverbände nur noch ein Randphänomen der bundesdeutschen Gesellschaft zu sein. In der Erinnerung sind bei weiten Teilen der Bevölkerung bestenfalls noch einige Ausschnitte aus ihrer Geschichte hängen geblieben: die Aufnahme und Eingliederung der Flüchtlinge nach der Umsiedlung aus den ehemaligen deutschen Ostgebieten, der Kampf der Vertriebenenverbände gegen verständigungspolitische Ansätze in den siebziger Jahren und damit gegen die Ostverträge, die innenpolitischen Konflikte im Kontext der sich seit 1989/90 wandelnden Aussiedlerpolitik, die gemeinsame Front von Vertriebenenverbänden und rechten Organisationen gegen die Anfang 1997 verabschiedete Deutsch-Tschechische Erklärung oder etwa die jährlich in Millionenhöhe an die Vertriebenenverbände fließenden Bundesmittel unter der christlich-liberalen Bundesregierung.

Aufgrund dieser vergleichsweise geringen Anzahl an politischen Schlaglichtern könnte man annehmen, dass »Vertriebene« aussterben und ihre Verbände in Kürze politisch bedeutungslos werden. Diese These scheint noch durch das lange Zurückliegen der Umsiedlung und das gegenwärtig hohe Alter der damaligen Flüchtlinge gestützt zu werden. Doch aktuelle Ereignisse widersprechen dieser These. Als ein Beispiel sei hier der nur kurze Zeit zurückliegende Krieg gegen Jugoslawien genannt, in dem eine Vielzahl bundesdeutscher Medien die Position der Vertriebenenverbände aufgriff und bisweilen übernahm, wie später noch genauer gezeigt werden wird. Die Vertriebenenverbände hatten versucht, die Flucht der Kosovo-Albaner mit der Umsiedlung der Deutschen infolge des Zweiten Weltkrieges moralisch und politisch in Beziehung setzen. Aber auch die Tatsache, dass zahlreiche Politikerinnen und Politiker in der Öffentlichkeit damit kokettieren, dass sie selbst oder ihre Eltern bzw. Großeltern in den ehemaligen deutschen Ostgebieten geboren worden sind oder dort gelebt haben, weist offenbar auf eine gesellschaftlich nutzbar zu machende Funktion dieser Angabe (etwa für Kandidatinnen und Kandidaten bei Bundes- oder Landtagswahlen) hin, die weit über die bloße Nennung des Geburtsortes hinausgeht.

Der vergangene »Tag der Heimat« liegt bei Erscheinen dieses Buches nur wenige Monate zurück. Es war der fünfzigste seiner Art, der von den Vertriebenenverbänden Anfang September 1999 in Stuttgart begangen wurde. Wie bei runden Jubiläen üblich, Zeit, auf die Geschichte zurückzuschauen, die Gegenwart zu analysieren und einen Blick auf die Zukunft zu werfen: Ein halbes Jahrhundert Vertriebenenverbände. Ein halbes Jahrhundert Kampf um das »Recht auf die Heimat«, also Kampf um polnisches und tschechisches Staatsterritorium. Mal ein wenig lauter geführt, mal im Stillen, mal mit Gebrüll, mal im scheinbar gleichberechtigten Dialog mit den Nachbarn. Doch stets das Ziel vor Augen: die ehemalige Heimat.

Dieser Blick zurück wirft viele Fragen auf, Fragen, die dieses Buch nicht alle wird beantworten können. Fragen nach verschiedenen Detailuntersuchungen zu den Vertriebenenverbänden, die noch ausstehen, weil kritische Untersuchungen zu diesem Thema fast völlig fehlten. Fragen nach der Fülle des Materials, das die im Gegensatz zur kritischen Forschung höchst aktive apologetische Wissenschaft und politische Publizistik in den vergangenen fünf Jahrzehnten geradezu bibliothekenweise produziert hat. Es wird hier allerdings erstmals seit der osteuropäischen Transformation 1989/90 der Versuch unternommen, aus einer kritischen Perspektive heraus die Geschichte und Gegenwart der Vertriebenenverbände zu analysieren und sich dabei auch der Frage nach der Zukunft dieser Verbände zuzuwenden.

Grundlage der folgenden Darstellung ist die historische Entwicklung von 1945 bis heute einschließlich einer Betrachtung von Flucht und Umsiedlung der Deutschen. Darauf aufbauend wird die politische Vernetzung der Vertriebenenverbände mit dem Parteienspektrum und dem organisierten Rechtsextremismus ebenso untersucht, wie ihre publizistischen Aktivitäten und ihr weitverzweigtes Organisationssystem beleuchtet werden. Darin integriert ist eine Analyse der ideologischen Kontinuitäten wie Wandlungen im Laufe der vergangenen fünfzig Jahre, die die aktuellen Äußerungen und Thesen der Vertriebenenpolitiker in einen theoretischen wie politischen Gesamtkontext einordenbar machen sollen. Auch das Verhältnis der Vertriebenenverbände zur rot-grünen Bundesregierung wird dabei ausführlich diskutiert.

Bei der Erarbeitung des vorliegenden Manuskriptes haben mir zahlreiche Einzelpersonen, Gruppen und Organisationen geholfen und wertvolle Hinweise gegeben, wofür ich mich herzlich bedanke. Mein Dank gilt hier besonders Gerd Alt und Sebastian Schwarz, die in verschiedenen Fragen mit mir zusammengearbeitet und meine Arbeit in unzähligen Diskussionen angeregt haben. Ganz besonders danken möchte ich Alexandra Kurth und Marc Schwietring, die mit unbeschreiblicher Geduld zahllose Fassungen des Manuskriptes gelesen und kritisiert haben. Ihnen ist diese Annäherung an eine aktuelle kritische Betrachtung zur Geschichte, Gegenwart und Zukunft der Vertriebenenverbände gewidmet.

*Samuel Salzborn*
*Berlin / Hannover, im Dezember 1999*

# Kampf bis in die Ewigkeit?

## Eine Einleitung

Irgendwann im Herbst. Alte Männer und Frauen bewegen sich langsam und schwerfällig aus ihren Bussen zum Kundgebungsort. Unter ihnen auch vereinzelt jüngere Menschen. Burschenschafter vielleicht. In der Veranstaltungshalle ein Bild, das an lang zurückliegende Zeiten erinnert. Kleine Kinder in Trachten, ein wie aus dem tiefsten Hinterland stammend wirkender Eichendorff- oder Sonstwas-Chor stimmt zur letzten Probe an. Fahnen wehen. Wappen zieren die Wände. Auf ihnen Gebietsabzeichen von Regionen, die seit mehr als fünfzig Jahren nicht mehr unter deutscher Hoheit stehen und deren Namen Geschichte sind. Folkloristisches Trara am Anfang, gefolgt von zwei oder drei Reden mit gebietsrevisionistischem Getöse und völkerrechtlichen Anmaßungen. Zum Schluss ein Lied, das nicht weniger an überkommene Zeiten erinnert als die Trachten. Menschenmassen verlassen den Ort. Bis es im nächsten Jahr wieder zum »Tag der Heimat« geht.

Die Aktivitäten der »Vertriebenen«, insbesondere ihre Heimattümelei, mag vielen anachronistisch vorkommen. Wer an Mitglieder von Vertriebenenverbänden denkt, assoziiert zumeist alte Menschen und dass mit ihrem Ableben auch die Vertriebenenverbände langsam aber unaufhaltsam in die politische Bedeutungslosigkeit verschwinden werden. Dem ist nicht so. So paradox es klingen mag, der Status des »Vertriebenen« wird vererbt und an die nachwachsenden Generationen weitergegeben. Die Begriffe »Vertriebene« und »Vertreibung« werden deshalb im folgenden grundsätzlich in Anführungszeichen gesetzt. Damit soll symbolisch gezeigt werden, dass sie soziale Konstrukte beschreiben, die einen politisch-historischen Anspruch moralistisch begründen und legitimieren sollen, aber nicht in Einklang mit den historischen Tatsachen stehen.[1] Dies wird im folgenden Kapitel ausführlich diskutiert. Hier nur soviel: Am Ende des Zweiten Weltkrieges war die Verwendung des Begriffes »Vertreibung« in seiner heute gängigen Bedeutung noch gänzlich unbekannt. Er findet sich weder im *Potsdamer Abkommen*, noch in frühen Dokumenten zum Thema. Seinerzeit sprach man etwa von Flucht oder Um- bzw. Übersiedlung.

Im übrigen ist jemand, der tatsächlich seinen ehemaligen Wohnort verlassen hat oder verlassen musste, nicht automatisch sein Leben lang ein »Vertriebener«. Eine derartige Selbstdefinition muss – wie jede individuelle Identität – permanent im praktischen sozialen Leben aufrechterhalten werden. Und das nicht nur im eigenen Selbstverständnis, sondern auch in der Bestätigung durch andere, in der sozialen Anerkennung als »Vertriebener« – sowohl in juristischer Hinsicht als auch im alltäglichen gesellschaftlichen Verkehr. Dieser Prozess gesellschaftlicher Konstruktion von Vertriebenenwirklichkeit funktioniert am effektivsten, wenn er unsichtbar vonstatten geht, vor allem durch die Naturalisierung des Sozialen. Solche naturalistische Auffassungen des Sozialen sind, das zeigt sich auch am Rassismus, tief im Alltagsverstand der Menschen verankert. Dergestalt werden sozusagen die Anführungszeichen, mit denen das Wort »Vertriebene« umgeben ist, unsichtbar gemacht und aus den individuellen und kollektiven Lebensgeschichten herausredigiert.

Begriffe, die aus dem sozialen oder sprachlichen Umfeld der Wörter »Vertriebener« und »Vertreibung« stammen, werden ob der Lesbarkeit nicht in Anführungszeichen gesetzt. Damit ist jedoch keineswegs gemeint, dass es sich bei diesen Begrifflichkeiten (Landsmannschaft) oder Wortzusammensetzungen (Vertriebenenverbände, Vertriebenenpolitiker etc.) nicht ebenso um politisch-historisch unhaltbare Eigenbezeichnungen der »Vertriebenen« handelt. Falsche Widerspiegelungen der Realität sind sie gleichermaßen. Geografische Bezeichnungen, wie beispielsweise Pommern oder Schlesien, sind stets historisch zu verstehen und werden deshalb ebenfalls nicht in Anführungszeichen gesetzt.

## Funktion der »Unsterblichkeit«

Laut einer Repräsentativbefragung des Instituts für Demoskopie Allensbach von 1996 waren dreizehn Prozent der »Vertriebenen« zwischen sechzehn und neunundzwanzig Jahre alt.[2] Wer heute also als »Vertriebener« gilt, war während der Umsiedlung am Ende des Zweiten Weltkrieges oftmals noch gar nicht geboren. Dies erscheint auf den ersten Blick vielleicht als widersinnig, kann aber durch dic Darlegung des Selbstverständnisses der »Vertriebenen« über sich und ihre Jugend und durch den Hinweis auf die durch das *Bundesvertriebenengesetz* von 1953 juristisch definierte Vererbbarkeit der »Vertreibung« erklärt werden.

### »Die Heimat wird uns nicht geschenkt«

Anfang der siebziger Jahre war die zweite Generation der »Vertriebenen« herangewachsen und der damalige Generalsekretär des Bundes der Vertriebenen (BdV), Hans Neuhoff, machte sich im BdV-Organ *Deutscher Ostdienst* Gedanken darüber, wie die »Kulturarbeit« der »Vertriebenen« künftig zu gestalten sei. Er vertrat die Position, dass, wenn es nicht gelinge, den »Respekt vor den deutschen kulturellen Leistungen« in den »Ostgebieten des Reiches und in den sonstigen Vertreibungsgebieten« im Bewusstsein der »jungen Generation wie auch der Erwachsenen« zu halten, automatisch auch »jedes Interesse an der ostdeutschen Frage« erlahmen werde. Als besonderen Schwerpunkt für die »Kulturarbeit« der Landsmannschaften im Jahr 1973 stellte Neuhoff die Schulung der Jugendlichen heraus. Es müsse sichergestellt werden, dass »die Deutschen mit fundiertem Wissen ausgestattet« seien und dass ihr »Blick für die Verfremdung der historischen Tatsachen durch die andere Seite« geschärft werde. Die Jugend werde durch »Fahrten in die Ostgebiete auch mehr Verständnis für die schicksalhaften Erlebnisse ihrer Eltern, für deren Heimatbewusstsein und für das Anliegen der deutschen Selbstbehauptung aufbringen«.[3]

Einen sehr ähnlichen Standpunkt nahm gut ein Jahr später an gleicher Stelle der damalige BdV-Präsident Herbert Czaja ein. Der

BdV brauche Jugendgruppen, die sich mit der »ostdeutschen Geschichte, mit der Kultur der Nachbarn, mit der europäischen Zukunft kontinuierlich« befassen. Daneben müsse »auch jeder einzelne von uns einen sehr ernsten Erziehungsweg bei unseren Kindern und Jugendlichen antreten«. Die größte Sorge sei dabei das Fehlen von Jugendleitern, die »unsere Jugend in zeitgemäßer Form« ansprechen könnten. Desto ernster seien die in der Kulturarbeit verdienten Mitarbeiter mittlerer und älterer Jahrgänge dazu aufgerufen, sich die »Schulung und die Hilfen für solche Jugendleiter als eines der Hauptziele ihrer Arbeit« zu setzen. »Kein Rückschlag – und es wird viele Rückschläge geben – darf uns zur Resignation führen.«[4]

Neuhoff und Czaja steckten mit ihrer Forderung nach Intensivierung der Jugendarbeit und nach politischer Qualifizierung der Jugendlichen den organisatorischen Rahmen für die Jugendpolitik der Vertriebenenverbände ab. Implizit geben sie durch Verweise auf die »ostdeutsche Frage«, auf »historische Tatsachen«, »Heimatbewusstsein« und »ostdeutsche Geschichte« bereits den politischen Rahmen vor, in dem die Arbeit von Jugendlichen in den Vertriebenenverbänden bzw. für sie stattfinden soll. Ebenfalls angedeutet ist das Verhältnis von Kulturarbeit auf der einen und Jugendarbeit auf der anderen Seite: Ein Durchdringungsverhältnis von besonderer Bedeutung, da auf dem Feld der Kulturarbeit die »zweite Schlacht um den deutschen Osten« stattfinde, wie Neuhoff an anderer Stelle anmerkte.[5]

Einer der bekanntesten Vertriebenenpolitiker, Herbert Hupka, bringt den scheinbaren Widerspruch einer Verjüngung der Vertriebenenverbände auf den Punkt. Je länger die Umsiedlung währe, umso geringer werde die Zahl derer, die »noch in Schlesien geboren worden« seien und »entscheidende Jahre in Schlesien« gelebt hätten. Darum sei es richtig, dass sich »die Landsmannschaft Schlesien als Landsmannschaft für Schlesien« verstehe. Es bedürfe, so Hupka, nicht »der Herkunft aus Schlesien, um für Schlesien tätig sein zu können«.[6]

Das zeigt nicht zuletzt auch die Biografie des Bundesvorsitzenden der Landsmannschaft Schlesien selbst: Hupka wurde im

August 1915 in Diyatalawa auf Ceylon (heute: Sri Lanka) und somit fern des ehemaligen Schlesiens geboren. Erst 1919 kam er – nachdem er von 1915 bis 1919 in Australien aufgewachsen war – ins damalige Schlesien. Er verließ allerdings Racibórz, die Stadt, in der sich seine Eltern niedergelassen hatten, bereits 1934 wieder und ging zum Studium nach Halle und Leipzig. Nach dem Kriegsdienst in der Wehrmacht engagierte er sich bereits kurz nach seiner Umsiedlung in die amerikanische Besatzungszone für die Organisierung der ehemaligen Schlesier und war an der Gründung der Landsmannschaft Schlesien beteiligt. Hupka, der lange Zeit als Journalist arbeitete, wurde 1968 zum Vizepräsidenten des Bundes der Vertriebenen und im selben Jahr auch zum Bundesvorsitzenden der Landsmannschaft Schlesien gewählt. Der ehemalige Vorsitzende der Ost- und Mitteldeutschen Vereinigung (OMV) der Union wechselte, nachdem er zunächst Bundestagsabgeordneter der SPD gewesen war, aus Protest gegen die Ostverträge zur CDU/CSU über, wobei seine politischen Positionen unabhängig von der Parteizugehörigkeit stets an den Interessen der Vertriebenenverbände orientiert gewesen sind.[7]

In einem Leserbrief an *Die Welt* aus dem Juni 1984 wird Hupka in Bezug auf die Voraussetzungen, die für die Arbeit in den Vertriebenenverbänden erfüllt sein müssen, noch präziser als in den oben stehenden Ausführungen. Er betont, dass die Landsmannschaft Schlesien sich als Zusammenschluss »von bereits drei Generationen« verstehe, wobei Gleiches »im übertragenen Sinne auch für die anderen Landsmannschaften« gelte. Als erstes seien da die »Geburtsschlesier, die den größten Teil ihrer Jahre noch in Schlesien« gelebt hätten. Ihre Zahl nehme »schon aus biologischen Gründen mehr und mehr ab«. Hinzu kommen die »Abstammungsschlesier, aus schlesischer Wurzel stammend, die Mehrzahl der Jahre, wenn überhaupt noch in Schlesien geboren, wurden schon hier verbracht«. Und schließlich noch die »Bekenntnisschlesier«: »Mitbürger vor allem der jungen Generation, die sich als Angehörige unseres deutschen Volkes zu Schlesien bekennen und als Demokraten gegen die Realitäten des Unrechts, wie sie von Diktaturen geschaffen worden sind, aufbegehren.«[8]

Hierin zeigt sich erstens die erstrebte moralische Legitimierung der Verjüngung der Vertriebenenverbände und zweitens die Funktionalisierung der Jugend. Mit einer schon fast ungewöhnlichen Deutlichkeit und Offenheit war in der *Sudetendeutschen Aktion* Ende 1958 noch genauer erläutert worden, welche Funktion die Organisierung von Jugendlichen bei den Vertriebenenverbänden hat: »Die Aufgaben der ›Heimatpolitik‹, der ›Propaganda‹, der ›psychologischen Kampfführung‹ können im wesentlichen von wenigen Menschen, von Gruppen von Fachleuten und von Führungsgremien gelöst werden. Alles aber bleibt umsonst, wenn im Zeitpunkt der Entscheidung eine disziplinierte junge Generation fehlt, die bereit ist, sich persönlich dafür einzusetzen. Die Volksgruppe wird absterben, wenn es nicht in absehbarer Zeit gelingt, diese junge Generation zu aktivieren. [...] Wir dürfen die Augen vor keiner Eventualität verschließen. Die Heimat wird uns nicht geschenkt. Wir haben tausend Jahre Deutschtum in den böhmischen Ländern verspielt, wenn es nicht gelingt, eine für jeden Fall einsatzbereite, gründlich geschulte und ausgebildete junge Generation zu schaffen.«[9]

### »Bekenntnis zum inneren Volkstumsbewusstsein«

Im *Gesetz über die Angelegenheiten der Vertriebenen und Flüchtlinge* (kurz: *Bundesvertriebenengesetz – BVFG*) von 1953 sind die wesentlichen Grundkoordinaten der Vertriebenenpolitik juristisch fixiert. Es enthält Bestimmungen für die unmittelbar von Flucht und Umsiedlung betroffenen Menschen, deren Familien und Nachkommen, sowie für Aussiedler und Spätaussiedler. Der Unterschied zwischen einem »Vertriebenen« und einem (Spät-)Aussiedler im Sinne des Gesetzes besteht in folgendem: Als »Vertriebener« gilt, wer als »deutscher Staatsangehöriger oder deutscher Volkszugehöriger« in den ehemaligen deutschen Ostgebieten oder in den Gebieten außerhalb der Grenzen des Deutschen Reiches nach dem Gebietsstand vom 31. Dezember 1937 (wodurch die Tschechoslowakei, die Sowjetunion, Estland, Lettland, Litauen, Polen, Ungarn, Rumänien, Bulgarien und Jugoslawien mit erfasst werden) seinen Wohnsitz hatte und diesen infolge des

Zweiten Weltkrieges durch Flucht oder Umsiedlung verloren hat.[10] Unter Aussiedlern werden Menschen verstanden, die nach Ende der Umsiedlung, aber vor Auflösung der Ostblock-Staaten ihren Wohnort in den genannten osteuropäischen Staaten verlassen haben und für die die gleichen Staats- oder Volkszugehörigkeitskriterien gelten,[11] während als Spätaussiedler diejenigen Menschen gelten, die seit Anfang 1993 aus diesen Staaten in die Bundesrepublik gekommen sind.[12]

Neben diesen Personenkreisen erfassen die Regelungen des *BVFG* aber auch die Nachkommen der »Vertriebenen«, also diejenigen, die Flucht, Um- oder Aussiedlung noch nicht erlebt haben können: »Kinder, die nach der Vertreibung geboren sind, erwerben die Eigenschaft als Vertriebener [...] des Elternteiles, dem im Zeitpunkt der Geburt oder der Legitimation das Recht der Personensorge zustand oder zusteht. Steht beiden Elternteilen das Recht der Personensorge zu, so erwirbt das Kind die Eigenschaft als Vertriebener [...] desjenigen Elternteiles, dem im Zeitpunkt der Geburt oder der Legitimation das Recht der gesetzlichen Vertretung zustand oder zusteht.«[13] Ziel dieser Weitergabe der Vertriebeneneigenschaften ist es, heißt es im einschlägigen Kommentar zum *BVFG*, einen »bereits bestehenden Vertriebenenstatus« über die »Generation der unmittelbar Betroffenen hinaus aufrechtzuerhalten«.[14] Im Gesetzentwurf der Bundesregierung für das *BVFG* aus dem Jahr 1951 wird der Zweck dieses in Bezug auf die im Gesetz gegebene Vertriebenendefinition doch etwas dubios wirkenden Vorganges eingehender erläutert. Hier wird ausgeführt, dass es »nicht angängig« sei, die »Vertriebenen- und Flüchtlingseigenschaft nur Personen zuzuerkennen«, die »im Zeitpunkt der Vertreibung« gelebt hätten. Denn in diesem Fall würde der »Anspruch auf Rückkehr in die Heimat lediglich auf die Generation beschränkt werden, die vertrieben« worden sei. Durch die Bestimmungen zu den »nach der Vertreibung geborenen oder legitimierten Kindern« werde aber »die Erhaltung der Vertriebenen- und Flüchtlingseigenschaft durch Generationen gewährleistet«.[15]

Mit der Weitergabe der Vertriebeneneigenschaft wird somit ein konkretes politisches Ziel verfolgt, das von den realen historischen Vorgängen der Umsiedlung abstrahiert, um daraus politischen Nutzen ziehen zu können. So gelangt auch der Verfasser des *BVFG*-Kommentars, Max von Schenckendorff, zu dem Ergebnis, dass dem Vertriebenenausweis, der zum Nachweis der »Vertriebenen- oder Flüchtlingseigenschaft« notwendig ist[16] und die »Gewährung von Rechten oder Vergünstigungen als Vertriebener« legitimiert[17], zugleich auch »Dokumentationscharakter für das Recht auf Heimat und das dauernde Fortbestehen des Vertreibungsunrechts« zukomme.[18] Die ursprüngliche Funktion dieses Vertriebenenausweises, der den »Vertriebenen« auf Antrag von den Länderbehörden ausgestellt wurde, bestand weniger in diesem außenpolitisch instrumentalisierbaren »Dokumentationscharakter« für das »Recht auf die Heimat«, sondern darin festzulegen, wer tatsächlich den Status als »Vertriebener« hat und diesen für Behörden und Ämter nachvollziehbar zu machen. Denn mit dem Vertriebenenstatus sind zahlreiche Rechte und Vergünstigungen im wirtschaftlichen und sozialen Bereich verbunden, auf die später genauer eingegangen wird.

Das *BVFG* ist heute insgesamt in sieben bzw. acht Abschnitte gegliedert, was darin begründet ist, dass parallel zwei nebeneinander gültige Fassungen des *BVFG* existieren: Die erstgenannte für die Personen, deren Status vor dem 1. Januar 1993[19], letztere für alle Personen, deren Status nach dem 31. Dezember 1992[20] entstanden ist. Die erste Fassung ist noch eine modifizierte und ergänzte Form des ursprünglich 1953 installierten *Bundesvertriebenengesetzes*, während die zweite einerseits der bereits erfolgten Aufnahme und Integration der »Vertriebenen«, andererseits den durch die osteuropäische Transformation 1989/90 grundlegend geänderten Bedingungen der Aus- und Umsiedlung Rechnung trägt. Die Differenzierung zwischen diesen beiden Fassungen des *BVFG* ist auch bei der Beschreibung der auf die Jugend der Vertriebenenverbände bezogenen Passagen des Gesetzes notwendig, weil die Unterschiede, die zwischen den beiden Fassungen bestehen, sich auch auf diesen Bereich beziehen.

In beiden Fassungen definiert der Paragraf 6 *BVFG* die »Volkszugehörigkeit«. Deutscher Volkszugehöriger ist demnach, wer sich

»in seiner Heimat zum deutschen Volkstum bekannt« hat, sofern dieses Bekenntnis durch »bestimmte Merkmale, wie Abstammung, Sprache, Erziehung, Kultur« bestätigt wird.[21] In der seit Anfang 1993 gültigen Neufassung des *BVFG* ist dieser Paragraf 6 um einen zweiten Absatz ergänzt worden: »Wer nach dem 31. Dezember 1923 geboren ist, ist deutscher Volkszugehöriger, wenn 1. er von einem deutschen Staatsangehörigen oder deutschen Volkszugehörigen abstammt, 2. ihm die Eltern, ein Elternteil oder andere Verwandte bestätigende Merkmale wie Sprache, Erziehung, Kultur vermittelt haben [...].«[22]

Die Ergänzung um diesen zweiten Absatz war nötig geworden, damit der Kern eines anderen Paragrafen des *BVFG*, der in der Neufassung geändert wurde, ebenfalls erhalten bleiben konnte, nämlich der Paragraf 10 *BVFG*. In der alten Fassung des *BVFG* regelt dieser Paragraf noch, dass »Rechte und Vergünstigungen als Vertriebener« von denjenigen Personen in Anspruch genommen werden können, die bis zum 31. Dezember 1952 in der Bundesrepublik ihren ständigen Aufenthalt genommen haben. Entscheidend ist auch hier die Einschränkung im zweiten Absatz: »Ohne Rücksicht auf den in Absatz 1 genannten Stichtag kann ein Vertriebener Rechte und Vergünstigungen in Anspruch nehmen, wenn er im Geltungsbereich des Gesetzes seinen ständigen Aufenthalt genommen hat 1. als nach dem 31. Dezember 1952 geborenes Kind eines zur Inanspruchnahme von Rechten und Vergünstigungen berechtigten Vertriebenen [...].«[23]

Die Erweiterung des Paragrafen 6 *BVFG* um den zweiten Absatz und die damit verbundene Übernahme der Definitionen aus der alten Fassung des Paragrafen 10 *BVFG* erfolgte, um die »Prüfung der deutschen Volkszugehörigkeit« den »heutigen Verhältnissen« anzupassen.[24] Jetzt werde ein »aktuelles Bekenntnis zum deutschen Volkstum« verlangt, womit auch den »Veränderungen in den Staaten Ost- und Südosteuropas Rechnung« getragen worden sei, erläutert Brigitta Gaa-Unterpaul die Modifikationen.[25] Die Änderung des Gesetzestextes orientierte sich an den Entwicklungen zur Statusanerkennung von Spätaussiedlern, das heißt es ging darum, dass unter den durch die weggefallene Systemkonfrontation veränderten staatlichen und politischen Bedingungen die Aufnahme von »deutschen Staatsangehörigen oder deutschen Volkszugehörigen« aus den osteuropäischen Staaten in der Bundesrepublik geregelt werden musste.[26]

Der Paragraf, der die Bestimmungen über »nach der Vertreibung geborene oder legitimierte Kinder« beinhaltete, wurde durch das *Kriegsfolgenbereinigungsgesetz (KfbG)* zum 1. Januar 1993 aufgehoben. Im *Kriegsfolgenbereinigungsgesetz* wurden verschiedene Änderungen des *BVFG* festgelegt, die dann in die Neufassung des *Bundesvertriebenengesetzes* eingegangen sind. Allerdings hat diese Aufhebung durch das *Kriegsfolgenbereinigungsgesetz* – so von Schenckendorff – nur Bedeutung für »Kinder von Personen, die nach dem 31.12.1992 das Vertreibungsgebiet« verlassen haben, sowie für »Kinder von Vertriebenen«, die »nach diesem Zeitpunkt geboren« worden sind. Der Aufhebung kommt hingegen keine Rückwirkung in dem Sinn zu, dass ein »Vertriebenenstatus, der in der Person eines bis zum 1.1.1993 Übergesiedelten nach der bis zu diesem Zeitpunkt geltenden Rechtslage kraft Gesetzes« entstanden ist, »nachträglich beseitigt worden wäre« und »nicht mehr durch Ausstellung eines Vertriebenenausweises« festgestellt werden könnte.[27] Entscheidend bleibt vielmehr: »Das Bekenntnis muss von einem inneren Volkstumsbewusstsein getragen sein, das insoweit Teil des Bekenntnisbegriffs ist.«[28]

## Dimensionen der »Vertreibung«

Aus der Perspektive der Vertriebenenverbände sind die Gründe für Flucht und Umsiedlung der Deutschen infolge des Zweiten Weltkrieges nicht primär im Nationalsozialismus oder der deutschen Expansions- und Vernichtungspolitik zu sehen. Für die »Vertriebenen« liegen die Ursachen ihrer Ausweisung bereits in Minderheitenkonflikten, die im neunzehnten und beginnenden zwanzigsten Jahrhundert seitens der osteuropäischen Staaten geschürt worden seien, nachdem die Deutschen diese Gebiete über Jahrhunderte hinweg besiedelt hätten. Das ist jedoch ein Mythos. Im folgenden wird deshalb einerseits auf die Umsiedlung, andererseits aber auch auf ihre Vorgeschichte eingegangen. Neben einer Darstellung der nationalsozialistischen Germanisierungspolitik wird hierbei auch auf die Vorgeschichte der »Deutschen« in den osteuropäischen Staaten eingegangen. Der Schwerpunkt bei der Beschreibung der Dimensionen der »Vertreibung« liegt schließlich auf einer historisch möglichst präzisen Einordnung und Bewertung der Umsiedlung sowie der mit ihr verknüpften Thesen und Behauptungen.

### Geschichte der Vertreibung

Die Geschichte der ehemaligen deutschen Ostgebiete ist die Geschichte der über Jahrhunderte andauernden Bemühungen zunächst um Christianisierung und später um Germanisierung desjenigen geografischen Gebiets, das heute im wesentlichen den polnischen Staat ausmacht. Die Ostsiedlungsbewegung im zwölften und dreizehnten Jahrhundert, auf die sich in weiten Teilen die Argumentation bezieht, es gebe eine jahrhundertelange deutsche Geschichte in den jeweiligen Gebieten, war noch weder von nationalen noch völkischen Motiven geleitet – wie es jedoch die nachträgliche Bezeichnung als »deutsche« Ostbesiedlung glauben machen soll.[29] Deshalb kann auch zu diesem historischen Zeitpunkt nicht von einer »deutschen« Nation, einer »deutschen« Kultur oder gar einer »deutschen« Geschichte gesprochen werden.[30]

Erste expansive, auf östlich der Oder gelegene Gebiete gerichtete Bestrebungen zu dieser Zeit waren durch den abendländischen Christianisierungsdrang sowie durch wirtschaftliche Interessen an einer ausgeweiteten Landerschließung motiviert:[31] Das Objekt der Kolonisierung und Christianisierung durch den Ordo domus Sanctae Mariae Theutonicorum, der heute als Deutscher (Ritter-)Orden bekannt ist, waren die kleinen und schwächeren, als »unterentwickelt« verstandenen (also nicht christlichen) Kulturen auf dem Gebiet des heutigen Polen und seiner östlichen Nachbarstaaten.[32] Geografisch handelte es sich hierbei im wesentlichen um die späteren Regionen Pommern, Schlesien, West- und Ostpreußen.[33] Diese Christianisierungsbestrebungen verliefen nirgends unblutig. Während nach Pommern und Schlesien Mönche und Siedler unter dem Etikett der »Entwicklungshilfe« und der »Missionierung« einrückten, die sich jedoch als Landnahme und Zwangstaufe entpuppten, war das Einrücken der Ordensritter in Ost- und Westpreußen von Beginn an eine brutale Gräuelgeschichte, denn die Ordensritter nahmen die »Wildheit« und das Fehlen von Brauchtum und »Kultur« der dort ansässigen Pruzzen (von denen die Preußen ihren Namen entlehnten) zum Anlass, einen Großteil der dort lebenden Menschen zu ermorden.[34]

Ungefähr in dem Gebiet zwischen den Flüssen Oder und Weichsel hatten die slawischen Polanen bereits um die Jahrtausendwende ein Herzogtum errichtet und das Christentum übernommen.[35] Das hieraus hervorgegangene Polen geriet dann im fünfzehnten Jahrhundert in Konflikt mit dem Ritterorden: Von 1454 bis 1466 führte Polen einen letztlich erfolgreichen Krieg gegen den Orden, an dessen Ende es sich durch den Zweiten Thorner Frieden Westpreußen, Pommern und weitere Gebiete sicherte. Ostpreußen blieb dem Ritterorden nur als Lehen erhalten.[36] Die in diesen Gebieten lebenden Menschen empfanden den Sieg gegen den Ritterorden mehrheitlich als Befreiung von der Unterdrückung.[37]

Machtpolitisch kam dieser Entwicklung im europäischen Kontext nur eine untergeordnete Rolle bei, was sich erst mit dem Aufkommen nationaler und nationalistischer Politik im achtzehnten Jahrhundert änderte: Denn erst mit dem Entstehen von Nationalstaaten begann der Kampf um die »Pufferzone« zwischen Oder und Weichsel.[38] Nach mehreren Jahrhunderten der mehr oder minder stabilen Existenz hörte der polnische Staat 1795 für fast hundertfünfundzwanzig Jahre auf zu existieren. Grund hierfür waren die drei polnischen Teilungen (1772, 1793, 1795), bei denen Preußen, Russland und Österreich das polnische Territorium unter sich aufteilten.[39] Schlesien gehörte bereits seit 1526 zum österreichischen Staatsverband, bevor es 1740 von Preußen annektiert wurde.[40]

Zwar wurde 1815 auf dem Wiener Kongress ein Königreich Polen (Kongresspolen) geschaffen und damit die grundsätzliche Legitimität des polnischen Staates anerkannt, aber der größte Teil des eigentlichen polnischen Territoriums blieb in russischer, österreichischer und preußischer Hand, während Kongresspolen in Personalunion mit Russland vereinigt wurde. Pommern war infolge des Wiener Kongresses an Preußen gefallen.[41]

Im preußisch besetzten Teil Polens radikalisierte sich der Umgang mit den Polen mit der Reichsgründung 1871 zu einer Politik der Germanisierung. Bismarck führte an Volksschulen in Schlesien 1872 und in Posen / Westpreußen ein Jahr später Deutsch als Unterrichtssprache ein, schaffte das Polnische zwischen 1872 und 1890 schrittweise als Unterrichtsfach an den höheren Schulen ab und machte 1876 für alle Ämter und Körperschaften Deutsch zur verbindlichen Geschäftssprache.[42] Im so genannten Beamtenerlass von 1898 wurden sogar alle polnischen Staatsbediensteten zur »Förderung des Deutschtums« verpflichtet, während etwa sechsundzwanzigtausend Polen und Juden des Landes verwiesen wurden, weil sie für den polnischen Nationalstaat eingetreten waren.[43]

Erst nach Ende des Ersten Weltkrieges wurde die staatliche Unabhängigkeit Polens durch den Versailler Vertrag (1919) tatsächlich wieder hergestellt. Polen bekam einen kleinen Gebietsstreifen, »Polnischer Korridor« genannt, der sich entlang der Weichsel bis zur Ostsee erstreckte und den größten Teil der Provinzen Posen und Westpreußen umfasste. Gdansk wurde zur freien Stadt erklärt, die aber wirtschaftlich zu Polen gehörte. Oberschlesien wurde infolge einer Volksabstimmung über den staatlichen Verbleib des Gebietes (1921) in einen deutschen und einen polnischen Teil geteilt.[44]

In Polen lebten zu dieser Zeit ungefähr eine Million »Volksdeutsche«, die zur Hälfte bis Mitte der zwanziger Jahre infolge einer rigorosen polnischen Boden- und Siedlungspolitik ins Deutsche Reich auswanderten: Die polnische Agrargesetzgebung sah seit 1925 die Parzellierung desjenigen Grundbesitzes vor, der größer als hundertachtzig Hektar war. Dies betraf besonders die westpolnischen Gebiete (Posen und Westpreußen), in denen der Anteil der den Deutschen gehörenden Güter zwischen fünfunddreißig und sechzig Prozent betrug.[45]

Die Maßnahmen gegen die so genannte deutsche Minderheit waren im wesentlichen eine innenpolitische Reaktion auf die von der Minderheitenpolitik des Deutschen Reiches ausgehende Bedrohung der staatlichen Souveränität Polens. Denn das Deutsche Reich hatte bereits vor dem Ersten Weltkrieg versucht, neben einem wirtschaftlichen vor allem ein zahlenmäßiges Übergewicht des »deutschen« Bevölkerungsanteils gegenüber dem polnischen herzustellen. Das auf diese Weise »künstlich gestärkte Deutschtum« fand sich infolge des unerwarteten Kriegsausgangs in einem Staat wieder, gegen den es zuvor noch gekämpft hatte.[46] Die Konflikte zwischen Polen und Deutschen waren jedoch nicht nur völkisch-national motiviert, sondern auch religiös und sozial: Während die in Polen lebenden Angehörigen der »deutschen Minderheit« mehrheitlich Protestanten waren und der Mittel- und Oberschicht angehörten, bildeten die eher katholisch gläubigen Polen die Unterschicht.[47]

Während der Weimarer Republik bemühte sich das Deutsche

Reich um die Erhaltung einer zahlenmäßig großen und organisierten »deutschen Minderheit« in Polen, deren Angehörige zwar nach völkischen Kriterien als »Volksdeutsche« klassifiziert wurden, die aber keine Reichsangehörigen waren.[48] Ziel bei der Unterstützung dieser Gruppe war es, einen »möglichst großen ›nationalen Besitzstand‹ in den an Polen abgetretenen Gebieten« zu erhalten.[49] Zu diesem Zweck unterstützte das Reich die »deutsche Minderheit« im Bereich der Agrarwirtschaft und beim Aufbau und der Unterhaltung eines eigenständigen Finanz- und Kreditwesens. Hierfür und für die Errichtung eines vom polnischen Staat unabhängigen Kultur- und Bildungsapparates (besonders von Schulen) der »deutschen Minderheit« flossen während der Weimarer Republik Beträge in Millionenhöhe.[50] Norbert Krekeler, Historiker und profunder Kenner der Ostpolitik der Weimarer Republik, urteilte über die Deutschtumsarbeit auf polnischem Territorium zu dieser Zeit: »Das Auswärtige Amt erreichte mit dem Einsatz des speziellen Apparates (formal privater Vorfeldorganisationen der deutschen Außenpolitik; Anm. d. Verf.) und erheblicher Finanzmittel [...] den Verbleib einer wirtschaftlich und politisch relevanten deutschen Volksgruppe in Polen. Ohne die Hilfe des Reichs hätte die deutsche Volksgruppe den größten Teil ihrer Organisationen, ihrer Banken, Kreditinstitute und Genossenschaften, ihrer Vereine und kulturellen Institutionen, vor allem aber einen erheblichen Teil des landwirtschaftlichen Besitzes und damit [...] die ökonomische Basis ihrer nationalen Eigenständigkeit verloren.«[51] Damit war die Grundlage für die nationalsozialistische Volkstumspolitik hergestellt.

## Polen und die nationalsozialistische Ostexpansion

Der Journalist Siegfried Kogelfranz beginnt einen seiner Aufsätze zum Thema »Vertreibung« mit einer Schilderung, die ein beklemmendes Gefühl auslöst. Zahlreiche Schreckensmomente – Dunkelheit, Kälte, Hilflosigkeit, Hass, Gewalt – sind vereint und die Situationsbeschreibung endet mit dem Hinweis, dass der »Leidensweg der Heimatvertriebenen« damit »noch lange nicht« zu Ende gewesen sei: »Sie wurden weiter deportiert, eingesperrt, voneinander getrennt. Von der sechsköpfigen Familie kamen vier Mitglieder um, nur der Sohn und die jüngste Tochter, Teresa, überlebten.« Kogelfranz fährt fort: »Vertriebenenschicksal im Osten – aber nicht 1945, sondern schon 1940.« Denn diese Familie gehörte jener »polnischen Intelligenzschicht an, deren Vertreibung und spätere Ausrottung die Deutschen von 1939 an betrieben, solange sie dazu Gelegenheit« hatten.[52]

Als am 1. September 1939 deutsche Truppen die polnische Grenze überschritten, war die vierte Teilung Polens bereits beschlossene Sache. Schon mit Beginn des Polenfeldzuges hatten die deutsche Wehrmacht und sonstige an der Kriegführung beteiligte Einheiten damit begonnen, willkürliche Erschießungen durchzuführen, wobei von 1939 bis 1945 insgesamt etwa viereinhalb Millionen Polen ermordet wurden, der weitaus größte Teil aus der Zivilbevölkerung.[53] Denn für kein anderes der besetzten Länder in Europa hatten die Deutschen derart radikale, in ihrem Kern bereits auf Massenvertreibungen und systematischen Massenmord angelegte Umgestaltungspläne entwickelt wie für Polen.[54]

Fünf Wochen nach dem deutschen Überfall auf Polen unterzeichnete Adolf Hitler einen Erlass, auf dessen Grundlage sich Reichsführer-SS Heinrich Himmler selbst zum Reichskommissar für die Festigung deutschen Volkstums ernannte.[55] Seine Aufgabe bestand in der »Zurückführung der [...] Reichs- und Volksdeutschen im Ausland«, in der »Ausschaltung des schädigenden Einflusses von [...] volksfremden Bevölkerungsteilen« und in der »Gestaltung neuer deutscher Siedlungsgebiete durch Umsiedlung«.[56] Getreu der Vereinbarung zur »Umgestaltung der zum polnischen Staate gehörenden Gebiete« aus dem Geheimen Zusatzprotokoll des Deutsch-sowjetischen Nichtangriffspaktes[57] begann Deutschland mit der »Eindeutschung«.[58] Dazu wurde Polen umstrukturiert.[59] Im Westen entstanden der Reichsgau Posen (ab 1940: Reichsgau Wartheland) und der Reichsgau Danzig-Westpreußen, die Territorien von Schlesien und Ostpreußen wurden vergrößert. Neben den »eingegliederten Ostgebieten« wurde das nicht zum Reichsterritorium gehörende Generalgouvernement für die besetzten polnischen Gebiete (ab 1940: nur noch Generalgouvernement) geschaffen.[60]

In seinem Papier *Einige Gedanken über die Behandlung der Fremdvölkischen im Osten* hatte Himmler bereits 1940 die wesentlichen Züge der deutschen Germanisierungs- und Ostpolitik zusammengefasst. Seine Ausführungen wurden von Hitler als »sehr gut und richtig« befunden.[61] Der »ganze Völkerbrei des Generalgouvernements von 15 Millionen und die 8 Millionen der Ostprovinzen« sollte in »unzählige kleine Splitter und Partikel« zersetzt werden, wobei die »rassisch Wertvollen aus diesem Brei herauszufischen« und »nach Deutschland zu tun« seien, um sie »dort zu assimilieren«. Für die »nichtdeutsche Bevölkerung des Ostens« war »keine höhere Schule [...] als die vierklassige Volksschule« vorgesehen, in der vermittelt werden sollte, dass es »ein göttliches Gebot ist, den Deutschen gehorsam zu sein«. »Lesen«, schrieb Himmler, halte er »nicht für erforderlich«.[62]

Im Anschluss an Himmlers *Gedanken* entstand der berüchtigte *Generalplan Ost*[63], in dem die »Besiedlung« der neugewonnenen Ostgebiete nach Kriterien wie »Siedlungsplanung«, »Auslese« der zur »Besiedlung« genutzten »Volksteile«, Durchführung und Finanzierung entwickelt wurde.[64] Das Konzept des *Generalplan Ost* bedeutete nichts anderes, als dass die Ukraine und die baltischen Staaten von ihren Grenzen aus durch »deutsche ›Siedlungsmarken‹ eingekreist« werden sollten, während »gleichzeitig die dazwischen liegenden Stützpunkte dazu gedacht waren, die einheimischen Völker aufzuspalten, voneinander zu isolieren und politisch zu lähmen«.[65] Erst infolge der schrittweisen Umsetzung des *Generalplan Ost*, also während des Zweiten Weltkrieges, gelangte so ein Großteil derer, die sich heute als »Vertriebene« bezeichnen, auf ehemals polnisches Staatsterritorium. Die Deutschen vertrieben in den ins Reich eingegliederten Ostgebieten, wie Götz Aly und Susanne Heim herausarbeiten, für jeden der neu »angesiedelten Auslandsdeutschen zuvor zwei bis drei, in manchen Regionen auch fünf Polen«.[66]

## Praxis der Germanisierung

Die für den *Generalplan Ost* benötigten »Auslandsdeutschen« wurden im wesentlichen aus den baltischen Staaten, Russland, Jugoslawien und Rumänien in das eroberte Territorium umgesiedelt. Wenn hier der Begriff »Auslandsdeutsche« angewandt wird, dann muss berücksichtigt werden, dass diese Menschen keine Staatsbürger des Deutschen Reiches gewesen sind, sondern nach völkischen Kriterien (insbesondere ihrer so genannten Abstammung) als deutsch definiert wurden oder sich selbst so definiert haben. Tatsächlich sind die Vorfahren dieser »Deutschen«, die in die jeweiligen Regionen während der Ostkolonisation ausgewandert waren, gar nicht nach nationalen Kriterien klassifizierbar und auch deren Motive, wie eingangs bereits beschrieben, waren weder völkisch noch national, sondern religiös und wirtschaftlich geprägt. Somit liegen der Behauptung, es habe sich bei diesen Auswanderern um »Deutsche« gehandelt und es bestehe deshalb ein historisch-moralischer Anspruch auf die von ihnen bewohnten Gebiete, die gleichen völkischen Kriterien zugrunde wie bereits der nationalsozialistischen Bevölkerungspolitik.

Im Falle der baltischen Staaten Estland, Lettland und Litauen hatten die so genannten Baltendeutschen seit Staatsgründung (1918) die Staatsangehörigkeit der jeweiligen Länder, zuvor die Russlands.[67] Diese Baltendeutschen arbeiteten in den jeweiligen Staaten als Händler und Kaufleute. Aber auch in der Bildungs- und Oberschicht, besonders dem Großgrundbesitz, waren die Baltendeutschen vertreten, was noch auf die Landnahme durch den Ritterorden im zwölften und dreizehnten Jahrhundert zurückging, die auf dem Seeweg erfolgt war und keine »einfachen« Bauern in das Land gebracht hatte, sondern nur Händler, Priester und Ritter.[68] Das politische System in den baltischen Staaten fußte – trotz der durch die Jahrhunderte wechselnden Staatszugehörigkeit der Gebiete – auf einer auf dem »mittelalterlichen Ständerecht gegründeten deutschen Herrschaftsordnung«, was heißt, die wirtschaftliche und politische Macht lag bei den Baltendeutschen.[69] Diese Situation änderte sich mit der Gründung der drei baltischen Staaten, infolge der die Baltendeutschen aufgrund von Abwanderungen auch gesellschaftlich an Bedeutung verloren.[70] Dass schließlich die Baltendeutschen zwischen 1939 und 1941 fast vollkommen in die von den Nationalsozialisten geschaffenen Reichsgaue Wartheland und Danzig-Westpreußen umsiedelten, war das Ergebnis mehrerer infolge des Deutsch-sowjetischen Nichtangriffspaktes geschlossener Abkommen über die Aussiedlung zwischen dem Deutschen Reich, der Sowjetunion und den baltischen Staaten. So kamen insgesamt etwa hunderttausend Menschen aus dem Baltikum in die eroberten Ostgebiete.[71]

Die so genannten Russlanddeutschen hingegen, die nach dem Einmarsch der Wehrmacht in die Sowjetunion 1941 in die neu gewonnenen Ostgebiete des Deutschen Reiches umgesiedelt wurden (aber auch von sowjetischer Seite nach Sibirien; jeweils etwa dreihundertfünfzigtausend Personen), hatten seit 1763/64 als Siedler aus Hessen, Baden, Württemberg und der Pfalz kommend begonnen, sich im Wolga-, Schwarzmeer-, Kaukasusgebiet niederzulassen.[72] Diese Siedlungsbewegung war auf Einladung der russischen Zarin Katharina II erfolgt, die die brachliegenden Gebiete von Auswanderern aus den westeuropäischen Ländern besiedeln und bewirtschaften lassen wollte.[73] Die Russlanddeutschen lebten in diesen Gebieten als Bürger Russlands bzw. später der Sowjetunion in bäuerlichen Strukturen, wobei aber auch das Handwerk eine wichtige Einkommensquelle bildete. Im Gegensatz zu den Baltendeutschen, die im allgemeinen sozial höher gestellt und gesellschaftlich geachtet (besonders aufgrund ihrer Macht) waren, lebten die Russlanddeutschen häufig kulturell isoliert von der Restbevölkerung.[74]

Sehr vergleichbar mit der Sozialstruktur der Russlanddeutschen war die der »Deutschen« in Jugoslawien, die ebenfalls bäuerlich geprägt lebten. Allerdings waren diese im Zuge der neuzeitlichen Ostsiedlungsbewegung erst Ende des neunzehnten Jahrhunderts nach Bosnien, Slawonien und Srem ausgewandert.[75] Nach der Besetzung Jugoslawiens durch deutsche Truppen im April 1941 wurden etwa sechsunddreißigtausend dieser »Deutschen« ins Reich umgesiedelt.[76]

Auch die in Rumänien lebenden »Deutschen« sind in den vierziger Jahren ins Deutsche Reich gekommen und wurden dort in den eroberten Ostgebieten und dem Reichsgau Sudetenland angesiedelt (etwa hundertfünfundsechzigtausend Personen). Hierbei handelte es sich um die so genannten Buchenland- sowie die Bessarabien- und Dobrudschadeutschen.[77] Diese waren im späten achtzehnten und beginnenden neunzehnten Jahrhundert aus Pommern, Westpreußen, Mecklenburg und Württemberg, später auch aus anderen Teilen Rumäniens (Bessarabien), ausgewandert und hatten sich in teilweise noch unbewohnten Gegenden des Landes niedergelassen. Sie gehörten staatlich zu Rumänien, teilweise auch zur Sowjetunion. Ihre sozialökonomische Struktur war im wesentlichen bäuerlich und handwerklich geprägt.[78]

Ebenso wie die zuvor genannten war auch diese Bevölkerungsgruppe ein wesentlicher Bestandteil der nationalsozialistischen Germanisierungspolitik. Die Begeisterung für die NS-Volkstumspolitik war jedoch keinesfalls eine einseitige, nur vom Reich ausgehende – selbst unter Kenntnis der deutschen Verbrechen während des Nationalsozialismus wird etwa von den »Bessarabiendeutschen« rückblickend ihre Umsiedlung ins Reich und die damit verbundene Vertreibung und Vernichtung von Polen und Juden noch glorifiziert. Man sei bei der Umsiedlung in die eroberten Ostgebiete 1940 dem »inneren Drang zur Freiheit« gefolgt und habe der »Stimme des Blutes« gehorcht, verlautete die Landsmannschaft der Bessarabiendeutschen Mitte der achtziger Jahre.[79]

Doch nicht nur diese »heim ins Reich« geholten Menschen waren Teil der nationalsozialistischen Bevölkerungspolitik, sondern auch diejenigen der später »Vertriebenen«, die bereits länger in Polen gelebt hatten, erfüllten die Funktion einer Fünften Kolonne[80], die der Wühlarbeit an den Grenzen des Deutschen Reiches und die der Vorbereitung und Realisierung der Germanisierung. So war es auch keine Seltenheit, dass Verbände der so genannten Volksdeutschen »zum Teil unmögliche, unkontrollierbare Racheakte« (Reinhard Heydrich) gegen die polnische Bevölkerung durchführten, die noch über das von den Nationalsozialisten zunächst geplante Maß hinausgingen.[81]

## Sonderfall Ostpreußen

Die 1815 gebildete Provinz Ostpreußen war von 1824 bis 1878 mit Westpreußen zur Provinz Preußen zusammengeschlossen. Seit der Reichsgründung 1871 gehörte Ostpreußen zum Deutschen Reich.[82] Wirtschaftlich war Ostpreußen stark von der Agrar-, Fisch- und Forstwirtschaft geprägt. Die Hauptanbauprodukte der zu etwa zwei Dritteln landwirtschaftlich genutzten Gesamtfläche waren Brot- und Futtergetreide, Futterpflanzen und Kartoffeln. In der Produktion spielte insbesondere der Schiff- und Maschinenbau sowie die Nahrungsmittelverarbeitung eine Rolle.[83] Bekannt war das 1939 etwa zweieinhalb Millionen Einwohner starke Ostpreußen auch für seine Pferdezucht (Trakehner)[84] und den Bernsteinabbau.[85]

Von den anderen späteren Umsiedlungsgebieten im Osten Deutschlands unterschied sich Ostpreußen nicht nur dadurch, dass es zum Deutschen Reich gehörte: Seine Bevölkerung war auch radikaler, was ihr Bekenntnis zum deutschen Volkstum anging, als die »deutsche« Bevölkerung in anderen Gebieten. Bei der durch den Versailler Vertrag bestimmten Volksabstimmung über den Verbleib des südlichen Ostpreußens beim Deutschen Reich war es am 11. Juli 1920 zu einem eindeutigen Ergebnis gekommen: Von den Abstimmungsberechtigten hatten fast 90 Prozent ihre Stimme abgegeben und 97,48 Prozent entschieden sich für Deutschland, nur etwas mehr als zwei Prozent stimmten für den Anschluss an Polen.[86] Im westpreußischen Abstimmungsgebiet stimmten über 92 Prozent für den Verbleib der vier westpreußischen Bezirke bei Ostpreußen.[87]

Aber auch die Wahlerfolge der NSDAP sprechen eine unmissverständliche Sprache. Bei der Reichstagswahl am 14. September 1930 erzielten die Nationalsozialisten bereits 22,5 Prozent der Stimmen in Ostpreußen[88], bei der am 31. Juli 1932 sogar 47,1 Prozent. In einigen Regionen belief sich der Stimmenanteil der NSDAP bei dieser Wahl auf über 70 Prozent.[89] So wundert auch Ralph Giordanos in Bezug auf den südlichen Teil des damaligen Ostpreußens formuliertes Resümee nicht: Hitler sei empfangen worden wie »eine sehnlichst herbeigeflehte Erscheinung, eine magische Vision, ja wie ein überirdischer Heilsbringer, mit Ovationen, die alle bisherigen Maßstäbe sprengten«.[90] Bei der Reichstagswahl am 5. März 1933 erzielte die NSDAP im Wahlkreis 1, also in Ostpreußen, mit 56,5 Prozent ein Ergebnis, das höher ausfiel als in sämtlichen anderen 34 Wahlkreisen des Reiches.[91]

## Volkstumskampf gegen die Tschechoslowakei

Auf die Frage, warum die »Deutschen aus der Tschechoslowakei ausgewiesen« worden seien, geben Georg Herde und Alexa Stolze eine deutliche Antwort: Die »Masse der Sudetendeutschen« habe unter ihren Führern, wie Konrad Henlein oder Karl Hermann Frank, an der Zerschlagung der Tschechoslowakei mitgewirkt und später sei ein Großteil von ihnen an den Untaten gegenüber den Tschechen beteiligt gewesen.[92] Dabei hatte der Henlein-Faschismus seine »eigenen ideologischen und organisatorischen Wurzeln in den Sudetenländern«, das heißt geografisch betrachtet in den nördlichen und westlichen Grenzregionen der Tschechoslowakei.[93] Allerdings beginnt die Geschichte des völkischen Kampfes der »Sudetendeutschen« gegen den tschechoslowakischen Staat bereits weitaus früher.

Doch bevor auf die Politik der »Sudetendeutschen« eingegangen werden soll, zunächst zu den Begriffen »sudetendeutsch«, »Sudetenland« etc. Bei diesen Termini handelt es sich um politische Kampfbegriffe.[94] Geprägt wurden sie durch die Sudetendeutsche Partei (SdP): »Keine einzige der deutschen politischen Parteien, die sich nach 1918 auf dem Boden der Tschechoslowakei konstituierten, firmierte ›sudetendeutsch‹ [...] Das änderte sich erst Ende 1933 mit dem Auftreten von Konrad Henleins ›Sudetendeutscher Heimatfront‹, die später als ›Sudetendeutsche Partei‹ (SdP) auftrat.«[95] So spricht Frederic Walter Nielsen davon, dass es sich bei dem Begriff »Sudetendeutsche« um ein »erst seit Beginn dieses Jahrhunderts gebräuchliches Pseudonym« handele.[96] Dieses Pseudonym – der Historiker Wolfgang Wippermann nennt es treffender »Kunstwort«[97] – wurde von den Angehörigen der »deutschen Minderheit« zur Eigenklassifizierung und zur Abgrenzung gegen den tschechoslowakischen Staat eingeführt.

Dieser Staat wurde gegen Ende des Ersten Weltkrieges am 28. Oktober 1918 durch einen Nationalausschuss in Praha ausgerufen. Zur Gründung der Tschechoslowakischen Republik war es gekommen, weil die Bereitschaft besonders unter den Tschechen, aber auch unter den Slowaken, weiterhin in der Habsburgermonarchie ohne grundlegenden Staatsumbau zu verbleiben, in den letzten Kriegsmonaten immer mehr zurückgegangen und schließlich fast nicht mehr vorhanden war.[98] Die Legitimität der Tschechoslowakischen Republik wurde anschließend durch die Pariser Vorortverträge (1919/20) bestätigt.[99] Die neugegründete Republik umfasste die ehemals zur k.u.k. Monarchie Österreich-Ungarn gehörenden Gebiete Böhmen und Mähren, Teile Schlesiens, die Slowakei und Karpato-Russland.[100]

In der parlamentarischen Republik der Tschechoslowakei war das allgemeine Wahlrecht ebenso garantiert wie die Individual- und Menschenrechte. Allerdings fehlten (völkische) Kollektivrechte, etwa für die »deutsche Minderheit«, fast vollkommen.[101] Weil die Angehörigen der »deutschen Minderheit« staatlicherseits als »deutsch sprechende Tschechoslowaken« angesehen wurden, erhielten sie ebenso wenig gesonderte Gruppenrechte wie alle anderen Bürger der Tschechoslowakei.[102] Teil dieses Demokratieverständnisses war es, dass die »Sudetendeutschen« ungehindert – wie alle anderen auch – durch eigene Parteien ihre Interessen im parlamentarischen System vertreten konnten.[103] Neben einem Bevölkerungsanteil von gut siebenundsechzig Prozent Tschechen und Slowaken bildeten die »Sudetendeutschen« mit etwa zweiundzwanzig Prozent die zweitstärkste Gruppe unter den rund vierzehn Millionen tschechoslowakischen Staatsbürgern, gefolgt von Ungarn (fünf Prozent), Ukrainer (drei Prozent) und Polen (ein Prozent).[104]

Anlass für den Protest und späteren Kampf der »Sudetendeutschen« gegen die Tschechoslowakische Republik waren die bereits in den Friedensverträgen nach Ende des Ersten Weltkrieges festgelegten Grenzen und das damit verbundene Verbot der Bildung eines Großdeutschen Reiches.[105] Da die Gebiete im Norden der Tschechoslowakei, in denen der Großteil der »Sudetendeutschen« lebte, ökonomisch eng mit Österreich und dem Deutschen Reich verbunden gewesen waren und die »Sudetendeutschen« in der Habsburgermonarchie politisch-gesellschaftlich eine Vormachtstellung innegehabt hatten, fürchteten sie um den Verlust dieser Vorteile.[106] In der Praxis konnte jedoch keineswegs von einer systematischen Unterdrückung der »Sudetendeutschen« im »Vielvölkerstaat« Tschechoslowakei gesprochen werden, denn das Einzige, was sie aufgeben mussten, war ihre gesellschaftliche Vormachtstellung und ihr politischer Führungsanspruch: »Infolge des Abbaus der überdimensionierten öffentlichen Verwaltung sank der deutsche Anteil bei den Staatsbediensteten unter den Bevölkerungsproporz. Gleichwohl hatte die überwiegende Mehrheit der Deutschen auch weiterhin die Möglichkeit, ihre Muttersprache als Amtssprache zu benutzen. Eine gezielte soziale oder wirtschaftliche Diskriminierung fand nicht statt. Gerade die deutsche Minderheit konnte ihr gut entwickeltes Schul- und Bildungssystem, die kulturellen Einrichtungen und ein breites Pressespektrum in der Ersten Republik mit relativ großzügiger staatlicher Förderung aufrechterhalten, wenn auch Klagen über Behinderungen nie verstummten.«[107] Der Kampf der »Sudetendeutschen« war somit in seinen Grundkonstanten ein explizit völkisch motivierter, der eine Angliederung der »Sudetengebiete« an das Deutsche Reich erstrebte. Er stand dem antifeudalen, nationalstaatsorientierten und emanzipatorischen Streben der Tschechen entgegen, das zur Gründung der Tschechoslowakei geführt hatte.

Rudolf Jahn beschreibt in einer Biographie über Konrad Henlein von 1938, wie die Konstituierung dieser »sudetendeutschen Volksgemeinschaft« vonstatten ging: »Da dem Sudetendeutschtum zur Schaffung der völkischen Einheit keinerlei Machtmittel zur Verfügung standen, war es von vornherein klar, dass die völkische Neuordnung zunächst eine Erziehungsfrage war: Erziehung zum völkischen Bewusstsein und zur Volksgemeinschaft, zu einem starken politischen Willen und zu tatbereiter Abwehr.«[108] Ende März 1938 wurde Henlein dann von Hitler instruiert, unannehmbare Forderungen an den tschechoslowakischen Staat zu stellen, um die »völkische Neuordnung« auch durchsetzen zu können:[109] »Wir müssen also immer so viel fordern, dass wir nicht zufriedengestellt werden können.«[110] Ziel der SdP war es, entfachte Spannungen in den »sudetendeutschen Gebieten« aufrechtzuerhalten und so zu steigern, dass nur durch den Anschluss an Deutschland noch eine Befriedung möglich erscheinen sollte. Mit ihren acht Forderungen des *Karlsbader Programms* gelang der SdP im April 1938 die Umsetzung dieses Schachzuges: »Die acht Punkte waren als Autonomie getarnt, hätten aber bei ihrer Verwirklichung praktisch einer Vereinigung mit Deutschland entsprochen. Die acht Punkte forderten das Recht auf ›deutsches Volkstum und die deutsche Weltanschauung‹. Es konnten wenig Zweifel darüber bestehen, was ›deutsche Weltanschauung‹ war. Das Programm war geschickt entworfen: unannehmbar für die Tschechen, und in seiner Absicht für jeden Sudetendeutschen, der bereit war, zwischen den Zeilen zu lesen, völlig klar.«[111]

Zwar hatte Hitler am 30. Mai 1938 erklärt, dass es sein »unabänderlicher Entschluss« sei, die Tschechoslowakei »in absehbarer Zeit durch eine militärische Aktion zu zerschlagen«.[112] Doch wurde anstelle einer hierin angedeuteten militärischen Okkupation der »chemische Auflösungsprozess«[113] der Tschechoslowakei – so nannte es der Staatssekretär im Auswärtigen Amt, Ernst von Weizsäcker – forciert. Die Basis hierfür bildete die »sudetendeutsche« Bevölkerung: Bei den Gemeindewahlen im Sommer 1938 brachte es die Sudetendeutsche Partei in einigen Gemeinden auf über neunzig Prozent der Stimmen.[114] Und die »Sudetendeutschen« drängten geradezu in die faschistische Henleinbewegung – fast jeder zweite wurde Mitglied.[115]

Weil die »Sudetendeutschen« die entfachten Unruhen aufrechterhielten und die deutsche Propaganda die Aktionen als »sudetendeutschen« Selbstschutz ohne Beteiligung der Nationalsozialisten darstellte, konnte Hitler gegenüber den Westmächten mit Unterstützung Mussolinis auf der Münchener Viermächtekonferenz vom 29./30. September 1938 das *Münchener Abkommen* durchsetzen.[116] Dabei ging es »längst nicht mehr um verletzte Minderheitenschutzgesetze oder um das Selbstbestimmungsrecht der Sudetendeutschen, sondern um die Zerschlagung der Tschechoslowakei«.[117] Ein großer Teil der nichtdeutschen Bevölkerung wurde aus den Gebieten, die Deutschland zugeschlagen wurden, vertrieben, viele davon ermordet, wobei so genannte Bessarabien- und Dobrudscha-Deutsche Höfe und Ländereien der enteigneten jüdischen und tschechischen Bauern erhielten.[118]

Bei den Reichstagsergänzungswahlen Ende 1938 stimmten bei einer Wahlbeteiligung von fast hundert Prozent unter den »Sudetendeutschen« über 98 Prozent für die Nationalsozialisten[119], wobei ein möglicher Einwand – dass diese Wahlen nicht mehr »frei« stattfanden – zu kurz greift: Volker Zimmermann vergleicht in einer historischen Untersuchung die Stimmen der »Sudetendeutschen« und die der Tschechen, wobei letztere eher geneigt waren, gegen die Einheitsliste zu stimmen. Auf tschechischer Seite gab es zwar »nur« 16,5 Prozent Nein-Stimmen und 2,5 Prozent ungültige Stimmen, aber diese machten wiederum 93 Prozent aller Nein-Stimmen und 68 Prozent aller ungültigen Stimmen aus.[120] Konsequenterweise stand der Reichsgau Sudetenland bezüglich der Mitgliedschaften in der NSDAP in Relation zur Bevölkerungsstärke auch an der Spitze aller NSDAP-Gaue.[121] Kein Wunder also, dass von einer »sudetendeutschen Avantgarde des Volkstumskampfes« gesprochen werden kann.[122]

Nach der Zerschlagung der so genannten Rest-Tschechei am 16. März 1939 wurde jeder Widerstand gegen das NS-Regime, wie beispielsweise die Liquidierung des »Henkers von Prag«[123], Reinhard Heydrich, mit Terror beantwortet – exemplarisch genannt sei die Zerstörung des tschechischen Dorfes Lidice, bei der alle männlichen Einwohner, die älter als sechzehn Jahre waren, umgebracht und die weiblichen, sofern sie das Massaker überlebt hatten, in das KZ Ravensbrück oder ins Gefängnis deportiert wurden. Auch die überlebenden Kinder wurden mehrheitlich verschleppt.[124]

Doch die deutschen Pläne bezüglich der tschechischen Bevölkerung gingen noch weiter. Hitler erläuterte: »Wir werden die Tschechen und Böhmen nach Sibirien oder in die wolhynischen Gebiete verpflanzen, wir werden ihnen in den neuen Bundesstaaten Reservate anweisen. Die Tschechen müssen heraus aus

Mitteleuropa.«[125] Und Karl Hermann Frank führte im April 1944 anlässlich einer Tagung der NSDAP-Prominenz des Gau Sudetenland in Karlova Studánka aus: »Das Fernziel nationalsozialistischer Reichspolitik in Böhmen und Mähren muss auf die Wiedergewinnung des Bodens der auf ihm siedelnden Menschen für das deutsche Volkstum und für die Reichsidee gerichtet sein. [...] Dabei können drei Grundlinien verfolgt werden: 1. Die Umvolkung der rassisch geeigneten, also blutmäßig für uns erwünschten Tschechen. 2. Die Aussiedlung von rassisch unverdaulichen Tschechen und aller destruktiven Elemente der reichsfeindlichen Intelligenzschicht. 3. Die Neubesiedlung dadurch freigewordenen Raumes mit frischem deutschem Blut.«[126]

## Nationale Mythenbildung

Die militärische Niederschlagung des Nationalsozialismus durch die Alliierten hinderte Deutschland an der abschließenden Umsetzung seiner Germanisierungspläne. Da mit der vom Deutschen Reich bereits während der Weimarer Republik begonnenen Minderheiten- und Deutschtumspolitik die Grundlage für die deutsche Ostexpansion und die systematische Vernichtung von Millionen von Menschen durch Wehrmacht, SS, andere an der Kriegführung beteiligte Einheiten und deutsche Zivilbevölkerung gelegt worden war, musste eine Basis geschaffen werden, die für die Zukunft eine vergleichbare Politik unmöglich machen sollte. Eine mit der nationalsozialistischen Vernichtungspolitik vergleichbare Konzeption war für die Alliierten und auch die Exilpolitiker der von Deutschland besetzen Staaten vollkommen undenkbar.[127] Weil die deutsche (oder vermeintlich deutsche) Bevölkerung aber massiv an der nationalsozialistischen Politik beteiligt gewesen war und deren bevölkerungspolitische Basis gebildet hatte, blieb als konfliktpräventive, friedensstiftende Maßnahme nur deren Ausweisung aus den ehemaligen deutschen Ostgebieten.

Diese Umsiedlung der Deutschen sei, so der Historiker Martin Broszat, von den »betroffenen Deutschen fast als Erlösung empfunden« worden. Denn das »Ausharrenwollen im Osten« sei »sinnlos geworden«, seitdem dort »nicht nur das Schicksal nationaler Überfremdung zu gewärtigen war«, sondern »die ›Heimat‹ im Begriff stand«, nach »sowjetischem Vorbild« politisch und gesellschaftlich »völlig umgestaltet« zu werden.[128] Die Gesamtangaben über die an diesem Umsiedlungsvorgang beteiligten Menschen sind dabei höchst widersprüchlich, was an unterschiedlichen Definitionen der zu berücksichtigenden Umsiedlungsgebiete und des zu veranschlagenden Zeitraums liegt. Interessenbedingt werden beide Faktoren zumeist eher zu groß angesetzt und damit die Zahlen nach oben »korrigiert«, weshalb das Statistische Bundesamt feststellte, dass es unmöglich sei, die Zahlen tatsächlich präzise zu bestimmen.[129] Lässt man völlig abwegige Schätzungen außer Acht, so werden von wissenschaftlicher Seite Zahlendimensionen von etwa acht Millionen Menschen genannt, im Bereich der Vertriebenenverbände kommen Angaben vor, die häufig fast die doppelte Menge nennen.[130]

Die Differenzen kommen dadurch zustande, dass zur Diskussion steht, ob die bereits während des Nationalsozialismus umgesiedelten »Auslandsdeutschen« mit zu den »Vertriebenen« zu zählen seien oder nicht, ob es sinnvoll ist, bei den Gesamtangaben generell zwischen (aktiven) Flüchtlingen und (passiven) Umsiedlern zu unterscheiden und ob auch die erst in den Jahren nach 1945/46 aus den ehemaligen deutschen Ostgebieten ausreisenden Menschen zu der Gesamtzahl hinzuzurechnen seien.

Die politische Grundlage für die Umsiedlung der deutschen Bevölkerung aus den ehemaligen deutschen Ostgebieten bildet das *Potsdamer Abkommens* vom 2. August 1945. In diesem zwischen den alliierten Siegermächten des Zweiten Weltkrieges (Großbritannien, Sowjetunion und Vereinigte Staaten von Amerika) geschlossenen Vertrag wurde völkerrechtlich verbindlich die politische und geografische Neuordnung Deutschlands, der Umgang mit deutschen Kriegsverbrechern sowie die Demilitarisierung Deutschlands und die von Deutschland zu entrichtenden Reparationen beschlossen.[131] Im Artikel XIII des *Potsdamer Ab-*

*kommens* wurde festgelegt, dass »die Umsiedlung deutscher Bevölkerung oder Bestandteile derselben, die in Polen, der Tschechoslowakei und Ungarn zurückgeblieben sind, nach Deutschland durchgeführt werden muss«.[132] Diese Festlegung hatte und hat kategorischen Charakter und ist keiner Elastizität in der Interpretation fähig.[133] Bereits vor Ende des Zweiten Weltkrieges bestand bei den Alliierten Einigkeit darüber, dass die deutsche Bevölkerung aus den während des Nationalsozialismus eroberten Ostgebieten ausgewiesen werden müsse.[134]

Die Anwendung des Begriffes »Vertreibung« in seiner heute gängigen Bedeutung war seinerzeit noch gänzlich unbekannt. Im *Potsdamer Abkommen* kommt er weder in der englisch-, noch in der französisch-, deutsch- oder polnischsprachigen Fassung vor.[135] Auch frühe Dokumente zum Thema enthalten diesen Begriff nicht. So schreibt Werner Nellner in dem dreibändigen Standardwerk *Die Vertriebenen in Westdeutschland*, es sei in den Jahren 1945 und 1946 üblich gewesen, die »Gesamtheit der seit Ende 1944 durch die militärischen und politischen Ereignisse« in die westlichen Besatzungszonen »Verschlagenen als ›Flüchtlinge‹ (refugees)« zu bezeichnen, wobei »vor allem nach Herkunftsgebieten unterschieden wurde«. Der Begriff »Vertriebene« sei erst 1947 entstanden.[136] Zunächst hatte sich, bemerkt Heinrich Rogge in demselben Werk, die »Bezeichnung ›Flüchtlinge‹ in Umgangssprache und Ländergesetzen« als »Sammelname und Oberbegriff« eingebürgert. In »Wort und Begriff des ›Vertriebenen‹«, fährt Rogge fort, werde jedoch das »Unrecht der Vertreibung mitgedacht«. Dieser Ausdruck gebe »eine andere Würde als der Name Flüchtling«. So sei auch der »deutsche Rechtsterminus ›Vertriebener‹« zu verstehen: als »fortlaufender Protest gegen das Unrecht der Vertreibung«.[137] Das ist der Grund, weshalb die Bezeichnungen Flüchtling und Umsiedler bereits kurz nach Ende der Ausweisungen und damit noch vor Gründung der Bundesrepublik durch den umfassend verstandenen Begriff des »Vertriebenen« ersetzt wurde. Dieser war eingeführt worden, um sprachlich die Umsiedlung der Deutschen als passiv erlittenes Unrecht darstellen und damit bereits während der beginnenden Systemkonfrontation die

BVFG = Bundesvertriebenen- und Flüchtlingsgesetz

eigene Interpretation als moralisch verbindlich für weitere politische Thematisierungen dieses Komplexes festschreiben zu können.

Offiziell eingeführt wurde der Begriff »Vertreibung« erst 1949 durch die »ius sanguinis«-Definition des deutschen Staatsangehörigkeitsrechts im Artikel 116 des Grundgesetzes der Bundesrepublik.[138] Die anschließende Legitimation erfolgte 1953 durch die Verabschiedung des *Bundesvertriebenengesetzes* (*BVFG*). Gerhard Reichling spricht von der »Legaldefinition« des »Vertriebenen« durch das *BVFG*.[139] Als »Vertriebener« nach dem *BVFG* gilt, wer als »deutscher Staatsangehöriger oder deutscher Volkszugehöriger seinen Wohnsitz in den zur Zeit unter fremder Verwaltung stehenden deutschen Ostgebieten oder in den Gebieten außerhalb der Grenzen des Deutschen Reiches nach dem Gebietsstande vom 31. Dezember 1937 hatte und diesen im Zusammenhang mit den Ereignissen des zweiten Weltkrieges infolge Vertreibung, insbesondere durch Ausweisung oder Flucht, verloren hat«.[140] In dieser Sprachregelung war die Definition für die Personen gültig, die bis zum 31. Dezember 1992 registriert wurden; ab dem 1. Januar 1993 wurde die Formulierung »zur Zeit unter fremder Verwaltung« in »ehemals unter fremder Verwaltung stehende deutsche Ostgebiete« geändert.[141] Letztgenannte Änderung erfolgte aufgrund der bereits dargestellten Modifikationen des *BVFG* im Kontext der osteuropäischen Transformation 1989/90.

## Historische Realität

Nachdem auf die in den Begriffen der »Vertreibung« und des »Vertriebenen« mitschwingenden Mythen hingewiesen wurde, werden im folgenden ausführlich die Gründe beschrieben, die zu dieser Mythologisierung geführt haben. Hans Frank, Generalgouverneur im besetzten Polen, erklärte in seinem Schlusswort im Nürnberger Prozess: »Ich sprach im Zeugenstand von tausend Jahren, die die Schuld von unserem Volke wegen des Verhaltens Hitlers in diesem Krieg nicht nehmen könnten. [...] die riesigen Massenverbrechen entsetzlichster Art, die [...] vor allem in Ostpreußen, Schlesien, Pommern und im Sudetenland von Russen,

Polen und Tschechen an Deutschen verübt wurden und noch verübt werden, haben jede nur mögliche Schuld unseres Volkes schon heute restlos getilgt. Wer wird diese Verbrechen gegen das deutsche Volk einmal richten?«[142]

Es ist so, wie Alexander und Margarete Mitscherlich beschrieben haben, dass eine »derart in ihren Wahnzielen bloßgestellte, der grausamsten Verbrechen überführte Population« sich »in diesem Schock« um nichts anderes kümmern konnte »als um sich selbst«.[143] So erklärt sich die in der Aussage Franks paradigmatisch zum Ausdruck kommende »Neigung vieler Deutscher«, nach dem Ende des Krieges die »Rolle des unschuldigen Opfers einzunehmen. Jeder einzelne erlebt die Enttäuschung *seiner* Wünsche nach Schutz und Führung; er ist missleitet, verführt, im Stich gelassen und schließlich vertrieben und verachtet worden, und dabei war er doch nur folgsam, wie die erste Bürgerpflicht es befahl.«[144]

Die Bezeichnung der Umsiedlung als »Vertreibung« drückt den Willen aus, sich als unschuldiges Opfer darstellen zu wollen. Dass der Begriff der »Vertreibung« dabei als juristisch und verwaltungsmäßig verbindlicher Oberbegriff gewählt und auch für die Geschichtsschreibung bekräftigt wurde, ist keineswegs irrelevant. Denn die nach Kriegsende übliche Zusammenfassung der aus Ost- und Südosteuropa Umgesiedelten unter dem Begriff der Flüchtlinge weist darauf hin, dass es »mindestens unterschiedliche Wahrnehmungen und Wahrnehmungsweisen gab, die in der geschichtswissenschaftlichen Betrachtung nicht vorschnell vereinheitlicht werden sollten«.[145] Eine dieser Vereinheitlichungen ist die mittlerweile gängige Gleichsetzung der Flucht der Deutschen mit dem Bevölkerungstransfer durch die Alliierten. Die Flucht war eine »rein deutsche Angelegenheit«, die zwar durch das Näherrücken der Roten Armee ausgelöst wurde, bei der die Deutschen aber unter sich waren. Was auf der Flucht geschah, hatten ausschließlich die Deutschen zu verantworten.[146] Zudem ist es bei der Flucht nicht selten vorgekommen, dass die Beteiligten bis zuletzt an den deutschen Sieg geglaubt haben und bei der Flucht auf Raten mit der Hoffnung auf baldige Rückkehr nur eine Strecke von geringer Distanz gen Westen zogen.[147]

Allerdings war die Flucht bereits die zweite Phase der Umsiedlung.[148] Der Historiker Theodor Schieder benennt als erste Phase die Evakuierung durch deutsche Einheiten als »Ausdruck einer zusammenbrechenden Staatsgewalt ohne tiefere Autorität«. An die darauf folgende Flucht schloss sich eine kurze Phase der »wilden Austreibungen« vor der Potsdamer Konferenz an, die in einigen Gebieten dazu diente, »vollendete Tatsachen vor den Entscheidungen der großen Politik« über Grenzen und Bevölkerungstransfer zu schaffen. Die letzte Phase war die der »organisierten Ausweisungen nach den Potsdamer Beschlüssen«.[149] Beim Versuch einer Gesamtbewertung der »Vertreibung« ist es somit historisch gerechtfertigt, von einer individuellen oder »unmittelbaren Wahrnehmung«[150] der Betroffenen im Einzelfall zu sprechen.

Bestätigt wird dies auch durch die zweifellos umfangreichste Sammlung von Dokumenten und Augenzeugenberichten zum Thema »Vertreibung«: die *Dokumentation der Vertreibung der Deutschen aus Ost-Mitteleuropa*, auf deren Entstehung und Inhalte später genauer eingegangen wird. Im Vorwort dieser mehrbändigen Publikation weisen die Bearbeiter unter anderem auf eine Problematik des gesammelten Materials hin. Eher als bewusste Fälschungen seien »fehlerhafte oder übertreibende Einzelangaben und Unsachlichkeiten« in den Darstellungen zu befürchten, die sowohl aus »Schwächen oder Trugbildern der Erinnerung«, als auch aus der »Leidenschaftlichkeit und Gefühlsbestimmtheit herrühren mochten, von der sich nicht alle Berichterstatter freimachen konnten«.[151] Was den Autoren als Fehlerquelle gilt, ist die historische Realität selbst: Obgleich es keinen historischen Vorgang gegeben hat, der es erlauben würde, den Transfer der deutschen Bevölkerung infolge des Nationalsozialismus und des Zweiten Weltkrieges generalisierend als »Vertreibung« zu bezeichnen, gibt es die individuelle Geschichte von Einzelpersonen. »Die Berichte, darunter viele autobiografische Aufzeichnungen, sind, würden sie systematisch ausgewertet, zweifellos aufschlussreich für Selbstverständnis, Weltbild und politische Orientierung von Betroffenen; doch sind es überwiegend schon Rückblicke, die manchmal eher Hinweise geben auf psychische Muster der Verarbeitung durchlaufener Situationen, als dass sie einen ungebrochenen Eindruck vermitteln von ihrer Wahrnehmung.«[152] Dabei muss berücksichtigt werden, dass das »allgemeine Klima der Meinungen, Erfahrungen und deren Interpretation« in der Nachkriegszeit eine Atmosphäre erzeugte, die für »gewisse Einheitlichkeiten, Übereinstimmungen, Leitbilder« in den Darstellungen und Dokumenten der Umgesiedelten verantwortlich gemacht werden muss: »Es gab sozusagen bereits vorgeformte Modelle des Denkens und Empfindens.«[153]

Besonders bedeutsam und gegenwärtig wieder verstärkt Teil der Argumentation der Vertriebenenverbände sind die Hinweise darauf, dass sich während der Umsiedlung Gräueltaten ereignet hätten, die von so großer Dimension gewesen seien, dass sie viele – wenn nicht sogar alle – der in der Geschichte vorangegangenen Verbrechen in den Schatten stellen würden. Einem solchen durch die maßlose Übersteigerung der Realität betriebenen Geschichtsrevisionismus müssen hingegen die historischen Fakten gegenübergestellt werden. Dabei sollen keineswegs die menschlichen Tragödien und Schicksale, die sich während und infolge der Umsiedlung abgespielt haben, bagatellisiert, beschönigt oder gar geleugnet werden.

Zum Abschluss dieses Kapitels sei diese überzogene Darstellung der Realität anhand eines Beispiels skizziert: Weil aus geschlechtsspezifischer Perspektive besonders relevant und bereits von der feministischen Forschung kritisch untersucht, soll auf die Vergewaltigungen genauer eingegangen werden, von denen auch in zahlreichen der in der *Dokumentation der Vertreibung der Deutschen aus Ost-Mitteleuropa* wiedergegebenen Berichten die Rede ist. Die Vergewaltigungen sind dabei nicht als eine Besonderheit der Umsiedlung, sondern als ein Teil männlicher Kriegsführung im allgemeinen zu verstehen. Denn die dargestellten Berichte ähneln sich deshalb, wie Susan Brownmiller herausarbeitet, weil die »Kriegserlebnisse von Frauen auf der ganzen Welt ähnlich sind«[154] – und nicht wegen des konkreten Umsiedlungsvorganges. So werden Frauen generell als »Kriegsbeute und Trophäe des Siegers« betrachtet und »Vergewaltigung als Vergeltungsakt in der Kriegsführung«:[155] »Vergewaltigungen zu Kriegszeiten haben zweifelsohne eine militärische Bedeutung: sie schüchtern den Gegner ein und demoralisieren die Opfer.« Außerdem komme in der »Vergewaltigung als Tat von Eroberern« die »allgemeine Frauenverachtung zum Vorschein, die Missachtung der körperlichen und persönlichen Integrität von Frauen«.[156] Es ist der Gebrauch der »Genitalien als Waffe«.[157]

Aufschlussreich sind Brownmillers Ausführungen zu einem angeblichen Aufruf zu Vergewaltigungen, den Ilja Ehrenburg verfasst haben soll. Dieser Aufruf dient bis heute in der rechten bis rechtsextremen Propaganda als »Beleg« für angeblich systematisch geplante und durchgeführte Verbrechen an der deutschen Bevölkerung. Brownmiller weist hingegen darauf hin, dass es sich aller Wahrscheinlichkeit nach um eine antisemitische Fälschung aus den Memoiren von Karl Dönitz handelt.[158] Zu den tatsächlichen Vergewaltigungen durch Soldaten der Roten Armee schreibt sie, dass diese »insofern besonders peinlich« gewesen seien, als die Russen selbst »so viel Aufhebens« von dem »neuen sowjetischen Menschen« gemacht hätten, der sich dann »im Krieg als ganz der alte entpuppte«. Die »harte politische Wahrheit« sah nämlich so aus, dass die Rote Armee sich 1945 in Deutschland und in Osteuropa »in keiner Weise anders verhalten hat als jede andere Eroberungsarmee«, soweit es um Frauen ging.[159]

Dass bei den Vergewaltigungen nicht nur der Vorgang selbst, sondern auch die »Effeminierung und Erniedrigung« der Männer, die sich »als unfähig erwiesen, ihre Frauen wirksam zu verteidigen«[160], eine Rolle spielte, sollte dabei keineswegs außer Acht gelassen werden. Denn auf diese Weise wurden bei den »unterlegenen Männern alle noch verbliebenen Illusionen von Macht und Besitz« zerstört, schreibt Ingrid Schmidt-Harzbach: »Der vorübergehende Besitzwechsel der geschändeten Frauen als Siegesbeute vermindert den Wert der Frau als potentielles Eigentum des Mannes.«[161]

## Zur Geschichte der Vertriebenenverbände

Die Geschichte der Vertriebenenverbände ist nicht zuletzt eine Geschichte der Unübersichtlichkeiten:[162] unzählige Klein- und Kleinstverbände in den Jahren unmittelbar nach Kriegsende, kirchliche Hilfs- und Suchstellen, wechselnde Parteipräferenzen der Verbände mit zeitweilig »eigener« Partei, Organisationskämpfe zwischen »interessenpolitischen Vertriebenenverbänden« und »heimatpolitischen Verbänden« (den Landsmannschaften)[163], der Kampf um das Geschichtsbild, persönliche Streitereien und machtpolitische Animositäten. Im folgenden wird versucht, diesen Unübersichtlichkeiten eine grobe Struktur zu geben. Dabei soll deutlich gemacht werden, vor welchem historischen Hintergrund die aktuelle Politik der Vertriebenenverbände zu sehen ist, um diese historisch wie theoretisch einordnen zu können. Somit wird auch nicht jedes Detail der Entwicklung der Organisationen über die Jahrzehnte hinweg thematisiert, sondern nur auf zentrale Momente eingegangen.

### Erste Etappe: 1945 bis 1962 – Entstehung, Konsolidierung, Legitimierung

Die erste Etappe der Geschichte der Vertriebenenverbände ist gekennzeichnet von der Aufnahme und Integration der Umsiedler in der Bundesrepublik, den ersten Organisierungsschritten in Verbänden bis hin zur Konstituierung des Bundes der Vertriebenen sowie zahlreichen verbändeinternen Streitigkeiten. In diese erste Etappe fällt auch die Einrichtung des Bundesvertriebenenministeriums sowie Gründung, Aufstieg und Fall der Vertriebenenpartei Block der Heimatvertriebenen und Entrechteten. Die Etappe beginnt 1945, weil bereits im Jahr der militärischen Niederschlagung des Nationalsozialismus durch die Alliierten die Organisierung der Umgesiedelten begann. Entscheidend für die Markierung des Etappenendes ist der Abschluss der *Dokumentation der Vertreibung der Deutschen aus Ost-Mitteleuropa*: 1962 erschien der letzte Teil – ein Ortsregister.[164] Damit war das Fundament für die innen- und außenpolitische Arbeit der »Vertriebenen« gelegt.

## Aufnahme und Integration

Der langjährige BdV-Präsident Herbert Czaja beschrieb die Situation der »Vertriebenen« in den ersten Jahren in der Bundesrepublik zusammenfassend als eine »nicht selten in Anpassung oder Isolierung und Nichtbeachtung« mündende.[165] Schließlich hatten sich nach der Umsiedlung zahlreiche nicht zu verkennende soziale und politische Schwierigkeiten für die »Vertriebenen« ergeben.[166]

Die soziale Lage der »Vertriebenen« war zunächst dominiert von den sich infolge von Umsiedlung und Aufnahme in Deutschland ergebenden Problemen. Die Alliierten verfolgten dabei die Vorstellung, die »Aufzunehmenden in möglichst dünnbesiedelten und von Kriegszerstörungen« wenig betroffenen und somit zumeist agrarisch strukturierten Gebieten anzusiedeln.[167] Die Grundlage für diese Entscheidung bildeten Kriterien wie die Wohnraum- und Ernährungslage, wobei Fragen nach der wirtschaftlichen Tragfähigkeit und den Entwicklungsperspektiven der jeweiligen Regionen in den Hintergrund gerieten.[168] Infolge dieses Konzeptes gelangte ein Großteil der Umgesiedelten vor allem nach Nord- (Mecklenburg, Schleswig-Holstein und Niedersachsen) und Süddeutschland (Bayern). Bei der Frage, in welcher Region sich die Flüchtlinge jeweils niederließen, spielten konfessionelle Fragen neben der der geografischen Nähe zum Herkunftsgebiet besonders eine Rolle.[169] So siedelten sich die »Vertriebenen« aus dem Reichsgau Sudetenland schwerpunktmäßig im mehrheitlich katholisch geprägten Süddeutschland an, besonders in Bayern, aber auch in Baden-Württemberg und Hessen. Im Gegensatz zu den »Sudetendeutschen« gelangten die Flüchtlinge aus Ostpreußen, Nieder- und Oberschlesien aufgrund des Vorrückens der

Roten Armee und der einsetzenden Fluchtbewegung vor dieser bereits 1944/45 nach Deutschland. Während die Ostpreußen sich insbesondere in evangelisch dominierten Gebieten wie Schleswig-Holstein, Niedersachen und den industriell mit einer besseren Infrastruktur versehenen Regionen in Nordrhein-Westfalen (Ruhrgebiet) ansiedelten, waren die Schlesier zunächst nach Sachsen, Bayern oder in den 1945 noch bestehenden Reichsgau Sudetenland geflohen und wurden erst 1946 planmäßig in den südlichen Teil Niedersachsens umgesiedelt.[170] Neben den bereits genannten Herkunftsgebieten trafen auch Flüchtlinge und Umsiedler – die sich auf eine deutsche Herkunft oder Identität beriefen – in den vier Besatzungszonen Deutschlands ein, die vor den nationalsozialistischen Umsiedlungsmaßnahmen größtenteils in Ungarn, Jugoslawien, Rumänien, der Sowjetunion und den baltischen Staaten gelebt hatten. Deren Masse war jedoch quantitativ von nicht so großer Bedeutung wie die der Umsiedler aus Schlesien, Ostpreußen oder dem Sudetengau, die in die Millionen ging.[171] Unabhängig von der tatsächlichen Gesamtzahl der Menschen, die – wie bereits im vorangegangenen Kapitel angesprochen – umstritten ist, muss jedoch davon ausgegangen werden, dass die Sozialstruktur der aus den vier Besatzungszonen später entstehenden Staaten Bundesrepublik und DDR durch die Aufnahme der Flüchtlinge in hohem Maße beeinflusst und verändert wurde.

Die erste Unterbringung der Flüchtlinge fand auf zwei Weisen statt: erstens als (vorübergehende) Einquartierung in eigens dafür eingerichteten Flüchtlingsaufnahmelagern (beispielsweise Friedland)[172] und zweitens in Privatwohnungen der bereits ansässigen Bevölkerung. Beide Varianten waren in sozialer Dimension mit hohem Konfliktpotential versehen, führte doch die eine nicht selten zu Spannungen unter den »Vertriebenen«, während die andere solche zwischen den »Neubürgern« und den Einheimischen unterstützte, die ihrerseits darum fürchteten, dass die Flüchtlinge mittel- bis langfristig in ihren Wohnungen leben würden und somit ihre Lebensqualität gemindert werden könnte.[173] Letztere Befürchtung hatte auch einen realen Hintergrund, war doch häufig die Situation gegeben, dass viele der auf diese Weise untergebrachten Menschen bis an ihr Lebensende unter diesen Umständen weiterlebten, wobei das Zusammenleben von mehreren Personen pro Raum in einer Wohnung in der Zeit kurz nach der Umsiedlung keine Seltenheit gewesen ist.[174]

Später wurden dann zahlreiche Flüchtlinge in eigenen Städten, an deren Aufbau sie aktiv beteiligt waren, untergebracht (Beispiele für solche Stadtneugründungen sind Traunreut, Neu-Traubling und Waldkraiburg in Bayern und Espelkamp in Westfalen) bzw. sie begannen, innerhalb einer bereits bestehenden Stadt/Ortschaft in nahe beieinander gelegenen Unterkünften zu wohnen und somit eigene Bereiche innerhalb der Städte zu schaffen, die mehrheitlich bis ausschließlich von Flüchtlingen bewohnt wurden – ein Phänomen, das in nahezu jeder bundesdeutschen Kleinstadt anzutreffen war.[175] Die dadurch entstandene Situation der Isolation trug, neben den unvermeidlichen sozialen und ökonomischen Schwierigkeiten (Wasser- und Lebensmittelversorgung, sanitäre Einrichtungen, Arbeitsplatzbeschaffung usw.), nicht zuletzt auch zur Massierung der Konflikte zwischen Einheimischen und »Vertriebenen« bei. Auch wurde so der soziale und politische Zusammenschluss der Umgesiedelten untereinander gefestigt, weil sie auf der Basis der bereits aus ihren vorherigen Wohngebieten bekannten gesellschaftlichen Zusammenhänge arbeiteten und lebten.

Neben den sozial und politisch bedingten Spannungen zwischen den bereits in den vier Besatzungszonen lebenden Menschen und den Umsiedlern sowie diesen untereinander kamen ergänzend noch die zwischen deutschen Umsiedlern und nichtdeutschen Flüchtlingen, Kriegsgefangenen und Zwangsarbeitern (den so genannten Displaced Persons) hinzu. Diese waren einerseits in einer Konkurrenzsituation politischer und sozialer Prägung, andererseits aber besonders in der weiterhin bestehenden völkischen Deutschtumsdefinition und der daraus resultierenden ablehnenden Haltung der deutschen Umsiedler nichtdeutschen Menschen gegenüber begründet.[176]

Eine wesentliche Rolle bei der Aufnahme und Integration der

»Vertriebenen« in die bundesdeutsche Gesellschaft spielte ferner ihre wirtschaftliche Einbindung in die vorhandene bzw. neu entstehende Sozialstruktur, die weitestgehend bis Anfang der sechziger Jahre abgeschlossen war.[177] Durch die unterschiedliche Verteilung der Umsiedler in den westlichen Besatzungszonen – wie oben beschrieben, wurden viele in vorwiegend agrarisch strukturierten Regionen sesshaft – stieg zunächst die Arbeitslosigkeit massiv an. Gleichzeitig mussten die Städte und Gemeinden hohe Unterbringungs- und Versorgungskosten für die Flüchtlinge aufbringen und wurden, was erschwerend hinzukam, durch ein geringes Steueraufkommen finanziell geschwächt.[178] So kam es zu einer nur teilweisen, lückenhaften oder fachfremden Beschäftigung sowie zu Gelegenheitsarbeit der »Vertriebenen«, wobei derartige Entwicklungen nicht nur sie, sondern auch die Einheimischen betrafen. Denn aufgrund des wirtschaftlichen Brachliegens Deutschlands, das im Wesentlichen durch die einseitige Ausrichtung der Wirtschaft auf die Kriegsführung bedingt war, war die Möglichkeit der Arbeitsplatzfindung im Allgemeinen und von qualifikationsgerechten Arbeitsstellen im Besonderen äußerst begrenzt.[179] Die Behebung dieser Situation erfolgte für die »Vertriebenen« einerseits durch Soforthilfemaßnahmen, andererseits durch den Lastenausgleich bzw. das *Lastenausgleichsgesetz (LAG)*, auf dessen Gesamtbedeutung später genauer eingegangen wird.[180]

Anhand einiger zentraler Daten sei hier jedoch bereits verdeutlicht, wie die wesentlich durch den Lastenausgleich mitumgesetzte Integration der »Vertriebenen« in das Sozialgefüge der späteren Bundesrepublik vonstatten ging. Das wichtigste Mittel zur wirtschaftlichen Eingliederung waren die Arbeitsplatzdarlehen, die fast zum völligen Abbau der Arbeitslosigkeit unter den »Vertriebenen« führten: Ein Betrieb erhielt staatlicherseits dafür Darlehen, dass er lastenausgleichsberechtigte Personen (was hauptsächlich »Vertriebene« waren) beschäftigte und ihre Anstellung für mindestens fünf Jahre garantierte.[181] Auf diese Weise wurden mit dem Einsatz von Finanzmitteln in der Höhe von etwa 285 Millionen Mark ungefähr 84.000 Dauerarbeitsplätze geschaffen, von denen etwa 85 Prozent von »Vertriebenen« eingenommen wurden.[182] Zur Förderung der ökonomischen Selbstständigkeit unter den »Vertriebenen« wurden weiterhin gewerbliche Aufbaudarlehen vergeben, die niedrig verzinst und mit langen Tilgungsfristen versehen waren. Deren Gesamtsumme machte über zwei Milliarden Mark aus, wobei etwa zwei Drittel der Nutznießer die Umsiedler gewesen sind: Etwa 78.000 »Vertriebene« erhielte solche Darlehen in den ersten Jahren der Soforthilfe zur Begründung einer selbstständigen Existenz in Handel, Handwerk oder freiem Beruf und weitere 80.000 in der Zeit des *LAG*.[183] Größere Unternehmen wurden mit Krediten durch Banken unterstützt.[184]

Bei einem Vergleich der Berufsstellungen der »Vertriebenen« vor und nach der Umsiedlung ergibt sich folgendes Bild: Vor der Umsiedlung waren 15,8 Prozent Selbstständige, 20,6 Prozent arbeiteten in Familienbetrieben (dieser Selbstständigen) mit, 4,4 Prozent waren Beamte, 59,2 Prozent Arbeiter und Angestellte; nach der Aufnahme und Integration der »Vertriebenen« waren 5,2 Prozent Selbstständige, wobei 1,8 Prozent in deren (Familien-)Betrieben mitarbeiteten, 3,7 Prozent waren als Beamte tätig und 89,3 Prozent als Arbeiter und Angestellte.[185]

Anders als in den westlichen Besatzungszonen, in denen die Umsiedler einerseits bewusst als Neubürger betrachtet wurden und sich daraus andererseits auch zahlreiche juristische Sonderregelungen für sie ergaben (nahezu alle Gegebenheiten im sozialen und humanitären Bereich wurden in juristischen Verordnungen wie dem *Bundesvertriebenen-* und dem *Lastenausgleichsgesetz* fixiert),[186] wurde in der Sowjetischen Besatzungszone (SBZ) verfahren: Weil die Umsiedlung aus offizieller Perspektive nicht als Unrecht begriffen wurde, war den »Vertriebenen« auch kein Sonderstatus in der Behandlung eingeräumt worden. Somit unterschied sich die Aufnahme und Integration der Umsiedler grundlegend, weil die Menschen unter Kriterien wie ihrer individuellen politischen Einstellung und ihren ökonomischen Möglichkeiten wahrgenommen wurden. Nicht zuletzt der in der SBZ unternommene Versuch, einen antifaschistischen Staat zu etablieren, trug zu etwas bei, was als die Unwichtigkeit des Vertriebenenstatus beschrieben werden könnte – die Umsiedlung wurde im alltäglichen Leben für die individuelle Identität der Menschen von untergeordneter, wenn nicht sogar unwesentlicher Bedeutung.[187] Allerdings muss an dieser Stelle betont werden, dass die historische und sozialwissenschaftliche Forschung in Fragen des Verhältnisses der SBZ/DDR zu den Umgesiedelten aufgrund der erst infolge der osteuropäischen Transformation 1989/90 erfolgten Öffnung der Archive in Osteuropa noch ganz am Anfang steht, was detaillierte Angaben schwierig bis unmöglich macht.[188]

### Keimzellen der Organisierung

Neben den sozialen und ökonomischen Schwierigkeiten bestanden vor allem in politischer Hinsicht starke Einschränkungen für die »Vertriebenen« in den westlichen Besatzungszonen. Denn das *Potsdamer Abkommen* hatte dem Alliierten Kontrollrat die Aufgabe übertragen, jede nazistische und militaristische Betätigung und Propaganda zu verhindern[189], womit die politische Betätigung der Umgesiedelten nicht nur eingeschränkt, sondern auch durch Folgeverordnungen der einzelnen Besatzungsmächte (unter dem Begriff Alliiertes Koalitionsverbot bekannt geworden) organisatorisch reglementiert und verboten wurde.[190] So wurden verschiedene lokale und regionale Gründungen von Vertriebenenorganisationen untersagt, weil man in den Umsiedlern ein Potential für ein Wiederaufleben von deutschem Nationalismus und Revisionismus sah. Ausgenommen von diesem Verbot waren nur beratende Ausschüsse auf lokaler oder regionaler Ebene, beispielsweise in Gemeinden, Ämtern, Kreisen und Regierungsbezirken. Denn diese hatten Aufgaben im Bereich der Eingliederung und Integration der »Vertriebenen« wahrzunehmen und waren keine ausgesprochen politisch orientierten Zusammenschlüsse.[191]

Als zentrale »Keimzellen« der Organisierung der Umgesiedelten sind vor diesem Hintergrund einerseits die Familien und andererseits die »Treckgemeinschaften von Nachbarn« anzusehen, die sowohl durch die »gemeinsame Herkunft« wie das gemeinsame Erleben der Umsiedlung zusammengehalten wurden.[192] Aus diesen das Alliierte Koalitionsverbot unterlaufenden Zusammenschlüssen bildeten sich erste Vorläufer der Vertriebenenverbände: die Heimatgruppen, die »Aufgaben des Suchdienstes zum Zwecke der Familienzusammenführung übernahmen, Heimatanschriftensammelstellen installierten und Suchkarteien erstellten«.[193] In Zusammenarbeit mit karitativen Einrichtungen wie dem Internationalen Roten Kreuz und dem Deutschen Caritasverband waren es vor allem die christlichen Kirchen, die in der Zeit unmittelbar nach Ankunft der Umsiedler im Bereich der Such- und Zusammenführungsarbeit aktiv gewesen sind. Aus christlichen und humanitären Motiven war man darum bemüht, Menschen wieder zusammenzubringen, die durch die Umsiedlung den Kontakt zueinander verloren hatten.[194] Dieses Streben wurde unter anderem dadurch flankiert, dass der Siedlungs- und Wohnungsbau der »Vertriebenen« aktiv unterstützt wurde und dass umfangreiche Maßnahmen zur Erleichterung der Eingliederung in Angriff genommen wurden. Der Caritasverband beispielsweise errichtete von 1945 bis 1952 insgesamt fünfundzwanzig Aufnahmelager für die Umsiedler, beteiligte sich an der Betreuung von 552 Lagern, wobei insgesamt eine Summe von fast viereinhalb Millionen Mark zur Betreuung und Versorgung aufgewandt wurde. Ferner brachte man fast zwei Millionen Mark zur Unterstützung von nicht zur eigenen Organisation gehörenden Lagern sowie für die Unterstützung der »Vertriebenen« durch Lebensmittel und Sachspenden auf.[195] Auch wurden mehrmonatige Erholungsaufenthalte für etwa zweihunderttausend Flüchtlingskinder in Belgien, Frankreich, Luxemburg, Spanien, Portugal, der Schweiz und den Niederlanden vermittelt.[196] Ein anderes Beispiel im karitativen Bereich war das von 1949 bis 1953 durchgeführte UNICEF-Hilfsprogramm, das über zwei Millionen Kinder der Umsiedler mit Kleidungsstücken, Schuhen, Bettwäsche, Medikamenten und Stärkungsmitteln versorgte.[197] Zusammen mit unter anderem dem Schwedischen Roten Kreuz stiftete die UNICEF auch acht Lehrlingsheime und Lehrwerkstätten.[198]

Für die Entstehung der Vertriebenenverbände war jedoch ein anderer Aspekt in der Tätigkeit dieser karitativen und kirchlichen Einrichtungen von besonderer Bedeutung. Denn die christlichen

Kirchen spielten bei der politischen Konstituierung der Vertriebenenverbände eine zentrale Rolle, da deren Arbeit, durch die die landsmannschaftliche und politische Organisierung schnell und effektiv möglich werden sollte, vonseiten der Alliierten nur unzureichend kontrolliert wurde. So heißt es auch im Tätigkeitsbericht der Bundesregierung für das Jahr 1958, dass die Kirchen in »der Zeit des Koalitionsverbots den heimatlos gewordenen Massen den Zusammenschluss ermöglicht« und »den Boden für die spätere Organisationsentfaltung gesichert« hatten.[199] Massiv begünstigt wurde die Organisationsentwicklung der Vertriebenenverbände schließlich durch erste Aufweichungen des Alliierten Koalitionsverbots im Kontext des Kalten Krieges. Denn dieser hatte bei Briten und Amerikanern seit 1947 die Scheu abgebaut, wie Hermann Weiß feststellte, die »osteuropäischen Staaten durch die Zulassung von Vertriebenenorganisationen zu provozieren«.[200]

Die erste regionale Vertriebenenorganisation mit dem Namen Notgemeinschaft der Ostdeutschen wurde allerdings bereits Anfang Juni 1945 in Hamburg gegründet – die bedingungslose Kapitulation Deutschlands lag noch keinen Monat zurück. Den Vorsitz des Verbandes übernahm Linus Kather.[201]

Kurz nach der Gründung dieser so genannten Notgemeinschaft hatten sich bereits einige landsmannschaftliche Zusammenschlüsse gebildet. Da die Alliierten zu dieser Zeit darum bemüht waren, das Koalitionsverbot durchzusetzen, wurden diese landsmannschaftlichen Organisationen kurz nach ihrer Gründung ausdrücklich verboten und aufgelöst. Allerdings taten die Verbote den Bestrebungen der »Vertriebenen« keinen Abbruch – unter anderen, meist unpolitischer klingenden Namen formierten sich die alten Verbände neu. Aus der Notgemeinschaft der Ostdeutschen wurde im Zusammenschluss mit anderen Verbänden etwa die Arbeitsgemeinschaft deutscher Flüchtlinge, ebenfalls mit Kather als Vorsitzendem.[202] Dass diese Tricksereien der »Vertriebenen« letztlich erfolgreich waren, lag besonders am schwindenden Interesse der Alliierten an der weiteren Umsetzung des Koalitionsverbotes – mit Beginn des Kalten Krieges nahm das Engagement der Westalliierten in Richtung Systemkonfrontation zu, wohingegen der in Deutschland geführte Kampf gegen das Wiedererstarken nationalistischer Bestrebungen zurückging.

Auf überregionaler Ebene kam es dann am 9. April 1949 zur Gründung des Zentralverbands der vertriebenen Deutschen (ZvD), der sich aus Vertretern der »Heimatvertriebenen aller Länder der britischen und amerikanischen Besatzungszone« zusammensetzte. Erster Vorsitzender des ZvD wurde der spätere Bundesvertriebenenminister (1949 bis 1953) Hans Lukaschek[203], der schon im Dezember 1949 von Linus Kather abgelöst wurde.[204] Die Aufgabe des ZvD bestand insbesondere in der Verfolgung von sozialpolitischen und ökonomischen Zielen, etwa im Bereich der konkreten Integration der Flüchtlinge und damit des Wohnungsbaus und Grundstückserwerbs, des Rechtsschutzes und der Vertretung gegenüber Behörden oder der Hilfe bei Existenzgründungen.

Auf der Bundestagung Ende 1951 beschloss der ZvD auf Orts-, Kreis-, und Landesebene die Vereinigung mit unter anderem der Sudetendeutschen Landsmannschaft und der Landsmannschaft Schlesien zum Bund der vertriebenen Deutschen (BvD), wodurch laut Kather »90 % aller organisierten Vertriebenen« vereinigt worden seien.[205] Der ZvD übernahm die Bezeichnung BvD drei Jahre später auch auf Bundesebene.[206] Die 1951 an der Gründung des BvD beteiligten Landsmannschaften verließen jedoch ihren vorherigen Verband, die Vereinigten Ostdeutschen Landsmannschaften (VOL), nicht, obwohl der BvD als Gesamtverband aller »Vertriebenen« geplant gewesen war.

In den Jahren 1951 bis 1954 stand der ZvD/BvD im »Zenit seines politischen Einflusses«, was darin begründet war, dass diese Jahre innenpolitisch im Hinblick auf die Integration der »Vertriebenen« besonders wichtig gewesen sind. Der ZvD/BvD hatte in dieser Zeit seinen Einfluss zugunsten der Umsiedler geltend gemacht und dabei unter anderem an der Verwirklichung des Lastenausgleichsgesetzes mitgewirkt. Die folgenden Jahre brachten einen »unaufhörlichen Schwund an organisatorischer Kapazität und politischer Potenz« mit sich: »Das starke Hervortreten der außenpolitischen Problematik ließ die politische Führung der

Vertriebenen immer mehr auf die Landsmannschaften übergehen«, deren Hauptziel nicht die Integration der »Vertriebenen« war, sondern die möglichst baldige Rückkehr in die ehemalige Heimat.[207] Zeitlich parallel zur Gründung des ZvD hatten sich im August 1949 einige der Landsmannschaften zu den föderalen Vereinigten Ostdeutschen Landsmannschaften (VOL) zusammengeschlossen. Hierzu gehörte die Landsmannschaft Ostpreußen, die Pommersche Landsmannschaft, die Landsmannschaft Weichsel-Warthe und die Landsmannschaft Westpreußen, die bereits Ende 1948 oder Anfang 1949 auf Bundesebene gegründeten worden waren. Im August 1952 wurden die Vereinigten Ostdeutschen Landsmannschaften nach dem Beitritt weiterer Landsmannschaften (Deutsch-Baltische Landsmannschaft, Landsmannschaft Berlin-Mark Brandenburg, Landsmannschaft der Deutschen aus Jugoslawien, Landsmannschaft Schlesien – Nieder- und Oberschlesien, Sudetendeutsche Landsmannschaft) in den Verband der Landsmannschaften (VdL) überführt.[208]

## Göttingen, Stuttgart, Berlin – der Dachverband entsteht

Das Verbandswesen der »Vertriebenen« gründete sich ursprünglich auf drei Säulen: »Die regionalen Verbände, in denen sich die Vertriebenen nach ihren jetzigen Aufenthaltsorten zu Interessengemeinschaften zusammenschlossen; die Landsmannschaftlichen Gruppen, die Vertriebene aus den gleichen Herkunftsgebieten zusammenfassten, und schließlich die Berufsständischen Vertretungen der Vertriebenen gleicher Berufsgruppen.«[209]

In den ersten Jahren der Organisierung waren diese Verbände, besonders die beiden erstgenannten[210], wegen ihrer unterschiedlichen politischen Schwerpunktsetzungen stark zerstritten. Sahen die regionalen Verbände ihre Aufgabe vor allem in der Unterstützung von Integration und materieller Alimentierung der »Vertriebenen«, so wurde von landsmannschaftlicher Seite auf eine Rückkehr in die ehemaligen deutschen Ostgebiete hingearbeitet und in einer Fixierung auf eine umfangreiche Integrationspolitik eher ein Hindernis beim Erreichen dieses Zieles gesehen. Erste Grundlagen für eine gemeinsame Arbeit wurden mit dem Göttinger Abkommen vom 20. November 1949 geschaffen. Hierin vereinbarte man zum einen eine Arbeitsteilung über die Aufgabenbereiche der beiden Dachverbände (ZvD: »Wirtschafts- und Sozialpolitik«; VOL: »Heimat- und Kulturpolitik«)[211], zum anderen plante man den ersten überregionalen »Tag der Heimat« für 1950[212] und strebte eine »gemeinsame politische Willenserklärung« an: die *Charta der deutschen Heimatvertriebenen*, das »Grundgesetz der Heimatvertriebenen«.[213]

Diese *Charta der deutschen Heimatvertriebenen* wurde am 5. August 1950 in Stuttgart auf einer Massenkundgebung verkündet.[214] Der BdV beteuert stets, er habe mit der *Charta* menschliche Größe bewiesen, weil sie eine Absage an Rache und Vergeltung darstelle.[215] Tatsächlich finden sich in der *Charta* jedoch Aussagen, die die Kriegsschuld Deutschlands relativieren und die in Perspektive auf die Folgejahre danach trachten, die »deutschen Heimatvertriebenen in den Wiederaufbau Europas« tätig einzuschalten. Unterzeichnet wurde die *Charta* von den Sprechern der Landsmannschaften sowie den Vorsitzenden des ZvD und seiner Landesverbände. Sie erklären »im Bewusstsein ihres deutschen Volkstums« und ihrer »Zugehörigkeit zum christlich-abendländischen Kulturkreis«, dass den »Menschen mit Zwang von seiner Heimat« zu trennen bedeute, »ihn im Geiste töten«, wobei die »Völker der Welt [...] ihre Mitverantwortung am Schicksal der Heimatvertriebenen als der vom Leid dieser Zeit am schwersten Betroffenen« (sic!) empfinden sollten. Ebenso müssten »die Völker« erkennen, dass das »Schicksal der deutschen Heimatvertriebenen wie aller Flüchtlinge, ein Weltproblem ist, dessen Lösung höchste sittliche Verantwortung und Verpflichtung zu gewaltiger Leistung« fordere.[216] Letztlich hatte die *Charta* eine Doppelfunktion: Zum einen versuchten die deutschen »Heimatvertriebenen«, sich als Opfer nationalsozialistischer Politik darzustellen, wobei die *Charta* gleichzeitig bewusst als »Protest gegen das *Potsdamer Abkommen*« installiert wurde.[217] Zum anderen forderten die »Vertriebenen« mit der *Charta* bereits 1950 für sich das Recht ein, über europäische Machtkonstellationen mitzuentscheiden.

Die Gründung des Bundes der Vertriebenen – Vereinigte

Landsmannschaften und Landesverbände (BdV) und damit letztlich die organisatorische Überwindung der über Jahre hinweg schwelenden persönlichen und aufgabenbezogenen Streitigkeiten zwischen den beiden vorherigen Dachverbänden fand schließlich am 27. Oktober 1957 statt. Gleichberechtigte Vorsitzende wurden Georg Baron Manteuffel-Szoege (VdL) und Linus Kather (BvD).[218] Bei der letztlich konstituierenden Sitzung des BdV am 14. Dezember 1958 in Berlin wurde Hans Krüger zum ersten BdV-Präsidenten gewählt, der dieses Amt bis zu seiner Berufung zum Bundesvertriebenenminister im Oktober 1963 innehatte.[219] Krüger war vor 1945 unter anderem Mitglied der NSDAP, des NS-Studentenbundes, des VDA und des Bundes Deutscher Osten. Ferner war er als NSDAP-Ortsgruppenleiter und Oberamtsrichter beim Amtsgericht im polnischen Chojnice tätig und wurde 1942 an das neugebildete Sondergericht in Chojnice berufen.[220]

Kurz nach der Konstituierung des BdV unter der Präsidentschaft Krügers erklärte sein Präsidium: »Der Bund der Vertriebenen muss ein geschlossener Willenskörper werden, erfüllt von dem brüderlichen Geiste einer großen Schicksalsgemeinschaft. Unser Selbstbehauptungswille soll in seinem Wirken lebendigen Ausdruck finden. [...] Wir müssen für Heimat und Zukunft mit aller Hingabe eintreten, die uns gegeben ist. Vor allem gilt es, unsere Organisationen zu voller Schlagkraft auszubauen. Die Vertriebenenbewegung darf nicht zum Selbstzweck erstarren. Das große gemeinsame Wollen muss auch über die letzten Hindernisse des Einigungswerkes hinwegschreiten. Die nächste Aufgabe ist der Aufbau einer moralischen Widerstandsfront im deutschen Volke. [...] Der Bund der Vertriebenen wird in der Ausei-nandersetzung über Deutschlands Schicksal die ganze geistige, moralische und politische Kraft von 10 Millionen Heimatvertriebenen zum Einsatz bringen. [...] Über alle landsmannschaftlichen Verschiedenheiten hinweg soll sich der neue Bund als Instrument des Rechtskampfes aller Heimatvertriebenen bewähren. [...] Die Heimat ist nicht verloren, solange wir in Treue zu ihr stehen!«[221] Eine Aufgabenstellung, die über Jahrzehnte hinweg Bestand haben sollte.

## Der Kampf um Legitimität

Parallel zur Verbandsgeschichte im streng genommenen Sinn fand auch in allgemeinpolitischer Hinsicht eine Entwicklung der Anliegen der »Vertriebenen« statt. Die Vertriebenenverbände versuchten auf die im Bundestag vertretenen Parteien, die Gremien und Ausschüsse sowie die Bundesregierung in ihrem Sinne einzuwirken. Ein besonders signifikantes Beispiel für eine solche Einflussnahme zeigt sich an der Person von Linus Kather, der einerseits ZvD-Vorsitzender gewesen ist, andererseits aber auch als CDU-Abgeordneter im Bundestag saß. Kather führte nicht nur bis zu seinem Übertritt zum Block der Heimatvertriebenen und Entrechteten (BHE) im Jahr 1954 die Arbeitsgemeinschaft der Vertriebenenabgeordneten der Union an, sondern gehörte auch dem CDU-Bundesvorstand an und war Vorsitzender des Bundesvertriebenenausschusses der CDU/CSU und des Landesverbandes Oder-Neiße (LVON) der CDU.[222] In diesen Mehrfachfunktionen setzte Kather bei der Debatte um den Lastenausgleich aufgrund seiner parteipolitischen Macht innerhalb der Union durch, dass diese bei ihrer Eingliederungspolitik die Positionen und Konzepte des ZvD übernahm und vertrat.[223]

Aber nicht nur in der Union, sondern auch in der SPD existierte ein Arbeitskreis für Vertriebenenfragen, in dem der Einfluss der Vertriebenenpolitiker in Bezug auf die Gesamtausrichtung der SPD jedoch geringer war als im vergleichbaren Gremium der Union – allerdings gehörten diesem Arbeitskreis auch zwei der späteren BdV-Präsidenten an, Wenzel Jaksch und Reinhold Rehs, die beide vermittels Fraktions- und Ausschussarbeit besonders im Bereich der Außenpolitik versuchten, Vertriebenenansätze in der Partei- und Bundespolitik zu verankern.[224] Der geringere Einfluss der Vertriebenenpolitiker in diesem Arbeitsgremium wurde jedoch durch das allgemeine Verhältnis der Vertriebenenverbände zur Sozialdemokratie aufgewogen. Denn die Regierungszeit von Bundeskanzler Konrad Adenauer (1949 bis 1963) war geprägt von einem darin bestehenden Konsens, dass die Vertriebenenverbände parteiübergreifend diskussionsbereit waren und die Streitigkeiten mit den großen Parteien (CDU und

SPD) hauptsächlich in Detailfragen bestanden. Dies führte letztlich deshalb zu keiner endgültigen parteipolitischen Festlegung der Vertriebenenverbände, weil, wie der langjährige BdV-Präsident und CDU-Politiker Herbert Czaja es ausdrückte, das politische Primat in der »Treue zu Volk und Vaterland« gesehen wurde und weniger in konkreten parteipolitischen Fragen.[225] So lobten die Vertriebenenverbände an der SPD-Politik unter Kurt Schumacher besonders dessen »nationale« Einstellung und wiesen auf den zwischen ihm und Adenauer bestehenden »Grundkonsens zur Einheit und Freiheit Deutschlands« hin.[226]

Der grundsätzlich von den Vertriebenenverbänden befürwortete außenpolitischer Ansatz Adenauers bestand im Eintreten für eine Westbindung und eine westeuropäisch verankerte Identität der Bundesrepublik. Als Mittel zu deren Gewährleistung war die Politik seiner Regierung geprägt von Aufrüstung und Wiederbewaffnung – Maßnahmen, die den expansiven Interessen der Sowjetunion und der DDR entgegenwirken und aufgrund der militärischen Stärke des Westens die Ostblock-Staaten abschrecken sollten.[227] In dem zwischen den Westmächten und der Bundesrepublik abgeschlossenen Deutschlandvertrag (1952) wurde diese Politik dadurch manifestiert, dass die Bundesrepublik als souveräner Staat proklamiert wurde. Das politische Ziel wurde dabei in der Herstellung eines »wiedervereinigten Deutschlands« gesehen, dessen Ostgrenzen erst in einem späteren Friedensvertrag endgültig festgelegt werden sollten.[228]

Auf dieser Grundlage bestand bei den Vertriebenenverbänden Zustimmung zur Regierungspolitik in grundsätzlichen Fragen. Vor allem schätzte man an Adenauer aber, dass während seiner Kanzlerschaft »keine Preisgabe der ostdeutschen Provinzen und des Rechtes auf die Heimat« stattgefunden habe.[229] Kritik gab es nur im Bereich von Einzelfragen, etwa bei Erwägungen zu möglichen »Kompromisslösungen in der Oder-Neiße-Frage«, bei deren Diskussion die realpolitischen Konzepte von der konkreten staatlichen Angliederung bis zu einer europäischen Regionalisierung des polnischen Territoriums reichten.[230] Allerdings gab es dann auch harsche Kritik an der Politik der expliziten Vertriebenenpartei in der Regierungskoalition (BHE), die in dieser Frage alles abgelehnt habe, was »auch nur einen Quadratmeter weniger als den Gebietsstand von 1937« bedeutet hätte.[231] Diese Interessenpartei der »Vertriebenen« – der Block der Heimatvertriebenen und Entrechteten (BHE) – war bereits kurz nachdem das erste Kabinett Adenauer seine Arbeit aufgenommen hatte Anfang Januar 1950 in Kiel gegründet worden.[232] Allerdings ist sie – trotz Umbenennung 1952 in Gesamtdeutscher Block/BHE (GB/BHE) – nie wirklich von einer »reinen Vertriebenenpartei zu einer Partei mit einer über die reine Interessenpolitik hinauswachsenden Zielsetzung«[233] geworden.

Den ersten und größten Erfolg erzielte der BHE bei den Landtagswahlen 1950 in Schleswig-Holstein, als er mit über 23 Prozent in den Landtag einzog. Der Landesverbandsvorsitzende und spätere erste Bundesvorsitzende der Partei, Waldemar Kraft, wurde Finanzminister und stellvertretender Ministerpräsident; Hans Adolf Asbach übernahm das Amt des Ministers für Flüchtlingsfragen, Soziales und Arbeit.[234] In der wohl umfangreichsten Untersuchung zur Geschichte des BHE schrieb der Politikwissenschaftler Franz Neumann zu diesem Erfolg, dass die Partei damit zu »einem Faktor in der deutschen Innenpolitik« geworden sei, der über den »Bundesrat auch die Bundespolitik beeinflussen konnte und der jetzt die Mittel in der Hand hatte, durch intensive Arbeit für die Vertriebenen seinen Wählern zu helfen« und den »lang erwarteten sozialen Aufstieg zu gewähren«.[235] Mehr oder minder große Erfolge in weiteren Bundesländern folgten. Bei der Bundestagswahl 1953 erhielt der GB/BHE 5,9 Prozent der Zweitstimmen und zog in den Bundestag ein.[236] Im zweiten Kabinett Adenauer wurde Theodor Oberländer[237] Minister für Vertriebene, Flüchtlinge und Kriegsgeschädigte; Waldemar Kraft zeitweise Minister für Besondere Aufgaben. In diese Legislaturperiode fiel auch die Krise um die K.O.-Gruppe (K für Kraft, O für Oberländer)[238], die zusammen mit einigen weiteren GB/BHE-Abgeordneten (dem so genannten Ministerflügel) aus koalitionstaktischen Gründen 1955 dem Saarstatut zustimmten.[239] Ein Großteil dieser Dissidenten, unter ihnen auch Oberländer, wechselten vom GB/

BHE zur CDU. Durch diese Spaltung der Fraktion wurde der Niedergang des GB/BHE eingeleitet. Weitere Misserfolge auf parlamentarischer Ebene führten schließlich Anfang 1961 zu einer Fusion des GB/BHE mit der Deutschen Partei (DP) zur Gesamtdeutschen Partei.[240]

Eine ebenfalls wichtige Rolle für die Umsetzung der Interessenpolitik der Vertriebenenverbände nahm das seit dem ersten Kabinett Adenauer bestehende Bundesministerium für Vertriebene, Flüchtlinge und Kriegsgeschädigte ein.[241] Zeit seiner Existenz war das Verhältnis zwischen Vertriebenenverbänden und Vertriebenenministerium insofern immer gespannt, als das Ministerium eine Schnittstelle der Interessenvermittlung zwischen »Vertriebenen« und Bundesregierung mit ihren jeweiligen Interessen bildete. Das Vertriebenenministerium wurde von dem christdemokratischen Bundestagsabgeordneten und ehemaligen ZvD-Vorsitzenden Hans Lukaschek aufgebaut,[242] dem noch acht weitere Personen im Amt des Vertriebenenministers folgten,[243] bis das Ministerium mit Beginn der 6. Legislaturperiode und der sozialliberalen Koalition 1969 aufgelöst wurde.[244] Bis dahin waren allerdings drei zentrale Grundlagen des späteren politischen Kampfes der »Vertriebenen« verabschiedet bzw. abgeschlossen worden: das *Bundesvertriebenengesetz*, das *Lastenausgleichsgesetz* und die *Dokumentation der Vertreibung der Deutschen aus Ost-Mitteleuropa*. Das *Gesetz über die Angelegenheiten der Vertriebenen und Flüchtlinge (BVFG)*, das 1953 in Kraft trat, ist das »große gesetzgeberische Standardwerk für die Vertriebenen«, wie Theodor Oberländer in seinem Tätigkeitsbericht als Vertriebenenminister über das Jahr der Verabschiedung des *BVFG* feststellte.[245] Im *BVFG* sind die die »Vertriebenen« betreffenden juristischen Grundlagen festgelegt. Es ist, wie bereits angesprochen, aufgrund der Parallelexistenz von zwei nebeneinander gültigen Fassungen in sieben bzw. acht Abschnitte untergliedert.[246] Im Einzelnen werden im *BVFG* folgende Aspekte juristisch fixiert, wobei die Änderung zwischen den beiden Fassungen im Wesentlichen (neben zahlreichen Detailänderungen) nur darin besteht, dass bei der Neufassung eine Umstrukturierung und teilweise Umgruppierung der einzelnen

Verordnungen stattgefunden hat. Im *BVFG* werden allgemeine Definitionen zu den Voraussetzungen für die Inanspruchnahme von Rechten und Vergünstigungen für »Vertriebene« gegeben und Kriterien für die Vergabe der Vertriebenenausweise festgelegt. Ferner wird die Rolle der Behörden und Beiräte bei der Integration und Verwaltung benannt, die Aufnahme und Eingliederung der »Vertriebenen« bestimmt, die sozialrechtliche und wirtschaftliche Grundlage für die Umsiedler fixiert sowie die finanzielle Förderung der Kultur und Forschung der »Vertriebenen« festgelegt.[247]

Das *Lastenausgleichsgesetz (LAG)* wurde 1952 verabschiedet. Als dessen Hauptziel war die »Abgeltung von Schäden und Verlusten, die sich infolge der Vertreibungen und Zerstörungen der Kriegs- und Nachkriegszeit« ergeben haben, definiert worden.[248] Aus dem Lastenausgleichsfonds wurden Entschädigungs- und Aufbauzahlungen für die Flüchtlinge geleistet. Zu diesen Entschädigungszahlungen zählten unter anderem solche für Schäden an Besitzständen, den Verlust von Gegenständen, Hausrat, Spareinlagen und anderen privatrechtlichen finanziellen Mitteln. Ferner fielen in diesen Bereich noch Zahlungen für den Verlust von Anteilen an Kapitalgesellschaften und Geschäftsguthaben, an Gewerbeberechtigungen und Urheberrechten. Im Zuge der Aufbauzahlungen wurden Eingliederungsdarlehen für die Flüchtlinge zum Aufbau einer neuen Existenz und Lebensgrundlage bereitgestellt sowie die Einrichtung von Kriegsschadensrenten durchgeführt und Mittel für die Förderung der Berufsausbildung und Umschulung bereitgestellt. Getragen wurde die anfallenden Kosten größtenteils durch Vermögensabgaben, Hypothekengewinnabgaben, Kreditgewinnabgaben, anteilige Vermögenssteueraufkommen sowie durch Zuschüsse aus den Haushalten des Bundes und der Länder.[249]

Die Vertriebenenverbände waren jahrzehntelang um eine möglichst weitgefasste Auslegung des *LAG* und eine breite Ausschöpfung der entsprechenden finanziellen Mittel bemüht. Und ihr Kampf um finanzielle Alimentierung und Entschädigung war erfolgreich – mit einem Leistungsvolumen von gut hundertdreißig Milliarden Mark, so Lutz Wiegand in einer Untersuchung zum Thema, habe der Lastenausgleich in »einem durchaus bemerkenswerten Umfang zur Lösung eines Teils der aus dem Krieg und seinen Folgen erwachsenen Aufgaben« beigetragen.[250]

Die *Dokumentation der Vertreibung der Deutschen aus Ost-Mitteleuropa* wurde im Auftrag des Bundesvertriebenenministeriums von zahlreichen Wissenschaftlern erarbeitet und letztlich auch vom Ministerium herausgegeben. Finanziell flossen etwa dreieinhalb Millionen Mark in dieses Großforschungsprojekt, das ungefähr zehn Jahre (1951 bis 1961) zur Forschung in Anspruch nahm, wobei der letzte Band erst 1962 veröffentlicht wurde. Diese mehrbändige Dokumentation (fünf Bände, die zum Teil noch in Teilbände untergliedert sind, zuzüglich dreier Beihefte und eines Ortsregisters) umfasste insgesamt mehrere tausend Seiten, auf denen einerseits Erlebnisberichte von Flüchtlingen und Umsiedlern dokumentiert worden waren, andererseits aber auch historische Abhandlungen sowie Quellendokumente ihren Platz fanden.[251] Besonders bedeutsam an der *Dokumentation der Vertreibung der Deutschen aus Ost-Mitteleuropa* ist, dass sie von Anfang an sowohl von den Vertriebenenverbänden, als auch von Bundesregierung und dem Vertriebenenministerium als propagandistisches Kampf- und außenpolitisches Machtmittel geplant wurde.[252] Mathias Beer schrieb in einer historischen Arbeit zur *Dokumentation*: »Man erklärte die Dokumentation zu einer Aufgabe von nationalpolitischer Bedeutung. Es galt, ›das Unrecht von Potsdam‹ anzuprangern und mit Wort und Schrift für die Ostgebiete zu kämpfen. Historiker lieferten dafür nicht nur die wissenschaftlichen Argumente, sondern sie stellten auch das methodische Rüstzeug und ihre Erfahrung zur Verfügung, die sie im Einklang mit der Politik im Rahmen der ›kämpfenden Wissenschaft‹ in der Zwischen- und Kriegszeit gesammelt hatten.«[253] Die *Dokumentation* sollte »einen Beitrag zur deutschen Schuldrelativierung und damit der Schuldminimierung« leisten, urteilt Beer.[254]

Darüber hinaus wurde die *Dokumentation* von Wissenschaftlern be- und erarbeitet, die über umfangreiche Karrieren vor 1945 verfügten. Diese Kontinuität lebte fort: »Historiker, deren akademischer Aufstieg in der NS-Zeit begonnen hatte, wirkten nach 1945 daran mit, die komplexe Wirklichkeit des Nationalsozialismus zu verdecken.«[255] Die Bearbeitung der *Dokumentation* wurde »fast ausschließlich eine Domäne des Königsberger Kreises«[256], unter wesentlicher Federführung von Theodor Schieder, Werner Conze und Hans Rothfels.[257] Der Obersten Parteileitung der NSDAP in München hatte, so der Historiker Ingo Haar, der »akademische Nachwuchs an der Universität Königsberg als Elitereservoir für den Kampf um ›eine neue deutsche Zukunft‹ im Osten« gegolten.[258] Rothfels war der akademische Lehrer der »Säulenheiligen der modernen Zeit- und Sozialgeschichtsforschung«[259] Schieder und Conze. Während seine Karriere im Nationalsozialismus aufgrund seiner jüdischen Religionszugehörigkeit und »trotz aller Verdienste« beendet wurde (er allerdings wegen seines »nationalpolitischen Engagements als Historiker der radikalen Rechten« nicht persönlich verfolgt wurde), schlossen »seine Schüler ohne sichtbare Reibungsverluste in die akademische Elite des Nationalsozialismus« auf.[260]

## Zweite Etappe: 1963 bis 1989 – Innenpolitische Pressure-group

Nachdem die Initiierung des BdV abgeschlossen und der Kampf um die Hegemonie im gesellschaftlichen Diskurs durch die *Dokumentation* begonnen war, begann die lange Zeit des »Überwinterns« als innenpolitische Pressure-group: Die ideologische Position war in ihren Fundamenten gefestigt, doch die Praxis aufgrund der materiellen Barriere durch den Ostblock verbaut. Für diesen Zeitabschnitt ist es nötig, die sich wandelnde theoretische Orientierung in Relation zur Regierungspolitik nachzuzeichnen, weil den »Vertriebenen« die Möglichkeit zu eigenmächtigem Handeln im Ausland wegen der politischen und militärischen Systemkonfrontation fehlte. Der Unterschied zur ersten Etappe der Geschichte der Vertriebenenverbände besteht darin, dass deren Ausrichtung zunächst schwerpunktmäßig innenpolitischer Natur gewesen ist (Lastenausgleich, Integration, Konstituierung der eigenen Verbände) und nun auf Grundlage dieser Errungenschaften aktives außenpolitisches Engagement angestrebt wurde.

**Kursbestimmungen: Das ganze Deutschland ...**

Zunächst war es für die Vertriebenenverbände nötig, eine gedankliche Brücke zwischen allgemeinpolitischen Fragen und ihren Forderungen zu schlagen. So wurde in einer im März 1964 vom Ersten Kongress der Ostdeutschen Landesvertretungen[261] verabschiedeten Entschließung erklärt: »Die Gefahren der Welt gebieten das Streben nach einem dauerhaften Frieden. Außenpolitische Resignation überlässt das Schicksal der Menschheit selbstsüchtiger Gewalt.« Als Gegenmodell entwarf man ein »auf Freiheit begründetes Europa«, das »nur auf einer rechtmäßigen, das Selbstbestimmungsrecht und das Recht auf die Heimat gewährleistenden Ordnung« möglich sein könne. Durch die Verschränkung dieser friedenspolitischen Forderung mit dem aggressiven Lösungsmodell des »Rechtes auf die Heimat« gelangte man bereits wenige Sätze später zu einem sehr konkreten Fazit, das gleichermaßen These wie Forderung war: »Die wichtigste Aufgabe der deutschen Außenpolitik ist [...] das Ringen um Wiederherstellung des Rechts für Deutschland und seine Menschen.«[262]

Vor dem historischen Hintergrund von Ereignissen wie der Berlin-Blockade (1948/49), der Gründung der BRD und der DDR (1949) und dem Berliner Mauerbau (1961) waren solch scheinbar unverfängliche Erklärungen der Vertriebenenverbände keine Seltenheit. Die Entschließung des Ersten Kongresses der Ostdeutschen Landesvertretungen war vielmehr symptomatisch für die zu dieser Zeit diskutierten Thesen und aufgestellten Forderungen. Weil die militärischen Bündnisse Nato (1949) und Warschauer Pakt (1955) bereits gegründet worden waren, fand jede Debatte um eine »Wiederherstellung« eines »Gesamtdeutschlands« vor dem Hintergrund der Ost-West-Konfrontation statt und begann an der Grenze zur DDR – nicht an der zu Polen. Diesen realpolitischen Zwängen ordnete sich auch der BdV unter: In der *Berliner Entschließung* von 1965 erklären die »frei gewählten Vertreter aller deutschen Stämme«[263], dass »Mitteldeutschland – die sowjetisch besetzte Zone – [...] untrennbar zum einigen Deutschland« gehöre und dass Partner eines »gerechten Friedensvertrages« nur »das ungeteilte Deutschland« sein könne. Ein solcher Friedensvertrag müsse die »Anerkennung des Rechtes auf die Heimat auf der Grundlage des Selbstbestimmungsrechtes – selbstverständlich für alle Deutschen – enthalten«.[264]

Die Politik von Adenauers Nachfolger, Ludwig Erhard, wurde von den Vertriebenenverbänden mit Skepsis aufgenommen. Entgegen dem von Adenauer eingeschlagenen Kurs der Annäherung an Frankreich und an den von Charles de Gaulle propagierten Konzept eines blockfreien »Europas der Vaterländer« beharrte die Regierung Erhards (1963 bis 1966) auf der atlantischen Bindung an die USA. Adenauer war von diesem atlantischen Ansatz tendenziell abgewichen, weil die USA unter John F. Kennedy dazu übergegangen waren, nicht mehr Europa, sondern ihre ehemaligen Kolonien als Hauptauseinandersetzungsfeld mit den sozialistischen Staaten zu sehen und mit der deutschen Annäherung an Frankreich die Hoffnung auf Partizipation an der französischen Atommacht verknüpft wurde.[265] Positiv aus der Perspektive der »Vertriebenen« während Erhards Regierungszeit blieb allerdings, dass die Bundesregierung unverändert an dem deutschlandpolitischen Ziel der Wiederherstellung eines deutschen Staates in den Grenzen von 1937 festhielt (was nicht das »Sudetenland« umfasst hätte)[266], wobei auch Befürchtungen laut wurden, es könne sich somit in der Bundespolitik eine »Entspannungseuphorie« gegenüber den osteuropäischen Staaten ausbreiten.[267]

Scharfer Protest wurde folgerichtig seitens der »Vertriebenen« auch gegen jeden Ansatz einer Entspannungs- oder Verständigungspolitik vorgebracht, weil sie darin die Gefahr sahen, »die Heimat« aufzugeben. Besonders deutlich trat dieser Protest in der Ablehnung der Ostdenkschrift der Evangelischen Kirche in Deutschland (1965) zu Tage, in der der »Verzicht« auf die ehemaligen deutschen Ostgebiete als Teil der europäischen Friedenssicherung vorgeschlagen wurde:[268] Die vorgelegten Empfehlungen der Evangelischen Kirche würden »nicht allein die Rechtsansprüche der vertriebenen Deutschen« beeinträchtigen, sondern auch die »Lebensinteressen des ganzen deutschen Volkes« gefährden.[269] Als Lösung bleibe stattdessen nur, wie der damalige BdV-Präsident Wenzel Jaksch ausführte, die Wahl zwischen »Geltendmachung unseres Rechtsstandpunktes und der Hinnahme der Teilung Deutschlands«. Einen »dritten Weg« gebe es nicht.[270]

Die Kritik an der sich andeutenden Entspannungspolitik – in den sechziger Jahren wurde erstmals der Austausch von Handelsvertretungen zwischen der Bundesrepublik und einigen osteuropäischen Staaten (darunter auch Polen) vereinbart – setzte sich unter der Großen Koalition (1966 bis 1969) fort.[271] In dieser Zeit entwickelten die Vertriebenenverbänden den bereits unterschwellig angesprochenen Europa-Gedanken weiter. Dabei wurden erste Überlegungen zur Realisierbarkeit der »Rückkehr in die Heimat« angestellt. Da diese zwar weiterhin wegen der Systemkonfrontation unerreichbar blieb, wurde das Umdenken zu neuen politischen und geografischen Modellen notwendig. Dies ist einerseits im Kontext der sich wandelnden Bonner Regierungspolitik und deren ansetzendem Verzicht auf die Hallstein-Doktrin zu sehen, zugleich zeigte sich hierin andererseits aber auch der Paradigmenwechsel weg von einer außenpolitischen Abstinenz, die durch eine europäisch ausgerichtete Außenpolitik ersetzt werden sollte.[272]

Als programmatisch außerordentlich bedeutsam kann in diesem Kontext eine Erklärung der Landsmannschaft der Oberschlesier (LdO) von Anfang 1969 angesehen werden, weil hierin traditionelle Forderungen mit einem Europa-Gedanken verbunden wurden, der für die Ideologie und die weitere Geschichte der Vertriebenenverbände prägend werden sollte. Mit den gängigen Formeln gegen »vorzeitige Verzichte« auf die »staatlichen Rechte der Nation«, das »freie Zusammenleben der Deutschen« und das »Recht [...] der Deutschen auf ihre Heimat« verknüpfte die LdO das Paradigma: »Wir müssen [...] der Zukunft entgegen arbeiten und den Mut zu neuen Formen der Zusammenarbeit mit den Nachbarn unseres Volkes im Osten haben, die einen gerechten Ausgleich und Frieden ermöglichen könnten.« Es müsse ein »gemeinsamer Weg in eine europäische Zukunft und in eine europäische Ordnung« gesucht werden. Um zu einem »dauerhaften Ausgleich in Europa« zu kommen, fordert die LdO die Durchsetzung und gesicherte Anwendung »aller Menschen- und Gruppenrechte für alle Völker und Volksgruppen«, eine »föderale Ordnung in Europa«, ein »europäisch gesichertes, freies Volksgruppenrecht in europäisch und föderal organisierten, also internationalisierten Territorien am Rande nationaler, nur von einem Volk bewohnter Kerngebiete« und »Hoheitsrechte und Teilsouveränitäten« für »größere Volksgruppen«.[273]

Nur wenige Monate später wurde auf Dachverbandsebene mit der *Deklaration zur Einigung Europas* auch eine Erklärung verabschiedet, die in die gleiche Richtung zielte wie die der LdO: »Die Einigung Europas ist auf der Grundlage der allgemein anerkannten Rechtsgrundsätze, vor allem der Menschenrechte, einschließlich des Selbstbestimmungsrechts der Völker und des Rechtes auf die Heimat zu vollziehen.« Die dabei erstrebte »Überwindung von Grenzen und Demarkationslinien« sollte ein »vereinigtes Europa« zu einer »eigenständigen Kraft« herausbilden: »›Stärker als Armeen ist eine Idee, deren Zeit gekommen ist.‹ Wir meinen, dass die Zeit eines Europas in Einigkeit und Freiheit gekommen ist; der Anfang muss gemacht werden.«[274]

## Permanenter Protest

Nach dieser Europäisierung der Konzepte folgte für den BdV eine lange Phase des Protests: die unter der sozialliberalen Koalition (1969 bis 1982). Er war gerichtet gegen die Ostverträge, den *Grundlagenvertrag* und damit die Anerkennung der DDR – kurz: gegen die Neue Ostpolitik, in der die Vertriebenenverbände eine »Entwicklung zum Verzicht« ausmachten.[275] Das Verhältnis zur sozialliberalen Bundesregierung war geprägt von diesen außenpolitischen Entwicklungen.

In den von der Bundesrepublik mit dem sowjetischen, polnischen und tschechoslowakischen Staat geschlossenen Verträgen wurde jeweils auf bilateraler Ebene die Normalisierung der Beziehungen zwischen den unterzeichnenden Staaten, die Verpflichtung zur Gewaltfreiheit in den Beziehungen zueinander, die Anerkennung der Unverletzlichkeit der bestehenden Grenzen (einschließlich der Oder-Neiße-Linie als polnische Westgrenze) und der Verzicht auf gegeneinander gerichtete Gebietsansprüche vereinbart.[276] Im *Moskauer Vertrag* (1970) sahen die Vertriebenenverbände eine »Bedrohung der Freiheit in Europa, Bestätigung einer Unrechtsherrschaft in Deutschland und die Ausdehnung der russischen Macht, die auf Osteuropa lastet, jetzt auf Mitteleuropa und dann auf ganz Europa«.[277] Mit dem *Warschauer Vertrag* aus dem selben Jahr werde »auf Ostpreußen, den Osten Pommerns und Brandenburgs und ganz Schlesien zu Gunsten des polnischen Nationalismus und des kommunistischen Imperialismus verzichtet«.[278] Und der *Prager Vertrag* (1973) gelte »nicht für den Gesamtdeutschen Souverän« und lasse die »endgültige Regelung der sudetendeutschen Frage offen«.[279] Der Grund, warum die Anerkennung der DDR abgelehnt wurde, war bereits 1969 – und damit einige Jahre vor Unterzeichnung des *Grundlagenvertrages* (1972), in dem die Unverletzlichkeit der Grenze zwischen BRD und DDR sowie der Gewaltverzicht in den Beziehungen vereinbart wurde – vorformuliert worden: »Die Anerkennung der sowjetisch besetzten Zone als Staat durch die Bundesrepublik Deutschland würde die Spaltung Deutschlands vollenden.«[280]

Gleichzeitig mit diesem Protest gegen die Neue Ostpolitik bemühten sich die »Vertriebenen« um die so genannte Ostkunde und den Beginn einer aktiven Aussiedlerpolitik. Das »Wissen über unsere Heimat«, so der damalige BdV-Präsident Herbert Czaja 1974, würden »Chauvinisten des Ostblocks ebenso wie ihre deutschen Erfüllungsgehilfen auszulöschen« versuchen, »insbesondere bei der Jugend«: Man habe zu wenig »Wissenschaftler, Fachleute, Jugendführer, Pädagogen, die mit Erfahrung und pädagogischem Geschick diesem Versuch, unsere Vergangenheit auszulöschen, entgegentreten«.[281] Während hier deutlich wird, dass die Vertriebenenverbände innenpolitisch um die Hoheit über den geistig-moralischen Diskurs ringen wollten, bemühte man sich außenpolitisch um die Aufnahme aktiver Aussiedlerpolitik. Allerdings blieb die Relevanz der Vertriebenenverbände auf diesem Gebiet zu dieser Zeit eher eine symbolische, denn durch die Systemkonfrontation war eine aktive außenpolitische Einflussnahme nahezu unmöglich. Wenn Czaja etwa im April 1977 erklärte, dass die »kommunistischen Diktatoren« sich daran stoßen würden, dass die aus den »Oder-Neiße-Gebieten ausreisenden Deutschen den Vertriebenenstatus« hätten, dann blieb für ihn letztlich nur die moralische Verurteilung: Diese Deutschen würden an ihren Wohnorten »weder deutsche Schulen und deutschen Gottesdienst noch deutsche kulturelle Vereinigungen« besitzen. Stattdessen würden sie »gesellschaftlich diskriminiert und verfolgt« und in ihren »Heimatorten [...] geistig heimatlos« gemacht.[282]

Als zentrale Wandlung in dieser Phase der Vertriebenenpolitik fällt ferner auf, dass das Europakonzept mit Beginn der Neuen Ostpolitik um einen Aspekt erweitert wurde und damit eine neue Tendenz bekam – die militärische: Man bekannte sich »zur politischen Einigung des freien Europas und zu einer gemeinsamen europäischen und atlantischen Verteidigung«[283], forderte eine »gemeinsame Verteidigungs-, Außen-, Wirtschafts-, Währungs-, Finanz- und Energiepolitik« europäischer Prägung[284] und erklärte, dass »nur die Zugehörigkeit zum Bündnis« es erlaube, »Kontakte zu den Regierungen des Warschauer Paktes aufzunehmen«.[285] Zahlreiche Erklärungen der »Vertriebenen« waren von Antikommunismus durchzogen, der in der Etappe unter der sozialliberalen Koalition aufgrund der angenommenen Annäherung bundesdeutscher Politik an die der Staaten des Ostblocks (und einer damit einhergehenden antikommunistisch ausgerichteten Ablehnung der Neuen Ostpolitik) besonders ausgeprägt war, und so kam es zu Aussagen wie der folgenden: »Wir fordern Schutz vor den Angriffen von kommunistischer Seite auf den guten Ruf der Vertriebenen und ihrer Verbände. [...] Wir wirken für ganz Deutschland, unsere Sache ist ein gesamtdeutsches Anliegen!«[286] Den vermeintlich »guten Ruf der Vertriebenen« mit der Forderung nach ausländischem Territorium (»Gesamtdeutschland«) zu verknüpfen, entbehrt dabei nicht einer gewissen Komik. Nichtsdestotrotz blieb das Kampfziel der Vertriebenenverbände auch unter der sozialliberalen Koalition: »Die freie Heimat im freien Europa!«[287]

## Zurück zur Geschichte

Die Jahre seit Ablösung der sozialliberalen Koalition bis 1989 resümierend urteilte Bruno Kussl, dass der »entscheidende deutschlandpolitische Durchbruch« nicht erfolgt sei und dass es »am Mut der neuen Koalition zur geistigen Führerschaft« gemangelt habe. Dennoch, so der damalige Chefredakteur des *Deutschen Ostdienstes*, habe sich »einiges zum Besseren gewendet«, wie die »bewegte Diskussion um die nach wie vor offene deutsche Frage im nationalen und internationalen Bereich« zeige. Symptomatisch dafür seien die regelmäßig »erhobenen Forderungen führender Staatsmänner des westlichen Auslandes« nach dem »Abbau der Berliner Mauer als dem hässlichsten Symbol der deutschen und europäischen Spaltung« gewesen.[288] In den ersten Jahren der Amtszeit von Bundeskanzler Helmut Kohl seien »zwei Kernziele« wieder ins Rampenlicht der »Vertriebenen« getreten: die »staatliche Einheit des freien Deutschlands« und die »schrittweise politische Einigung in ganz Europa«.[289]

Nach Amtsantritt Kohls[290] sprach Herbert Czaja, von 1970 bis 1994 BdV-Präsident, davon, dass der Weg für die »schrittweise Erfüllung berechtigter Anliegen« Deutschlands und der Deutschen »schwierig und lang« sein könne und dass er auch von »genügendem Pioniergeist« abhänge. Aber »niemand sollte das Ziel in eine unerreichbare Ferne rücken«.[291] Infolge der Regierungserklärung Kohls im Mai 1983 konkretisierte der BdV-Präsident diese vagen Andeutungen dahingehend, dass die »geistige Heimat der Vertriebenen [...] unverlierbar« sei und dass es »über unsere Heimatgebiete« noch »keine frei vereinbarten friedensvertraglichen Regelungen« gebe, sie »also nicht verloren« seien. Die »Vertriebenen«, so Czaja, »beharren auf der Verwirklichung der Rechtes der Deutschen und der Europäer auf eine freie Heimat in einem freien Europa«.[292]

Ein Projekt, dem Czaja sich bereits vor seiner Tätigkeit als BdV-Präsident gewidmet hatte. Czaja wurde 1914 in Cieszym im ehemaligen Oberschlesien geboren. Nach dem Abitur studierte er in Kraków und Wien und nahm von 1943 bis 1945 als Soldat der deutschen Wehrmacht am Krieg teil. Czaja wirkte 1937 aktiv im nazistischen Deutschen Verband zur nationalen Befreiung Europas mit und arbeitete 1939 als Beamter der nationalsozialistischen Besatzungsbehörde im okkupierten Polen, etwa in der Treuhandstelle der Universität Kraków. Nach seiner Entlassung aus der Kriegsgefangenschaft gelangte Czaja 1946 nach Westdeutschland. Von 1947 bis 1953 war der Christdemokrat Gemeinderat in Stuttgart und, nachdem er 1952 Mitglied des baden-württembergischen CDU-Landesvorstandes geworden war, von 1953 bis 1990 Mitglied des Deutschen Bundestages. Innerhalb der CDU war sein Einfluss so groß, dass die von ihm maßgeblich forcierten Forderungen nach der »Durchsetzung wirksamer Volksgruppenrechte und des Rechtes auf die Heimat« sowie nach dem »Offenhalten der deutschen Frage« Einzug in das erste Grundsatzprogramm der CDU fanden, das 1978 in Ludwigshafen beschlossen wurde. Czaja, 1997 verstorben, wurde 1984 das Große Bundesverdienstkreuz verliehen, 1994 wurde er zum Ehrenpräsidenten des BdV ernannt. Er arbeitete langjährig in verschiedenen Bundestagsgremien zum Thema Vertriebenenpolitik.[293]

Aus der konkreten Reformulierung der BdV-Forderungen, die die sozialliberale Koalition überdauert hatten und an deren konzeptioneller Ausarbeitung Czaja aktiv beteiligt war, entwickelte sich ein starkes Selbstbewusstsein der »Vertriebenen«. Man konnte sich wieder der Interessenparallelität mit der Bundesregierung gewiss sein. Darauf aufbauend erklärte der BdV-Mitarbeiterkongress Ende August 1986, dass man »ständig daran mitarbeiten« wolle, im deutschen Volk eine »breite Übereinstimmung« für ein »ebenso maßvolles wie entschiedenes deutsches Staats-, National- und Geschichtsbewusstsein, geöffnet nach Europa, verankert in freiheitlichen und humanistischen Werten« zu erreichen.[294] Die in dieser als Entschließung von Braunschweig in die Geschichte des BdV eingegangenen Erklärung formulierte Aufgabenstellung wird drei Jahre später von BdV-Generalsekretär Hartmut Koschyk treffend in die markigen Worte gefasst: »Vertriebene bleiben ›unruhiges gesamtdeutsches Gewissen‹.«[295]

## Dritte Etappe: 1989/90 bis 1999 – Das Erwachen der »Vertriebenen«

Mit dem Jahr 1989/90 ging die Europapolitik des BdV in eine neue Phase: Als strategische Option zur Durchsetzung der unmittelbaren »Heimatideologie« begonnen und über die streckenweise Wandlung als militärische Kategorie und dem Denken in europäischen Verteidigungsbündnissen unter der sozialliberalen Koalition fortgesetzt, entwickelte sich der Europa-Gedanke zur unmittelbaren Ideologie, zur manifesten Überzeugung und schlussendlichen Willensäußerung. Die »Strategie Europa« wurde zur »Ideologie Europa«: zum »Kampf um die Heimat« als völkischem Partikularismus, auf den später genauer einzugehen sein wird.

### Hoffnungen gewinnen an Boden

Kurz vor Jahresende 1989 schrieb Czaja: »Viele reden von der Wiedervereinigung, aber meinen oft nur die zwei Staaten in Deutschland; viele haken unsere Heimat achtlos, lieblos und ohne Geschichtskenntnis ab – die Heimat der Ost- und Sudetendeutschen vor allem.«[296] Nicht so der BdV. Nach der Vereinigung von DDR und BRD, für die sich auch der BdV engagiert hatte, waren die »Vertriebenen« noch längst nicht am Ziel.[297] Denn durch die schrittweise politische und ökonomische Auflösung der Warschauer Pakt-Staaten wurde erstmals seit Jahrzehnten möglich, was bereits in der *Charta* von 1950 formuliert worden war: die »tätige Einschaltung der deutschen Heimatvertriebenen in den Wiederaufbau Europas«.[298]

Das neugewonnene Territorium wurde schnell organisatorisch strukturiert: In der ehemaligen DDR begannen die BdV-Landesverbände ihre Aufbauarbeit 1990. Als erster konstituiert wurde am 10. November 1990 der BdV-Landesverband Thüringen, dessen Vorsitzender Paul Latussek wurde.[299] Zu zentralen Operationsgebieten der »Vertriebenen« in den östlich von Deutschland gelegenen Staaten wurde einerseits die russische Exklave Kaliningrad, andererseits die polnische Region Opolskie, womit die erstrebte politische Einflussnahme im Ausland erste konkrete Züge annahm. Zugespitzt wurde diese Politik mit der massiven Forderung nach Minderheitenstatus[300] und Volksgruppenrechten[301] für Deutsche im Ausland.

Parallel dazu wurde die Aussiedlerpolitik forciert und versucht, nichtdeutsche Flüchtlinge gegen vermeintlich deutsche Aussiedler auszuspielen. So erklärte der BdV beispielsweise, dass dem »massenhaften Zustrom von Ausländern«, die vom »Wohlstand und einer blühenden Wirtschaft angelockt« würden, ein »Riegel vorgeschoben werden« müsse. Denn »jene Ausländer diskreditieren unser Asylrecht, indem sie vortäuschen, Asylsuchende zu sein, um Einreise und Aufenthalt zu rechtfertigen«. Sie missbrauchten eine »unklare Rechts- und Ordnungslage«, um ihre »unter falschem Vorwand erzwungene Einreise« auf einen »jahrelangen Aufenthalt auszudehnen«. Das koste »den Steuerzahler Milliarden«, die »die Bevölkerung nicht länger aufzubringen bereit« sei. So sei die »Verschwendung von Milliarden für Schein-Asylanten« nicht länger zu vertreten, da die Mittel »dringender und richtigerweise für deutsche Aussiedler und für politisch verfolgte Menschen« benötigt würden, die »begründet und gerechtfertigt um Asyl« in der Bundesrepublik nachsuchten. Der BdV sei ferner »in Sorge«, dass der »begründete Unmut und Vorbehalt der Bevölkerung gegenüber Schein-Asylanten letztlich auch deutsche Aussiedler bitter treffen« könne.[302]

Seit 1989/90 bemüht sich der BdV um die Integration der Aussiedler in der Bundesrepublik. Dabei tritt er für diese als einer der Hauptansprechpartner neben den offiziellen Behörden auf. Ein Großteil der (Spät-)Aussiedler wird durch den Bund der Vertriebenen unterstützt, beispielsweise durch Sprachkurse oder bei der Lösung von praktischen Problemen, wie etwa dem Ausfüllen von Anträgen und Formularen.[303] Mögliches Konfliktpotential zwischen Vertriebenenverbänden und (Spät-)Aussiedlern ist hierbei in erster Linie, dass der BdV den (Spät-)Aussiedlern als zu reaktionär und in seiner Ausrichtung im allgemeinen als zu explizit politisch erscheinen könnte. Ferner dürfte ein Feld der Auseinandersetzung darin zu sehen sein, dass viele der (Spät-)Aussiedler in der Bundesrepublik als Individuen wahrgenommen werden wollen und nicht als »bevölkerungspolitische Masse«, die zur Realisierung von innen- und außenpolitischen Zielen hin- und hergeschoben und völkisch nutzbar gemacht werden kann.

Auf der anderen Seite erfüllen diejenigen Menschen im Ausland, die sich tatsächlich auf eine deutsche Herkunft oder Identität berufen, faktisch eine zentrale Rolle für die Vertriebenenverbände. Denn diese Menschen, die nicht in die Bundesrepublik übersiedeln, sondern innerhalb von nichtdeutschen Staaten umsiedeln, können dadurch als die »bevölkerungspolitische Massenbasis« für Germanisierungsbestrebungen genutzt werden. Das ist insofern relevant, als diese Masse von den Vertriebenenverbänden nur noch zum Teil gestellt werden könnte, weil ein nicht geringer Teil der BdV-Mitglieder bereits so sehr in der Sozialstruktur der Bundesrepublik verankert ist, dass er nicht mehr gewillt sein dürfte, beispielsweise nach Polen oder in die Tschechische Republik überzusiedeln. Diese Rolle kommt – wenn auch nicht ausschließlich, da es innerhalb der Vertriebenenverbände besonders bei den jüngeren Aktivisten nach wie vor ein beträchtliches Potential an »Rückkehrwilligen« gibt – vorwiegend denjenigen (Spät-)Aussiedlern in der Bundesrepublik sowie den so genannten deutschen Minderheiten im Ausland zu, die an einer Übersiedlung in die entsprechenden Regionen interessiert sind.[304] Verlässliche quantitative Angaben hierzu liegen allerdings nicht vor, da die notwendigen empirischen Untersuchungen der Mitglieder der Vertriebenenverbände einerseits sowie der (Spät-)Aussiedler und der Angehörigen der so genannten deutschen Minderheiten im Ausland andererseits bis heute nicht durchgeführt worden sind.

### Träume werden wahr: Die Zäsur 1998

1998 war es dann soweit. Der langgehegte Traum, im Ausland unmittelbar für die eigenen Interessen kämpfen zu können, wurde wahr: Am 10. Juni wurde die Urkunde über die Partnerschaft zwischen der polnischen Stadt und Gemeinde Paslek und der Kreisgemeinschaft Preußisch Holland in der Landsmannschaft Ostpreußen unterzeichnet.[305] Eine solche Partnerschaftsvereinbarung war ein absolutes Novum, denn damit erklärte sich erstmals eine polnische Stadt bereit, mit einer Organisation zusammenzuarbeiten, die jahrzehntelang im Sinne einer »Exilvertretung« statt ihrer hatte auftreten wollen: »Die Kreisgemeinschaft Preußisch Holland ist der Zusammenschluss der früheren Einwohner des Kreises Preußisch Holland in Ostpreußen und deren Nachkommen. Sie setzt den Kreis Preußisch Holland fort, vertritt dessen Belange im politischen, rechtlichen, kulturellen und sozialen Bereich«, hieß es anlässlich der Urkundenunterzeichnung im *Deutschen Ostdienst.*[306] In der Partnerschaftsurkunde hat man sich wegen des »gemeinsamen Interesses an dem Wohlergehen« der polnischen Stadt auf Kooperation verpflichtet. Zentrale Punkte sind dabei »historische Forschung« und »kulturelle Zusammenarbeit« ebenso wie »Hilfe im sozial-humanitären Bereich« und »Kontakte in den Bereichen Wirtschaft und Tourismus«. Durch »regelmäßige Konsultationen« soll damit ein »Beitrag zum Zusammenwachsen Europas auf kommunaler Ebene« geleistet werden.[307]

Die Heimatkreisgemeinschaften spielten, wie Joachim Reimann treffend analysiert, im BdV jahrzehntelang eine zentrale Rolle. Sie sollten die »Fiktion des Weiterbestehens (und Weiterfunktionierens) der alten administrativen Strukturen« aufrechterhalten. Reimann schreibt weiter: »Die Landsmannschaften richteten, wie in einem Operettenstaat, Kreis- und Städtetage aus, konstituierten ›Abgeordnetenversammlungen‹ und ›Exilparlamente‹ mit Ausschüssen und Ältestenräten, ernannten Minister und komplette Kabinette.«[308]

Bis 1998 war das Ergebnis dieses Spuks vor allem, dass Länder und Kommunen Patenschaften über die Landsmannschaften bzw. deren Heimatkreisgemeinschaften übernommen hatten. Die Aufgaben solcher Patenschaften gestalten sich wie folgt: »Die Patengemeinde repräsentiert [...] ihre Patenkinder durch Stiftung von Hoheitsabzeichen (Patenschaftstaler, -schilder) und Verteilung von Geschenken an Besucher, Beteiligung von Vertretern der Patenschaftskinder an Veranstaltungen der Gemeinde, Ausstattung in öffentlichen Gebäuden mit Bildern, Reliefs, Statuen usw. des Patenkindes, Beflaggung mit der Fahne des Partners bei feierlichen Anlässen, Benennung von Straßen und Plätzen mit Namen, die dem Patenkind wertvoll sind, Öffnung der kommunalen Einrichtungen für das Kulturgut, besonders die Büchereien, Museen, Archive und Schulen, Schulunterrichtsstunden mit denen des Patenkindes, Schülerwettbewerbe, Einrichtung von Heimatstuben, -museen, -archiven, historischen Sammlungen, Ausstellungen, Herausgabe von heimatlichem Schrifttum (Heimatbücher, Heimatkalender), Errichtung von Gedenk- und Mahnmalen, Veranstaltung von Heimattreffen und Fachtagungen, Förderung der Veranstaltungen zur Pflege des Brauchtums, gemeinsame Veranstaltungen mit ansässigen Einrichtungen, Vereinen und Pfarrgemeinden des Patenonkels.«[309]

Diese Patenschaften von bundesdeutschen Ländern und Städten wurden nach 1989/90 keinesfalls als Anachronismus des Kalten Krieges annulliert, sondern sie bestehen fort. In der *Sudetendeutschen Zeitung*, dem Organ der Sudetendeutschen Landsmannschaft, hatte es 1983 im Zusammenhang mit der Bedeutsamkeit der Städtepatenschaften geheißen, es sei wichtig, dass »Wissensträger aus der jungen Generation herangebildet« werden. Diese Wissensträger sollten nach damaligen Vorstellungen die »Verhandlungspartner zum Nachbarn von gestern« werden.[310] Mit einem solchen »Nachbarn von gestern« haben nun jüngere Vertreter der Vertriebenenverbände im Falle von Paslek erstmals eine Kooperation vereinbart, die die deutsch-deutschen Städtepatenschaften auf das Feld der europäischen Städtepartnerschaften überführen. Der Anspruch der so genannten Exilvertretungen hat sich dabei keinesfalls geändert.

## Struktur und Arbeitsweise der Vertriebenenverbände

In dem Begriff vom »deutschen Drang nach Osten«, merkte Wolfgang Wippermann vor fast zwanzig Jahren an, werde eine »sehr komplexe Geschichtsauffassung schlagwortartig zusammengefasst, wonach die Deutschen seit den Tagen der mittelalterlichen Kaiser und Könige, Fürsten und Hochmeister in die Räume des Ostens gedrungen seien, um die dort lebenden Slawen« zu unterwerfen. Das Schlagwort und die »damit verbundene Vorstellung von einem epochen- und klassentranszendenten ›Drang nach Osten‹ innerhalb der deutschen Ostpolitik des Mittelalters *und* der Neuzeit«, fährt Wippermann fort, sei »als falsch und ideologisch geprägt anzusehen«.

Seine zentrale These ist, dass es keine »ungebrochene Kontinuitätslinie in der deutschen Ostpolitik« gebe, die sich vom Mittelalter über das Kaiserreich und den Nationalsozialismus bis heute hin erstrecke.[311] Diese »ungebrochene Kontinuitätslinie« wird der deutschen Ostpolitik bis heute von linker Seite unterstellt, wobei die Vermittlung dieses Ansatzes über den Begriff des Revanchismus erfolgt. Was linke Kritiker deutscher Ostpolitik zumeist einte und eint, ist der theoretisch-historische Rekurs auf Vertriebenenpolitik als vorzugsweise um territoriale Revision bemühte, die die Schmach des Nationalsozialismus und des Verlustes der deutschen Ostgebiete infolge des Zweiten Weltkrieges zu tilgen trachtet. Kurz: deren politisches Paradigma die Revanche ist.

### Paradigma des Revanchismus

Der Begriff Revanchismus hat seinen semantischen Ursprung in der französischen Sprache und ist hergeleitet von *revanche* (Rache,

Vergeltung). Der vermutlich bekannteste historische Fall der Verwendung des Begriffs in seiner ursprünglichen Bedeutung betraf das Bestreben in Frankreich, das im Zuge des Deutsch-Französischen Krieges 1870/71 von Deutschland annektierte Gebiet Elsass-Lothringen zurückzugewinnen.[312] Allerdings wurden auch andere historische Bestrebungen als Revanchismus bezeichnet – etwa der von nationalistischer und nationalsozialistischer Seite geführte Kampf gegen den Versailler Vertrag.

Die Verwendung des Begriffes in seiner heute auf die Vertriebenenverbände und die deutsche Außen- und Ostpolitik bezogenen Bedeutung wurde in der DDR geprägt. Revanchismus wurde allgemein als »reaktionäre Ideologie« charakterisiert, die »den Ausbeuterklassen« dazu diene, die »Massen geistig für einen Revanchekrieg reif zu machen«.[313]

Im Konkreten wurde versucht, zwischen der Politik der Vertriebenenverbände und einem vermeintlich berechtigten Interesse der Betroffenen zu unterscheiden: »In der sowjetischen Besatzungszone Deutschlands«, schrieb der Nationalrat der Nationalen Front des demokratischen Deutschland / Dokumentationszentrum der staatlichen Archivverwaltung der DDR, sei alles unternommen worden, um den »von Hitler schmählich betrogenen Umsiedlern« ihr »schweres Los« zu erleichtern. Ihnen sei »offen gesagt und geduldig erklärt« worden, wer »am Verlust ihrer Heimat die Schuld« trage und dass der »deutsche Imperialismus durch seine Kriegs- und Vernichtungspolitik die ehemaligen Ostgebiete für immer verspielt« habe. Während die »Umsiedler [...] in der DDR eine neue Heimat« gefunden hätten und »gleichberechtigte Bürger des deutschen Friedensstaates« geworden seien, würden die in Westdeutschland lebenden Umsiedler missbraucht, um »revanchistische Politik propagieren und durchführen zu helfen«. Die Vertriebenenverbände würden von der Bundesregierung unterstützt und gefördert, um die »territorialen Ansprüche des westdeutschen Imperialismus« in »verschiedenen Formen« zu vertreten, wobei man versuche, »alle ehemaligen Umsiedler und darüber hinaus möglichst die ganze westdeutsche Bevölkerung für die Politik der Grenzrevision, der ›Rückeroberung‹ verlorener Gebiete und für die Vorbereitung einer neuen Aggression« zu gewinnen, ohne dass dies ihrem Interesse entspreche.[314] Die DDR verfolgte damals das Interesse, sich als zweiter deutscher Staat zu legitimieren: »Das Erstarken der Sowjetunion und der anderen Staaten der sozialistischen Gemeinschaft, also auch das Entstehen, Wachsen und Gedeihen der sozialistischen DDR auf deutschem Boden, stellen für die Ostlandreiter eine strategische Niederlage dar, die sie nicht wettmachen, stellen eine Barriere dar, die sie nicht überwinden können.«[315]

Spätestens seit dem Wegfall dieser staatlichen und militärischen Barriere wird deutlich, dass für die anhaltende Politik der Vertriebenenverbände keineswegs deren Instrumentalisierung durch die Politik der Bundesrepublik verantwortlich war, deren außenpolitische Zielsetzung gemäß den voranstehenden Ausführungen auf eine Gebietsannektion infolge eines Revanchekrieges hinauslaufe. Denn die revanchistische Grenzrevision war nur für eine bestimmte historische Epoche das Mittel, mit dem versucht werden sollte, ein heimatgestütztes Selbstbestimmungsrecht der Deutschen, wie es von den Vertriebenenverbänden gefordert wurde und wird, durchzusetzen. Dieses Modell der revanchistischen Grenzrevision ist inzwischen politisch bedeutungslos geworden, denn der Kern der Vertriebenenpolitik hat sich im Vergleich zu historischen Praktiken grundlegend geändert. Nicht mehr die (gewaltsame) Erringung territorial-staatlicher Macht steht im Zentrum der politischen Bestrebungen, sondern ökonomischen und kulturellen Einfluss zu erringen, bestimmt die Konzepte seit der osteuropäischen Transformation 1989/90. In dem Buch *Das deutsche Dilemma* fassen die amerikanischen Politikwissenschaftler Andrei S. Markovits und Simon Reich die Zweckmäßigkeit derartiger Ansätze wie folgt zusammen: »Hegemoniale Macht ist eine Form der Herrschaft, die weniger auf Schlachtfeldern als auf Märkten, weniger durch Androhung von Gewalt als über die Attraktivität von Ideen und Werten durchgesetzt wird. [...] Hegemonien beruhen vor allem auf der Stabilität ideologisch-kultureller Macht, hinter der die tatsächliche institutionelle Macht möglicherweise weit zurückbleibt.«[316]

Es wird bei der folgenden Darstellung der Struktur und Arbeitsweise der Vertriebenenverbände vor diesem theoretischen Hintergrund versucht, relevante Aspekte zu beleuchten. Dabei werden Ansätze, die im Kontext des Revanchismustheorems entwickelt worden sind und etwa darauf abzielten, Vertriebenenverbände nur als Vehikel bundesdeutscher Außenpolitik, nicht jedoch als eigenständig operierende Verbände wahrzunehmen, vernachlässigt. Denn eine solche Verkürzung würde zu grundlegend falschen Einschätzungen über das Organisationswesen der Vertriebenenverbände beitragen. Womit es letztlich den Blick auf das dynamische Verhältnis zwischen Vertriebenenverbänden einerseits und bundesdeutscher Außenpolitik andererseits verstellen würde, wie es in den an dieses Kapitel anschließenden Betrachtungen thematisiert wird.

## Übersichtliche Unübersichtlichkeit

Der Bund der Vertriebenen – Vereinigte Landsmannschaften und Landesverbände (BdV) ist der Dachverband der »Vertriebenen« in der Bundesrepublik, wobei keine Konkurrenzorganisation für diejenigen Umsiedler existiert, die sich nicht als »Vertriebene« fühlen. Laut Eigenangaben umfasst der BdV heute rund zwei Millionen Mitglieder. In ihm sind eine Vielzahl von Landsmannschaften und Landesverbänden zusammengeschlossen.[317] Seine organisatorische Struktur scheint unübersichtlich, unterliegt aber einer inneren Logik. In einer Selbstdarstellung des BdV heißt es: »Der Bund der Vertriebenen spiegelt in seiner organisatorischen Gliederung das Schicksal der ost-, sudeten- und südostdeutschen Heimatvertriebenen wider, sein Aufbau wird von zwei Faktoren bestimmt, – der landsmannschaftlichen Verwurzelung in einem bestimmten Vertreibungsgebiet, – dem Wohnort im Aufnahmegebiet. Die Verbindung zwischen herkunftsbezogener und aufenthaltsbezogener Organisationsform prägt das Bild des Verbandes auf allen Ebenen.«[318]

Die Zweigliederung des BdV in 16 Landesverbände und 21

Landsmannschaften geht zurück auf die Gründung des Verbandes im Oktober 1957. Seinerzeit schlossen sich der Bund der vertriebenen Deutschen (BvD) und der Verband der Landsmannschaften (VdL) zusammen. Linus Kather, erster Vorsitzender des BdV, erblickte in dieser zunächst vorhandenen Parallelexistenz von landsmannschaftlichen Organisationen und allgemeinen Vertriebenenverbänden einen »verderblichen Organisationszwiespalt«, weil beispielsweise »Ostpreußen [...] nicht der Landsmannschaft gleichen Namens« gehöre, es »gehört nicht einmal den Ostpreußen, es ist ein Teil des deutschen Reiches und gehört also dem ganzen deutschen Volk«.[319]

Im BdV sind neben den Landsmannschaften[320] und Landesverbänden 204 landsmannschaftliche Landesgruppen, 417 BdV-Kreisverbände, 70 BdV-Ortsverbände, 3.900 landsmannschaftliche Orts- und Kreisgruppen sowie über 980 Heimatkreisgemeinschaften zusammengeschlossen.[321] Zudem sind dem Verband noch außerordentliche Mitgliedsverbände angegliedert. Dabei handelt es sich um Organisationen, die sich neben einer gemeinsamen geografischen Herkunft nach sozialen, altersspezifischen und ähnlichen Kriterien, zum Teil auch landesverbands- und landsmannschaftsübergreifend, organisiert haben. Eigenständige Jugend-, Frauen- und andere Verbände gibt es zusätzlich auch auf Länder- und auch auf Landsmannschaftsebene. Dem BdV direkt gehören als außerordentliche Mitgliedsverbände die Arbeitsgemeinschaft Junge Generation im BdV (AJG), der Bauernverband der Vertriebenen (BVdV), der Frauenverband im BdV, der Gesamtdeutsche Studentenverband (GDS) und die Traditionsgemeinschaft der Leichtathleten aus den deutschen Ostgebieten an. Als Informationsschrift fungiert der wöchentlich erscheinende *Deutsche Ostdienst (DOD)*. Ferner werden Museen, »Heimatsammlungen«, »Häuser des deutschen Ostens«, Archive, Bibliotheken und Forschungsstellen unterhalten.[322]

## Verbandsinterne Dissonanzen

Die Aufregung war groß, als Anfang Mai 1998 Erika Steinbach zur Präsidentin des Bundes der Vertriebenen gewählt worden war.

Denn mit ihrer Person verknüpfte man eine Radikalisierung des BdV.[323] Bereits in ihrer Antrittsrede stellte die damals Vierundfünfzigjährige fest: »Wer glaubt, wir deutschen Heimatvertriebenen und Spätaussiedler seien heute zahnlose Tiger und taugten nur noch als Dekorationsstücke in Heimatstuben, der irrt gewaltig.«[324] Gegenüber dem *stern* ergänzte sie: »Engagiert man sich für von Rotarmisten vergewaltigte deutsche Frauen und deutsche Heimatvertriebene, gilt das als revanchistisch. Das ist National-Masochismus. Ich werde mich vor dem Zeitgeist nicht ducken.«[325] Und im Interview mit dem *Focus* erklärte die CDU-Bundestagsabgeordnete, dass es den »Vertriebenen« um die »grundsätzliche Rückkehrmöglichkeit, um das höchstpersönliche Heimatrecht« gehe.[326]

Wenn diese Formulierungen aufgrund von Steinbachs scharfem Ton seinerzeit noch hätten als Kursänderung der BdV-Politik erscheinen können, dann wurde im Zuge der Bundestagswahl 1998 schnell deutlich, dass dem nicht so war. Denn die Forderungen des BdV seit der Wahl Steinbachs – die als erste Frau dieses Amt bekleidet – wurden nur schärfer im Ton (und nicht im Gehalt), was mehr am Wahlkampf denn der Person der neugewählten Präsidentin lag. Schließlich liegt Steinbach politisch auf der Linie ihres Amtsvorgängers Fritz Wittmann (CSU), der aus gesundheitlichen Gründen nicht mehr zur Wahl gestanden hatte.

Die Frankfurter Christdemokratin, Informatikerin und Diplomverwaltungswirtin Steinbach wurde im Juli 1943 im damaligen Westpreußen geboren. Ihre Kindheit und Jugend verbrachte sie nach der Umsiedlung vor allem im hessischen Hanau, wo sie auch ihre Reifeprüfung ablegte. Bevor sie 1974 Mitglied der CDU wurde, arbeitete sie als kommunale Angestellte. Als politischer Ziehvater von Steinbach gilt Alfred Dregger, den sie 1974 bei einer Wahlkampfveranstaltung kennen gelernt hatte: »Ich schätze seine zupackende Art. Da habe ich gesagt: Das ist die richtige Partei.«[327] Von 1977 bis 1990 gehörte sie dem Frankfurter Stadtparlament an, seitdem arbeitet sie als Bundestagsabgeordnete. Im Bereich der Vertriebenenverbände ist sie seit 1993 Präsidentin des West-Ost-Kulturwerkes und Bundesvorstandsmitglied der Landsmannschaft Westpreußen. Seit 1994 war sie BdV-Vizepräsidentin, 1995 wurde sie zur stellvertretenden Bundesvorsitzenden der Ost- und Mitteldeutschen Vereinigung (OMV) der CDU/CSU und 1998 zur Vorsitzenden des Kuratoriums der Kulturstiftung der deutschen Vertriebenen gewählt.[328]

Ihr Amtsvorgänger, der im März 1933 geborene Jurist aus München, Wittmann, war seit 1971 Mitglied des Bundestages und hatte eine klassische Parteikarriere hinter sich: vom bayerischen Landessekretär der Jungen Union (JU) über den Landesvorsitz des Rings Christlich-Demokratischer Studenten (RCDS) in Bayern bis hin zum Ministerialrat im bayerischen Staatsministerium für Arbeit und Sozialordnung. Der Oberst der Reserve (Heer) war im Bundestag auch als Vorsitzender des Verteidigungsausschusses tätig[329] und amtierte bis Oktober 1999 als BdV-Landesvorsitzender in Bayern.[330] Ferner ist er stellvertretender Bundesvorsitzender der Sudetendeutschen Landsmannschaft (SL)[331] und gehört nach Angaben der Zeitschrift des Cartellverbandes der katholischen deutschen Studentenverbindungen (CV) der CV-Verbindung Tuiskonia München (TsM) an.[332] Seine rechtskonservative, in den Unionsparteien verankerte Politik an der BdV-Spitze sollte durch die Wahl von Erika Steinbach nicht geändert werden.

Anhand der Konflikte im Vorfeld der Präsidentschaftswahl im Mai 1998 zeigte sich jedoch, dass eine Entscheidung zugunsten einer CDU/CSU-dominierten Linie im Verband nicht unumstritten war.[333]

Gegen Steinbach angetreten war Hans-Günther Parplies, BdV-Landesvorsitzender in Nordrhein-Westfalen. Parplies war bereits in der Amtsperiode zuvor einer von sechs BdV-Vizepräsidenten und gehörte zusammen mit Wilhelm von Gottberg und Paul Latussek, beide ebenfalls Stellvertreter Wittmanns, zu den Kräften im BdV, denen die unionsorientierte BdV-Linie als nicht völkisch-national genug gilt. Sie waren es, die nach dem »Tag der Heimat« 1996 die Rede des Bundespräsidenten Roman Herzog[334], der während der Veranstaltung als »Vaterlandsverräter« tituliert worden war, in einer Presseerklärung angriffen und sich damit öffentlich gegen die allgemeine Verbandslinie stellten.[335] Sie repräsentieren die Strömung im BdV, die die Union stets von rechts her attackierte. Von Gottberg steht an der Spitze des neben der Sudetendeutschen Landsmannschaft aktivsten und einflussreichsten Zusammenschlusses innerhalb des BdV, der Landsmannschaft Ostpreußen (LO), auf die weiter unten genauer eingegangen wird. Der LO-Sprecher argumentiert allerdings öffentlich zurückhaltend genug, um sich im BdV nicht unbeliebt zu machen. Konsequenterweise wurde er bei der Wahl als Vizepräsident in seinem Amt bestätigt.

Weniger zurückhaltend agiert Paul Latussek, Referent der Gesellschaft für Freie Publizistik, Autor in zahlreichen rechtsradikalen Publikationen und Interviewpartner der *Deutschen Wochenzeitung* des DVU-Chefs Gerhard Frey.[336] Der Dritte im Bunde, Hans-Günther Parplies, war bis Mitte 1998 Geschäftsführer der Stiftung Ostdeutscher Kulturrat (OKR)[337] und gehörte zu den Unterzeichnern des geschichtsrevisionistischen Aufrufes »8. Mai 1945 – Gegen das Vergessen«, der im April 1995 in der *FAZ* publiziert worden war.[338] Der BdV-Landesverband Nordrhein-Westfalen, dem Parplies vorsteht, zeichnete Latussek 1998 für dessen Verdienste beim Aufbau des BdV in den neuen Bundesländern mit der »Ernst-Moritz-Arndt-Plakette« aus[339]: Im Zuge der Eröffnung der so genannten 6. Ostdeutschen Kulturtage des BdV-Landesverbandes Thüringen, dem Latussek vorsteht, beteiligten sich denn auch die Hamburger Burschenschaft Germania, die Brünner Burschenschaft Libertas zu Aachen und die Marburger Burschenschaft Rheinfranken – allesamt Mitgliedsbünde der rechten Deutschen Burschenschaft (DB)[340] – an dem »Bekenntnis zu Deutschland« Ende April 1998 am Burschenschaftsdenkmal in Eisenach.[341]

Bei den Neuwahlen des Präsidiums wurde Latussek dann nicht in das Amt des Vizepräsidenten wiedergewählt, blieb aber über die Wahl durch die »Arbeitsgemeinschaft der Landesverbände« BdV-Präsidiumsmitglied, während Parplies und von Gottberg in ihren Ämtern als BdV-Vizepräsidenten bestätigt wurden.[342] Die BdV-Präsidentschaftswahl fand im Vorfeld der Bundestagswahl

1998 statt: Wenn die SPD die CDU/CSU als Regierungspartei ablösen sollte, so wurde vermutet, dann dürften Haushaltskürzungen bei den Bundesmitteln, die den »Vertriebenen« zur Verfügung stehen, einsetzen. Und ein BdV-Präsidium mit Parplies als Präsidenten und Latussek als Vizepräsidenten hätte da verständlicherweise schlechtere Ausgangspositionen gehabt als ein uniondominiertes. In diesem Zusammenhang dürfte auch die Nichtwahl von Parplies und die Abwahl von Latussek zu sehen sein. Dass Latussek mit Blick auf die Bundestagswahl 1998 und die Bundesmittel des BdV eine Gefahr für den Bund der Vertriebenen dargestellt hätte, wäre er Vizepräsident geblieben, zeigt ein Blick auf die Hintergründe des BdV-Führungskonfliktes.

Am Wochenende nach der BdV-Bundesversammlung fand in Jena auf dem Haus der Burschenschaft Arminia auf dem Burgkeller[343] der zweite Bundeskongress der Wählergemeinschaft Deutscher Heimatvertriebener und Entrechteter (WDHE) statt, der Latussek vorsteht.[344] Entgegen ihren vorherigen Planungen beschloss die WDHE bei dieser Versammlung mit knapper Mehrheit, keinen Parteienstatus anzunehmen. Stattdessen sollte die WDHE als »Wahlhilfeverein« für den Bund Freier Bürger – Offensive für Deutschland (Latussek war zu diesem Zeitpunkt stellvertretender Vorsitzender des BFB-OFD) zum Einsatz kommen – so zumindest formulierte es Erwin Hain, Mitglied des Gründungsausschusses der WDHE-Vorgängerorganisation bitterböse nach dem Bundeskongress.[345]

Die WDHE hatte sich im Juni 1997 in Zwickau gegründet.[346] Vorbereitet und koordiniert wurde der Gründungsparteitag von den BdV-Geschäftsstellen in Gotha und Zwickau.[347] Im WDHE-Grundsatzprogramm findet sich, was von extrem rechten Organisationen zu erwarten ist: Die Bevölkerung Deutschlands werde durch »Volksvertreter, die fremde Interessen« umsetzen wollen würden, bevormundet. Deshalb solle Deutschland auch, »solange dem deutschen Volk oder Teilen des deutschen Volkes das Recht auf politische und kulturelle Selbstbestimmung vorenthalten wird«, darauf verzichten, Entwicklungshilfe zu zahlen. Die Nato betreibe eine »Deutschland demütigende Politik« und ihr »interner Auftrag« bestehe darin, »Deutschland unten, Russland draußen und die USA in Europa zu halten«.[348]

Laut Paragraf 96 des *Bundesvertriebenengesetzes*, der die Förderung der Vertriebenenverbände festlegt, soll das »Kulturgut der Vertreibungsgebiete« im »Bewusstsein der Vertriebenen und Flüchtlinge, des gesamten deutschen Volkes und des Auslandes« erhalten werden. Damit ist die Gründung einer Partei, als die die WDHE geplant war, allerdings nicht gemeint. Auch die Satzung des BdV zeigt sich nicht besonders offen für die Gründung einer eigenen Partei: »Der Bund ist überparteilich und überkonfessionell«, heißt es in Paragraf 2, Absatz 4.[349]

Im Interview mit der Wochenzeitung *Der Schlesier*, die von der Landsmannschaft Schlesien wegen ihrer rechten Ausrichtung als Verbandsorgan abgestoßen worden war, hatte sich Latussek bereits vor Gründung der WDHE für eine neue, von »nationaler Sachpolitik« getragene Partei eingesetzt.[350] Latussek genießt großes Ansehen bei der BdV-Basis, besonders bei den Verbänden in »Mitteldeutschland«, wie die ehemalige DDR auch im BdV-Jargon genannt wird. In seinem Grundsatzartikel »Neue Aufgaben für den BdV« im neofaschistischen Theorieblatt *Nation & Europa* erklärte er, wie sich der Trab des BdV wieder in einen ritterlichen Galopp verwandeln sollte: »Es ist Aufgabe der deutschen Politik, mit Selbstbewusstsein und Mut zur geschichtlichen Wahrheit unserer Nation wieder den Platz in der Völkergemeinschaft zu geben, der unseren Traditionen, aber auch unserer Bedeutung als Kulturnation und Wirtschaftsmacht entspricht.« Polen und Tschechien warf er »massive Unterdrückung des Selbstbehauptungswillens der Deutschen und ihrer deutschen Identität« vor.[351]

Sicherheitshalber schrieb Latussek seine nationalen Wahnvorstellungen nicht nur nieder, sondern referierte sie jedem, der ihm zuhören wollte. So auch der vom Bundesamt für Verfassungsschutz als »größte rechtsextremistische Kulturvereinigung« eingestuften Gesellschaft für Freie Publizistik (GFP).[352] Für diesen Auftritt bekam Latussek einen deutlichen Rüffel des seinerzeitigen BdV-Präsidenten Fritz Wittmann. Dieser distanzierte sich von Latusseks Auftritt und zeigte sich besorgt, dass das »Gesamtwohl des Verbandes beeinträchtigt« werden könnte.[353] Wittmann habe seine Informationen »offensichtlich aus linksextremen Kreisen«, erwiderte Latussek, und es gebe »keinen Ort und keinen Zuhörerkreis«, der für ein »wahres und gerechtes Wort nicht geeignet« sei.[354]

Wittmanns Position zielte dabei – neben der tatsächlich von Latusseks Auffassungen abweichenden inhaltlichen Ausrichtung – auch darauf ab, den BdV weiterhin aus dem Bundeshaushalt finanzieren zu lassen. Latussek hingegen ist kein Mann großer taktischer Erwägungen. »Als Insider« wisse er, was »die Menschen denken«.[355] Sein Amtsantritt als WDHE-Vorsitzender stand für eine neue Variante der BdV-Politik: sich offen rechts von den Unionsparteien zu positionieren. Dieser Konflikt auf der Führungsebene wurde durch die Präsidentschaftswahl im Mai 1998 keineswegs beendet. Aber die Fraktion, die den BdV auf einen Kurs rechts der Union festlegen wollte, konnte sich an dieser Stelle nicht durchsetzen.

### Landsmannschaftliche Differenzen

Neben den Unstimmigkeiten auf der Führungsebene des Gesamtverbandes BdV gibt es auch auf landsmannschaftlicher Ebene Differenzen. Diese treten weniger als beim Gesamtverband im partei- oder allgemeinpolitischen Bereich zu Tage, sondern drücken sich einerseits in den programmatischen Orientierungen und andererseits in der gesellschaftlichen Relevanz der einzelnen Verbände aus. Im folgenden werden einige Landsmannschaften porträtiert. Entscheidend für die getroffene Auswahl der vorzustellenden Landsmannschaften ist neben deren politischer Aktivität auch ihre Mitgliederstärke. Denn anhand der Anzahl der in den einzelnen Landsmannschaften organisierten Personen lässt sich zumindest ungefähr erkennen, als wie repräsentativ die Aussagen und Aktivitäten der jeweiligen Untergliederung für den Gesamtverband BdV gelten können.

Zwei Beispiele: Die Landsmannschaft Berlin-Mark Brandenburg gab Ende 1997 an, über 428 Direkt-Mitgliedschaften zu verfügen.[356] Oder die Landsmannschaften der Banater Schwaben, der Donauschwaben und der Sathmarer Schwaben zählten schon 1985 insgesamt nur noch 523 Mitglieder.[357] Von einer Repräsentanzfunktion dieser Verbände kann demnach nicht gesprochen werden. In vollkommen anderen Dimensionen bewegen sich die Mitgliederzahlen der Landsmannschaft Ostpreußen (500.000), der Landsmannschaft Schlesien (250.000) und der Sudetendeutsche Landsmannschaft (200.000)[358], weshalb diese drei vorgestellt werden.

### *Landsmannschaft Ostpreußen*

Die größte Landsmannschaft veröffentlichte am 8. Mai 1965 eine für ihre ideologische Selbstbezogenheit und die Überheblichkeit der Vertriebenenverbände im allgemeinen charakteristische Erklärung, die – als programmatische Aussage verstanden – hier dem eigentlichen Porträt der Landsmannschaft Ostpreußen (LO) vorangestellt wird.

Der damalige LO-Sprecher Alfred Gille gab im Namen seines Verbandes 1965 die als *Erklärung von Goslar* bekannt gewordene Stellungnahme ab, die mit dem Verweis auf das »Andenken an den schwärzesten Tag der deutschen Geschichte (vor 20 Jahren)« begann.[359] Was der Landsmannschaft Ostpreußen als »schwärzester Tag der deutschen Geschichte« gilt, war für die der systematischen Ermordung entgangenen und noch in den deutschen Konzentrations- und Vernichtungslagern internierten Jüdinnen und Juden sowie die anderen NS-Opfer die Hoffnung auf Leben. Dieser 8. Mai 1945 wurde als Tag der bedingungslosen Kapitulation Deutschlands zum Symbol der Befreiung der Welt vom Nationalsozialismus. Zwanzig Jahre später hegte die LO den »heißen Wunsch und die Hoffnung«, dass »unser deutsches Volk recht bald wieder zu einem entschlossenen Wollen nationaler Selbstbehauptung« gelangen möge. Persönliche Erfahrungen in diesen Fragen hatte Gille bereits als Mitglied der NSDAP-Gauleitung von Ostpreußen und von 1928 bis 1945 als Bürgermeister der Stadt Gizycko im ehemaligen Ostpreußen gesammelt. Es könne, hieß es in der *Erklärung von Goslar* weiter, nur dieses »entschlossene Wollen nationaler Selbstbehauptung« sein, das die »drohenden Gefahren der bevorstehenden bolschewistischen Deutschlandhetze« bestehen helfe. Im Gegenzug wollte man für »unser Selbstbestimmungsrecht und das Recht auf unsere Heimat« eintreten und war fest davon überzeugt, dass »im unmittelbaren Gespräch mit allen Nachbarvölkern jede noch strittige Frage schnellstens gelöst« werden könne, wenn zur Grundlage jeder Verhandlung das »unteilbare Recht aller Freien« gemacht werde.[360]

Mehr als dreißig Jahre später übertrug der Ende 1992 zum Sprecher der LO gewählte und 1998 für drei weitere Jahre im Amt bestätigte Wilhelm von Gottberg diese Forderungen im Interview mit der rechtsextremen Wochenzeitung *Junge Freiheit* ins Zeitgemäße: Das »Menschenrecht auf die Heimat« müsse »endlich auch für die deutschen Vertriebenen und deren Nachkommen realisiert« werden. Es solle den »Vertriebenen« ein »uneingeschränktes Rückkehrrecht in die Heimat« eingeräumt werden und um von diesem Recht Gebrauch machen zu können, sollten »Rückkehrwillige die deutsche Staatsbürgerschaft behalten« dürfen. Als Selbstverständlichkeiten werden dabei nicht nur »Eigentumserwerb und ungehinderte Ein- und Ausreise« angesehen, sondern auch »zweisprachige Ortsschilder« und eine »staatlich geförderte Volksgruppenautonomie für Deutsche in den Regionen, in denen sie als Volksgruppe vorhanden« seien – denn diese müsse in den »betreffenden Staaten eine Pflichtaufgabe« werden.[361]

Als von Gottberg diese staatsrechtlichen Anmaßungen formulierte, lagen fast fünfzig Jahre Geschichte hinter seiner Landsmannschaft[362]: Die LO war am 3. Oktober 1948 in Hamburg gegründet worden.[363] Sie selbst versteht sich als »Kampforganisation zur Vertretung und Verfechtung unseres Anspruchs auf unsere geraubte Heimat«.[364] Dabei vertritt sie als »Zusammenschluss der Ostpreußen« die Auffassung, dass sie »Ostpreußen in seiner Gesamtheit und in seinen Stadt- und Landkreisen« fortsetze.[365] Die LO verfügt über Landesgruppen in allen Bundesländern. Parallel zu diesen Landesverbänden existieren noch die Heimatkreisgemeinschaften, die analog den Städten und Kreisen des ehemaligen Ostpreußens aufgebaut sein sollen. In der LO gibt es von diesen Heimatkreisgemeinschaften insgesamt vierzig, die alle über eigene Patenschaftsträger – eine bundesdeutsche Stadt – verfügen.[366] Patenschaftsträger über den Gesamtverband ist seit 1978 der Freistaat Bayern.[367] Zunächst gehörten der LO neben den Heimatkreisen aus dem ehemaligen Ostpreußen auch solche aus dem ehemaligen Westpreußen an, die jedoch aufgrund des Strebens um organisatorische Eigenständigkeit bereits im April 1949 in die neugegründete Landsmannschaft Westpreußen überführt wurden.[368]

Zu den Gliederungen der LO gehören neben den Heimatkreisgemeinschaften und der Jugendorganisation Junge Landsmannschaft Ostpreußen (JLO) die Ostpreußische Kulturstiftung, die Bruderhilfe, der so genannte Verband der Vereinigungen deutscher Bevölkerung in Ostpreußen, das Ostheim in Bad Pyrmont, das Kulturzentrum Ostpreußen in Ellingen und das Ostpreußische Landesmuseum (OL) in Lüneburg sowie weitere Museen, Heimatsammlungen und Archive.[369] Ihren Sitz hat die LO-Bundesgeschäftsstelle in Hamburg. Anfangs noch in einer Baracke untergebracht, residiert sie seit 1956 in zwei nebeneinander liegenden Häusern in Hamburg-Harvestehude.[370] Als Organ der Landsmannschaft Ostpreußen fungiert die Wochenzeitung *Das Ostpreußenblatt (OB).*

Die höchste vom Verband zu vergebende Auszeichnung ist der Preußenschild, den nur »die wenigen Besten« tragen sollen. Er symbolisiert die »Ideen des wahren Preußentums« und kann nur an fünfzehn lebende Personen verliehen werden.[371] Erste Trägerin des Preußenschilds wurde 1957 die auch als »Mutter Ostpreußen« bekannte Literatin Agnes Miegel, die wenige Jahre vor der Verleihung noch an die NS-Reichsfrauenführerin Gertrud Scholtz-Klink geschrieben hatte, dass »Du, Mutter, es fühltest, auch wir sind Mütter, / Glühend danach, für das Leben des Volkes zu leben, / Uns zu verströmen dafür und freudig zu dienen / In dem Werke, das Du für uns alle gefügt hast!«[372]

Neben dem Preußenschild, der aus Protest stets am Tag des Beschlusses der Alliierten Kontrollkommission über die Auflösung des Staates Preußen verliehen wird, vergibt die LO noch den Ostpreußischen Kulturpreis, den beispielsweise die Schriftsteller

Siegfried Lenz (1961) und Arno Surminski (1982) oder der Tierfilmer Heinz Sielmann (1988) erhalten haben.[373]

Die für die »Führung des heimatpolitischen Kampfes notwendigen Beschlüsse« werden von der obersten beschließenden Körperschaft der LO, der Ostpreußischen Landesvertretung (OLV), gefasst.[374] Die OLV setzt sich aus den Vertretern der Landesgruppen und der Heimatkreisgemeinschaften zusammen und ist 1954 aus dem Vertretertag der Landsmannschaft Ostpreußen hervorgegangen.[375] Während die OLV die politische Führung des Verbandes bestimmt, ist über die Stiftung Ostpreußen wiederum eine große Anzahl von Organisationen miteinander vernetzt. Diese Stiftung kann als Ideologieschmiede hinter der LO angesehen werden. Zu ihren zwölf Stiftern zählen neben dem Ostheim e.V. und der LO selbst beispielsweise die Agnes-Miegel-Gesellschaft, die Prussia-Gesellschaft für Heimatkunde Ost- und Westpreußens, die Gemeinschaft evangelischer Ostpreußen (GeO), die Historische Kommission für ost- und westpreußische Landesforschung und der Verein zur Erhaltung und Förderung der Zucht des ostpreußischen Warmblutpferdes Trakehner Abstammung (kurz: Trakehner Förderverein).[376] Jedem dieser Verbände fällt eine spezifische Aufgabe im Bereich von Schulung und Betreuung der Aktivisten zu, die von religiöser Seelsorge über kulturell-historische Forschung, die deutsche Kontinuitätslinien beweisen soll, bis hin zu linguistischen Arbeitsfeldern geht. So hat beispielsweise das auf den ersten Blick unpolitisch wirkende Interesse an Trakehner Pferden auch eine harte politische Realität und spielt eine zentrale Rolle bei der identitätsstiftenden Heimatideologie: Dieses Pferd gilt nämlich als »einziges lebendes Denkmal aus der Heimat«[377], schließlich sei Ostpreußen »ohne sein edles Pferd« nicht denkbar gewesen. Die Pferde hätten geholfen, »Ruf und Ruhm Ostpreußens in die Weiten dieser Erde zu tragen«.[378] Die als Brandzeichen bei den Trakehner Pferden genutzte Elchschaufel ist seit 1957 sogar eingetragenes Warenzeichen der LO.[379]

Als grundlegend für die Ideologie der LO kann man einen programmatischen Aufsatz von Ottomar Schreiber verstehen, dessen Aussage nach Angaben des Verbandes zumindest bis zum vierzigjährigen Bestehen der LO »Wort für Wort nichts von seiner Gültigkeit eingebüßt« hatte.[380] Schreiber, der in seiner Funktion als Landespräsident des damaligen Memelgebietes in den dreißiger Jahren bereits »wie alle Memelländer [...] selbstverständlich stets für die Erhaltung des deutschen Charakters des Landes eingetreten«[381] war, wurde erster Sprecher der LO (von 1948 bis 1951), später Ehrenpräsident der Landsmannschaft Ostpreußen und war als Staatssekretär im Bundesvertriebenenministerium tätig.[382] Er schrieb in *Wir Ostpreußen*, dem Vorgänger des *Ostpreußenblattes*: »Die Landsmannschaft hat kein parteipolitisches Programm; ihr Programm enthält nur zwei Worte: Heimat und Recht! Sie wird die Überlieferung der Heimat pflegen, die Heimatgenossen in Heimattreffen und Kundgebungen zusammenführen, das Bewusstsein des Rechts auf die Heimat stärken und, wenn es nötig ist, zu den Fragen sprechen, in denen alle Ostpreußen einig sind.«[383]

Unbefangen verwendet Schreiber den nationalsozialistischen Jargon, wenn er vom »echten inneren Bedürfnis des Volksgenossen oder des Christen« spricht, die »lebendige Kraft der Heimat in den einzelnen Herzen« verortet oder dem Zusammenschluss der Ostpreußen attestiert, er habe »als seelische Kraft nie aufgehört« zu bestehen. Ein eben solcher mystisch-nationaler Volksgeist ist es, der Schreiber von der »deutschen Einigkeit« fabulieren lässt: »Wir haben in Ostpreußen 1933 geglaubt, sie sei erreicht.« Der Zweite Weltkrieg und der systematische Massenmord an den europäischen Juden durch die Deutschen wird geflissentlich mit der Passage: »Was andere dann vertan haben, wollen wir nun durch schwerste Zeiten bewahren und bewähren« übergangen und zugleich relativiert. Denn »wir sind als Deutsche eine Einheit geblieben« und egal, ob »Deutschland groß ist oder klein, ob reich oder arm, ob glücklich oder unglücklich, es ist unser Vaterland«. Dieses Deutschtum schweißt zur »echten inneren Gemeinschaft aller Schicksalsgenossen« zusammen. Es geht Schreiber aber nicht nur um die nationale Einheit der Volksgemeinschaft. Er entwirft vielmehr ein identitäres Konstrukt der Heimatverbundenheit in Form der Landsmannschaft als prägendes Moment der völkischen

Ideologie. Denn erst über die und infolge der Identifikation mit der Heimatideologie wird es möglich, die so genannte Volksgemeinschaft entstehen zu lassen. So solle nämlich »jeder Ostvertriebene seinem Heimatverband, seiner Landsmannschaft« angehören, die den »lebendigen Zusammenhang der alten Heimat wahrt, Erinnerungen pflegt und das erste Lebensrecht, das auf die Heimat, nicht untergehen lässt, sondern als Forderung stark und zukunftsträchtig in unseren Herzen lebendig erhält, in unsern Herzen und hoffentlich auch im Gewissen der Welt!«

Und weil es ein positives Bild von Heimat ist, welches das Volkstum mitsamt seiner völkischen Ideologie überhaupt erst entstehen lassen kann, ist auch selbstverständlich, dass »der Landsmann Kant« auch denjenigen »Ostpreußen im Blut« liegen soll, die »kaum seinen Namen kennen«. So ist es auch nicht der freie Wille, der Menschen in der Heimatideologie aufgehen und zur Einheit werden lässt, sondern die völkische Identität: »Hier liegt eine wesentliche Wurzel der tiefen Heimatsehnsucht, die wir in uns tragen. Wir sehnen uns nach der Sicherheit der sittlichen Maßstäbe und der sittlichen Haltung. [...] Und wir stellen unsere Hoffnung und unsere Zuversicht auf die Menschen, die sich frei hielten von der Seuche brutaler Ichsucht und als Deutsche und Christen uns spüren ließen, dass wir einander nahe stehen.«[384]

Eine wesentliche Rolle bei der Schaffung einer derart konstruierten völkischen Heimatidentität spielen die Heimatkreisgemeinschaften. Sie sind zentraler Teil der Basis der Vertriebenenverbände, der das Konstrukt einer Volksgruppenidentität suggerieren und manifestieren soll. Treffenderweise bezeichnet Wilhelm von Gottberg die Heimatkreisgemeinschaften auch als »das Rückgrat der Landsmannschaft Ostpreußen«.[385] Die Konstruktion der Heimatidentität ist aber nur eine der Funktionen der Heimatkreisgemeinschaften. Außerdem arbeiten sie seit 1989/90 an vorderster Front bei der erstrebten Germanisierung der ehemaligen deutschen Ostgebiete. Bei der Tagung der Ostpreußischen Landesvertretung Ende 1997 wies von Gottberg mit Blick auf die Arbeit der LO im ehemaligen Ostpreußen auch darauf hin, dass die »materielle Unterstützung der Bevölkerung durch die Heimatkreisgemeinschaften und diverse andere Organisationen« tatsächlich Früchte zeige.[386] Von Gottberg fasste die Situation vor der OLV treffend zusammen: »Das Königsberger Gebiet hängt am Tropf der Bundesrepublik.« Weiter führte er aus: »Im Rahmen der bevorstehenden Osterweiterung der EU wird dem Königsberger Gebiet eine Brückenfunktion zwischen Ost und West zukommen. Deshalb ist es für die Ostpreußen wichtig, auf unterer Ebene Kontakte zu knüpfen und auszubauen; und mit der Unterstützung für Russlanddeutsche und Russen Freunde zu gewinnen, die wir vielleicht noch einmal brauchen werden.«[387]

Allerdings sind die Heimatkreisgemeinschaften aufgrund des teilweise recht hohen Alters ihrer Mitglieder langfristig kaum mehr in der Lage, selbst als bevölkerungspolitische Grundlage der Volksgruppenpolitik zu dienen. Doch sind ihre sich heute aus der »Bekenntnisgeneration« rekrutierenden jetzigen Führer dazu fähig, im Sinne dieser Politik die Volksgruppe – im Falle der Landsmannschaft Ostpreußen – in Polen oder Russland theoretisch neu zu konstruieren und praktisch zu konstituieren. Infolgedessen hat die LO auch in den vergangenen Jahren eine bemerkenswerte Modifikation in ihrer Arbeit vorgenommen. Sie bemüht sich mittels der JLO, die sich als »Jugendorganisation für Ostpreußen« versteht[388], äußert intensiv um Nachwuchsarbeit. Als eine »Gemeinschaft junger Menschen« fühlt sich die JLO »mit Ostpreußen durch familiäre Abstammung, nationales Zusammengehörigkeitsgefühl oder das Bekenntnis zu dem geistigen und sittlichen Erbe Ostpreußens« verbunden.[389] Ihre Arbeit sei »beseelt von dem Willen«, der »Provinz Ostpreußen und der ostpreußischen Volksgruppe« eine »Zukunft zu geben bzw. deren Zukunft zu sein«, denn »Ostpreußen« sei »ein Teil Deutschlands«.[390] Somit solle auch denjenigen, »die dies wollen«, die »Rückkehr in die Heimat« ermöglicht werden.[391] Konsequenterweise spricht der stellvertretende JLO-Bundesvorsitzende Uwe Faesel davon, dass es »keine Spur« von »biologischer Lösung der Vertriebenensache« gebe. Man stehe vielmehr »sichtbar und lebendig für ein stetes Bauen an der Brücke zum Osten«.[392]

### *Landsmannschaft Schlesien*

Wie schon bei der Landsmannschaft Ostpreußen lässt sich auch bei der Landsmannschaft Schlesien (LMS) anhand eines kurzen einleitenden Exkurses zeigen, für welche politische Ideologie sie steht. Der Begriff, der in den Erklärungen und Resolutionen der LMS am häufigsten vorkomme, so ihr Bundesvorsitzender Herbert Hupka anlässlich ihres vierzigjährigen Bestehens, sei der der »Selbstbestimmung«: »Gewährt endlich uns Deutschen das Selbstbestimmungsrecht!«[393]

Es gibt Vorstellungen, schreibt Johannes Willms treffend zum Thema Selbstbestimmungsrecht, die derart eingelebt seien, dass sie als naturgegeben gelten und sich damit jeglicher historischen Kritik gegenüber als resistent erweisen. Dazu gehöre »ohne Zweifel die Idee vom Selbstbestimmungsrecht eines Volkes«. Diese Idee begann ihren Siegeszug als »propagandistischer Kampfbegriff« und ist im Laufe der Zeit wohl zur »folgenreichsten Propaganda-List« geworden. Zunächst während der Französischen Revolution mit dem Ziel zur Durchsetzung der Aufklärung gegen die Monarchie eingesetzt, wandelte sich die Idee des Selbstbestimmungsrechtes schnell ins reaktionäre. Auf preußischem Boden verschmolz sie mit der idealistischen Philosophie und wurde infolge dessen nicht nur als Legitimation zur umfassenden Rekonstruktion des preußischen Staates genutzt, sondern auch zum Widerstand gegen Frankreich. Nach dem Scheitern der Revolution von 1848 bildete sich auf Grundlage der Idee der Selbstbestimmung auf dem Territorium des späteren Deutschen Reiches ein völkischer Nationalismus heraus, der – wieder gegen Frankreich in Stellung gebracht – den unerfüllten deutschen Traum auf ein eigenes Volk und eine eigene Nation verwirklichen helfen sollte. Wesentlich hierbei war, dass deutsche Selbstbestimmungsvorstellungen stets völkisch konnotiert waren, also vermeintliche Blutsbande im Sinn hatten und nicht, wie im Falle Frankreichs, die Emanzipation vor Augen. Die deutsche Variante des Selbstbestimmungsrechtes verfolgte und verfolgt dabei stets das Ziel einer Ethnisierung der Politik, während das französische Modell auf eine Überwindung von Ungleichheit angelegt war. Folgerichtig war in Deutschland das »konstitutive Merkmal jenes aus der Idee der Selbstbestimmung entstandenen Nationalismus« das »Pathos moralischer Skrupellosigkeit«, das einherging mit »chronischer realpolitischer Ignoranz«.[394]

Erste Vorgängerorganisationen der LMS entstanden in Bayern. In München wurde 1946 die Vereinigung der Schlesier gegründet, deren Vorsitzender Walter Rinke auch erster Bundesvorsitzender der LMS wurde (von 1950 bis 1952 und von 1953 bis 1954).[395] Auf überregionaler Ebene entstand die LMS vier Jahre später. Die Vorsitzenden der bis dahin bereits in mehreren Bundesländern existierenden LMS-Landesverbände kamen zur Gründung der bundesweiten Organisation in Bonn zusammen. Die konstituierende Sitzung des Bundesverbandes fand am 28. März 1950 im Sitzungssaal des Bundesinnenministeriums statt.[396]

Zum Umfeld der LMS gehören unter anderem die Stiftung Schlesien, die Schlesischen Frauen, verschiedenen Archive, Museen, Heimatsammlungen, Forschungseinrichtungen sowie mehr als hundertdreißig Heimatkreisgemeinschaften, wobei letztgenannte im so genannten Schlesischen Kreis-, Städte- und Gemeindetag zusammengeschlossen sind. Ihren Sitz hat die LMS im Haus Schlesien in Königswinter, das vom Verein Haus Schlesien getragen wird.[397] Als Jugendorganisation der LMS soll die Schlesische Jugend der Garant dafür sein, dass die Landsmannschaft Schlesien nicht als eine »Vereinigung von Veteranen« missverstanden werde.[398] Sie vertritt die Auffassung, dass »Schlesien stets Erbe und Auftrag« bleiben müsse.[399] Die höchste Auszeichnung der LMS ist der Schlesierschild, der nur an dreißig lebende Personen verliehen werden kann.[400]

In einer Grundsatzerklärung bezeichnet sich die LMS als »Bürge und Vorkämpfer für die Einheit des deutschen Vaterlandes in seinen alten Stammesgrenzen« und proklamiert in diesem Zusammenhang eine »offensive Heimatpolitik«. Diese »Propaganda der Landsmannschaft Schlesien«, wie die LMS es selbst nennt, solle sich nicht nur auf die Behandlung »kultureller und stammeskundlicher Themen« beschränken, sondern zusätzlich »unsere heimatpolitischen Anliegen im Sinne einer gesamtdeutschen Schicksalsverpflichtung in den Vordergrund stellen«. Allerdings müsse man dabei alles vermeiden, was einen »imperialistisch-nationalistischen Anstrich« – nicht Anspruch – haben könnte.[401] Zur Vertretung ihrer »heimatpolitischen Anliegen« forderte die LMS in der *Entschließung von Königswinter* die Bundesregierung – mehr provokativ, denn mit der realen Hoffnung auf Umsetzung – dazu auf, den »ostdeutschen Ländern, vertreten durch ihre Volksgruppenorganisationen, die Landsmannschaften, stumme Sitze im Bundesrat« einzuräumen, damit im Ausland kein Zweifel darüber aufkomme, dass die Gebiete »ostwärts der Oder/Neiße nach wie vor deutsches Staatsgebiet« seien.[402]

Während ein Appell der Schlesischen Landesversammlung 1957 noch »vor der Welt unsere Heimat und unsere Selbstbestimmung in Freiheit« forderte[403], ohne dieser Parole eine europäische Dimension einzuräumen, erklärte man beispielsweise 1973: »Unser Bekenntnis heißt Schwarz-Rot-Gold. Unser Standort heißt patriotische Mitte. Unser Ziel heißt Freiheit für Deutschland, die freie Heimat im freien Europa.«[404] Angestrebt wurde ein »freies Deutschland in einem freien Europa«, weshalb »alle Bestrebungen mit dem Ziel eines europäischen Staatenbundes« unterstützt würden.[405]

Mit der Zeit hatten sich die Forderungen der LMS bei ihren Adressaten so tief im Alltagsbewusstsein verankert, dass zentrale Formulierungen durch scheinbar allgemeinere Passagen ersetzt werden konnten, ohne dass sich der Gehalt der Aussage änderte und auch ohne dass die LMS missverstanden werden konnte. Wenn man 1983 noch davon sprach, dass die Zukunft der »freien Heimat in einem freien Vaterland und dem freien Vaterland in einem freien Europa« gehören würde[406], war 1987 bereits in einer ähnlichen Aussage der höchst aggressive Begriff Heimat zu Gunsten der Formulierung vom »ganzen Deutschland« gewichen: »Die Zukunft ganz Deutschlands liegt in einem freien Europa der freien Vaterländer.«[407] Dabei wurde verbal allerdings keineswegs auf den Kern der Ideologie der Vertriebenenverbände (»Heimat«) verzichtet. Es war nur nicht mehr zwingend nötig, diese Kampfansage explizit auszusprechen, um verstanden zu werden. Denn für die Aktivistinnen und Aktivisten war sowieso klar: »Schlesien ist Deutschlands Osten, zu Deutschland gehört immer auch Schlesien« und das »freie demokratische Deutschland wird nicht von Schlesien lassen«.[408]

In die Schlagzeilen geriet die LMS 1985. Der Grund: Ihr zweijährlich stattfindendes Deutschlandtreffen sollte unter das Motto »40 Jahre Vertreibung – Schlesien bleibt unser« gestellt werden.[409] Besonders pikant war, dass Helmut Kohl als erster Bundeskanzler seit Abschluss der Ostverträge an einem entsprechendem Treffen als Festredner teilnehmen wollte.[410] Tagelang hätten sich die »Ober-Flüchtlinge« vom Kanzleramt seinerzeit bitten lassen, die »unsinnige Parole« zu ändern, hieß es im *Spiegel*.[411] Das Leitmotiv wurde durch »Schlesien bleibt unsere Zukunft im Europa freier Völker« ersetzt, wobei Herbert Hupka ausdrücklich darauf hinwies, dass dieses modifizierte Motto »nichts anderes« bedeute als das alte und dass die ehemaligen Ostgebiete nun mal »Eigentum aller Deutschen« seien.[412] Zeitgleich zur Kontroverse um das Motto des Treffens waren im *Schlesier*, seinerzeit mit der Unterzeile *Offizielles Organ der Landsmannschaft Schlesien* versehen, Überlegungen eines Bundesvorstandsmitgliedes der Schlesischen Jugend über einen möglichen Einmarsch der Bundeswehr über die Tschechoslowakei und Polen bis hinein in die Sowjetunion veröffentlicht worden.[413]

Infolge internationaler Proteste gegen diese Positionsbestimmung wurde die finanzielle Förderung des *Schlesiers* aus Bundesmitteln Anfang 1985 eingestellt. In der zweiten Hälfte des vorangegangenen Jahres hatte die LMS vom damaligen Bundesministerium für innerdeutsche Beziehungen noch Haushaltsmittel in Höhe von achtzehntausend Mark erhalten, um den Ankauf von Abonnements des *Schlesiers* finanzieren zu können.[414] Der Untertitel des *Schlesiers* wandelte sich vom *Offiziellen Organ* der LMS zu deren *Mitteilungsblatt*. An der faktischen Bedeutung der Zeitung für den Verband änderte sich allerdings wenig. Weiterhin schrieben hochrangige Vertriebenenfunktionäre die zentralen Artikel des Blattes, weiterhin wurden die Erklärungen der LMS abgedruckt. Doch dann ging die Redaktion der Zeitung unter Leitung von Hans-Joachim Ilgner einen Schritt zu weit: Im Leitartikel vom 25. November 1988 hetzte das Blatt anlässlich des fünfzigsten Jahrestages der Reichspogromnacht gegen bundesrepublikanische Politiker, denn diese »verkleiden sich als Juden und dreschen einmütig auf ihr Volk herunter«. In dem durchgängig antisemitischen Artikel wurde der deutsche Massenmord an den europäischen Juden relativiert und die strafrechtliche Verfolgung der Holocaustleugnung attackiert (»Man legt uns keinen Beweis unserer Schuld vor, ja man will sogar den bestrafen, der es wagt, die ›Schuld‹ zu bezweifeln«), ein antisemitischer Weltverschwörungsmythos aufgebaut (»Aber selbst die Vergebung würde doch voraussetzen, dass wir die Tat begangen haben, gegen Recht und Gesetz verstoßen haben. Davon aber kann bis auf vielleicht eine Hand voll Greise, die der auf der ganzen Welt von jüdischen Organisationen betriebenen [...] Fahndung noch entgangen sein mögen, bei den heute lebenden Deutschen keine Rede sein«) und die Deutschen von der Täter- in die Opferrolle gerückt, die keinerlei Verantwortung für Auschwitz zu übernehmen hätten (»Hier kann jedoch weder von Strafe noch von Sühne oder Verantwortung die Rede sein. Nach allgemeiner Rechtsauffassung ist die Bestrafung von Nicht-Tätern [...] Blutrache«).[415]

Die Landsmannschaft Schlesien trennte sich von dem Blatt. Verbindlich für die Auffassungen der LMS wurden die bereits seit 1986 bestehenden *Schlesischen Nachrichten*.[416] Dennoch wird *Der Schlesier* bis heute von Teilen der LMS, insbesondere aus dem Bereich der Heimatkreisgemeinschaften, geachtet, was sich in regelmäßigen Berichten über Veranstaltungen, Festivitäten u.ä. ausdrückt, die von der Basis für die Zeitung beigesteuert werden. Der Antrag an den geschäftsführenden Bundesvorstand der LMS, den *Schlesier* wieder als offizielles Mitteilungsblatt der LMS einzusetzen, scheiterte 1989 bei Stimmengleichheit.[417]

Die Patenschaft über die Landsmannschaft Schlesien übernahm Niedersachsen. Am 3. Oktober 1950 wurde die Urkunde über die Patenschaft vom damaligen Minister für Vertriebene, Sozial- und Gesundheitsangelegenheiten in Niedersachsen, Heinrich Albertz (SPD), unterzeichnet.[418] Durch die Übernahme der

Patenschaft werde die »enge Verbundenheit unseres Landes mit Schlesien und den heimatvertriebenen Schlesiern« zum Ausdruck gebracht.[419] Der damalige niedersächsische Ministerpräsident Ernst Albrecht (CDU) stiftete 1977 ergänzend den Kulturpreis Schlesien, der an »Künstler und Schriftsteller vergeben wird, die aus Schlesien stammen oder deren Werk in besonderer Weise Einflüsse schlesischer Kultur erkennen lässt«.[420]

Die Neubildung der niedersächsischen Landesregierung im Mai 1990 und der damit vollzogene rot-grüne Machtwechsel führte dann dazu, dass der LMS die institutionellen Fördermittel innerhalb der Patenschaft gestrichen und die Unterstützung für ihre Deutschlandtreffen entzogen wurden. Das Land Niedersachsen kündigte jedoch damit die Patenschaft über die LMS nicht auf, sondern verlagerte sie in den Bereich des symbolischen, d.h. sie existierte nur noch auf dem Papier.[421] Die LMS verlegte ihre Treffen daraufhin nach Nürnberg[422], allerdings diskutierte der niedersächsische Ministerpräsident Gerhard Glogowski (SPD) kurz nach seinem Amtsantritt 1998 mit hochrangigen Vertriebenenfunktionären über eine mögliche Wiederaufnahme einer aktiven Patenschaft und die Rückkehr des Deutschlandtreffens der LMS nach Hannover.[423] Infolgedessen erklärte die LMS, es bestünden realistische Chancen, dass die niedersächsische Landesregierung die Patenschaft »nach neunjähriger ›Eiszeit‹ wieder aufleben« lasse,[424] wofür auch spricht, dass der damalige niedersächsische Ministerpräsident Glogowski im November 1999 die Schirmherrschaft über die Fünfzig-Jahr-Feier des BdV Niedersachsen übernommen hatte.[425]

Ein wichtiges Arbeitsfeld für die LMS wurde besonders seit 1989/90 die Zusammenarbeit mit dem Deutschen Freundschaftskreis (DFK) bzw. den Sozial-Kulturellen Gesellschaften der Deutschen (SKGD) in Polen.[426] Obwohl aktuelle Angaben über deren Organisierungsgrad nicht vorliegen, muss von einem beträchtlichen Potential an Deutschtumsaktivisten jenseits der deutsch-polnischen Grenze ausgegangen werden. Denn einer internen Schulungsschrift des BdV Niedersachsen von 1995 war zu entnehmen, dass die Organisationen der »deutschen Minderheit« weit mehr als dreihundertzweitausend Mitglieder (mit steigender Tendenz) haben.[427] Finanziell abgesichert wird deren Arbeit von der Bundesrepublik. Allein in den Jahren 1990 bis 1997 stellte das Bundesministerium des Innern (BMI) der »deutschen Minderheit« in Polen mehr als hundertfünfundsiebzig Millionen Mark zur Verfügung.[428]

### *Sudetendeutsche Landsmannschaft*

Im Juli 1947 wurde in München mit der Arbeitsgemeinschaft zur Wahrung sudetendeutscher Interessen die zentrale Vorgängerorganisation der Sudetendeutschen Landsmannschaft (SL) gegründet. An der Gründung war unter anderem der ehemalige Redakteur des NS-Gauorgans *Die Zeit*, Walter Becher, beteiligt, der von 1968 bis 1982 SL-Sprecher wurde. Auch der erste Sprecher der SL (1950 - 1959), Rudolf Lodgman von Auen, war bereits als Präsidiumsmitglied der Arbeitsgemeinschaft aktiv.[429] Diese Arbeitsgemeinschaft machte es sich zur Aufgabe, »weit über die Grenzen des Bundesgebietes« hinaus als »zentrale außenpolitische Institution des Sudetendeutschtums« zu fungieren.[430] Zu diesem Zweck erarbeitete sie bereits 1951 einen als Vorläufer der *Dokumentation der Vertreibung* anzusehenden, völkisch-propagandistisch angelegten Sammelband zur Umsiedlung der Deutschen aus der Tschechoslowakei.[431]

Weit vor dessen Erscheinen kam es im Zuge der von den »Sudetendeutschen« intensiv betriebenen Konstituierungsbemühungen zur Gründung des SL-Bundesverbandes bereits 1949 in Eichstätt zur Proklamation der *Grundsätze einer sudetendeutschen Europapolitik*, die unter dem Titel *Eichstätter Erklärung* bekannt geworden ist.[432] Sie trägt unter anderem die Unterschriften des späteren BdV-Präsidenten und Sozialdemokraten Wenzel Jaksch und des Volkstumsforschers Eugen Lemberg, die von Walter Brand (ehemaliger Chefredakteur des NS-Gauorgans *Die Zeit*, Leiter verschiedener Kanzleien Henleins und Mitarbeiter im Stab der SA im Sudetenland) und Friedrich Brehm (ehemals Hauptabteilungsleiter im Rasse- und Siedlungshauptamt der SS und SS-Sturmbannführer), die von Walter Hergl (ehemals SS-Hauptsturmführer und Gauhauptstellenleiter im NS-Gauamt für Kommunalpolitik) und auch die von Walter Becher.[433]

Die Unterzeichner der Erklärung benannten als ihre »unabdingbare Forderung« die »Rückgabe der Heimat in den Sprachgrenzen und Siedlungsverhältnissen von 1937«, weil die »gegenwärtige Zerreißung Deutschlands und ganz Europas« unhaltbar sei: »Von dieser Überzeugung geleitet wollen wir innerhalb unserer Volksgruppe und bei allen Vertriebenen dafür wirken, dass sie den Kampf um die Wiedergewinnung ihrer Heimat einordnen in das große Ringen um die christlich-humanistische Wiedergeburt Europas.«[434]

Anlässlich der Gründung des Bundesverbandes der Sudetendeutschen Landsmannschaft am 24./25. Januar 1950 wurde dann die *Detmolder Erklärung* verabschiedet. Darin erklärte die »sudetendeutsche Volksgruppe« es als ihre Aufgabe, »sich selbst dem deutschen Volke zu erhalten, ihr Heimatbewusstsein und den Rechtsanspruch auf die Heimat wachzuhalten und ihr grenzdeutsches Erfahrungsgut dem Deutschtum zu vermitteln«: »Ihr Ziel ist die Wiedergewinnung der Heimat.«[435] An die Tradition der »sudetendeutschen Avantgarde des Volkstumskampfes«[436] gegen die Tschechoslowakei bis zu deren Zerschlagung 1938 anknüpfend, wolle die SL die »Existenz und Substanz der Volksgruppe« sichern. Dabei wolle die »sudetendeutsche Volksgruppe« zum »Zeitpunkt einer Gestaltungsmöglichkeit, die ihr die Wiedergewinnung ihrer Heimat verspricht, geschlossen bereitstehen, um dann ihr künftiges Schicksal aus eigener Verantwortung selbst entscheiden zu können«. In diesem Zusammenhang lehnte die SL einen »Streit um außenpolitische Wunschbilder, Theorien und Doktrinen« ab, weil »durch ihn die erforderliche Einheit der Volksgruppe gefährdet und ihre Aufspaltung unvermeidlich wäre«. Weiter verpflichteten sich »alle Sudetendeutschen ohne Unterschied der Herkunft, der Konfession, der Parteizugehörigkeit und des sozialen Standes« zu »gegenseitiger Hilfeleistung und Zusammenstehen auf allen Lebensgebieten«. Dabei müsse einerseits die Existenz durch eine »planmäßige gegenseitige Wirtschaftshilfe gesichert« werden, andererseits aber das »Heimatbewusstsein«

durch den »Einsatz aller kulturellen, der Rechtsanspruch auf die Heimat durch den Einsatz aller politischen Kräfte wachgehalten« werden.[437] Diese in der *Detmolder Erklärung* niedergelegten Leitgedanken durchziehen das Organisierungswesen der SL bis heute.

Höchstes Organ der Sudetendeutschen Landsmannschaft ist die aus 86 Mitgliedern aus Deutschland und Österreich bestehende Bundesversammlung, die sich als »Exilparlament« versteht und auf jeweils vier Jahre gewählt wird.[438] Als Instanz zur Koordinierung der Anliegen der SL mit den Auffassungen der im Bundestag vertretenen politischen Parteien fungiert ergänzend der Sudetendeutsche Rat (SR), der bei Gründung der SL aus der Arbeitsgemeinschaft zur Wahrung sudetendeutscher Interessen hervorgegangen war. Sein Zweck besteht ferner darin, den »Rechtsanspruch auf die Heimat auf der Grundlage des Selbstbestimmungsrechtes der Völker durchzusetzen und dieses Ziel zu einer gesamtdeutschen und europäischen Aufgabe zu machen«.[439] Nach außen vertreten wird die SL von ihrem Sprecher, der auch als »Sprecher der sudetendeutschen Volksgruppe« firmiert.[440] Als Nachfolger von Becher wurde 1982 Franz Neubauer (Staatsminister a.D. und bis 1998 Vorstandsvorsitzender der Bayerischen Landesbank)[441] in dieses Amt gewählt.[442] Seinen Sitz hat der Verband in einem pompösen Gebäude in München, dem so genannten Sudetendeutschen Haus, das man selbst als »Kraftzentrum« und »geistigen Kristallisationspunkt« der SL begreift.[443] Nahezu die Hälfte der 25 Millionen Mark, die dieses Haus kostete, steuerte nach Zeitungsmeldungen der Freistaat Bayern bei[444], der seit 1954 die Schirmherr- bzw. Patenschaft über die SL übernommen hat.[445]

Zu den Untergliederungen des Bundesverbandes gehören einerseits die Landesgruppen in jedem Bundesland und andererseits die über fünfundsechzig Heimatkreisgemeinschaften, die wiederum nochmals nach übergeordneten historisch-geografischen Regionen in verschiedenen Heimatlandschaften zusammengefasst und im Sudetendeutschen Heimatrat organisiert sind: »Solange die Heimatgliederung lebt, lebt die SL.«[446] Als Organ der Sudetendeutschen Landsmannschaft erscheint wöchentlich die *Sudetendeutsche Zeitung*, die durch das monatlich publizierte *Mitteilungsblatt der Sudetendeutschen Landsmannschaft* ergänzt wird.[447] Die höchste Auszeichnung der SL ist der Europäische Karlspreis, der jährlich anlässlich des Sudetendeutschen Tages verliehen wird. Die Funktion dieser Massenveranstaltung besteht darin, eine Verjährung des »Völkermords und Vertreibungsunrechts durch eine alljährlich wiederholte Rechtswahrung zu verhindern«.[448]

Für die Arbeit auf kulturellem und wissenschaftlichem Gebiet bestehen neben dem zentralen Sudetendeutschen Archiv in München unzählige regionale Archive, Museen, Heimatstuben, Galerien und Bibliotheken. Des weiteren existieren zahlreiche eigenständig arbeitende Organisationen im Umfeld der SL, wie beispielsweise das Sudetendeutsche Sozial- und Bildungswerk, der Arbeitskreis Sudetendeutscher Studenten, der Adalbert-Stifter-Verein, die Arbeitsgemeinschaft sudetendeutscher Erzieher, die Sudetendeutsche Akademie der Wissenschaften und Künste, der Frauenarbeitskreis in der SL, die Sudetendeutsche Jugend (SDJ) als SL-Jugendverband oder die Sudetendeutsche Landsmannschaft im Gebietsbereich der Republik Österreich (SLÖ) samt deren Jugendverband Sudetendeutsche Jugend Österreich (SDJÖ).[449]

Im Unterschied zu den beiden anderen großen Landsmannschaften (LO und LMS) ist die SL nach dem Prinzip der so genannten Gesinnungsgemeinschaften aufgebaut, von denen es drei gibt: die katholische Ackermann-Gemeinde (AG), die sozialdemokratische Seliger-Gemeinde (SG)[450] und den völkischen Witikobund (WB). Die Schwerpunktsetzungen dieser Gesinnungsgemeinschaften unterscheiden sich insofern, als politische und gesellschaftliche Entwicklungen auf der Basis der religiösen (katholisch), politischen (sozialdemokratisch) oder ideologischen (völkisch) Überzeugung interpretiert werden. Gemein ist allen dreien als Teil der Sudetendeutschen Landsmannschaft, dass sie den »Kampf um die Heimat« in das Zentrum ihrer Arbeit gerückt haben und ihnen dieser wichtiger ist als ihre jeweils spezifische Ausrichtung, wobei diese Gemeinsamkeit schon kurz nach der

Umsiedlung feststand. So erklärte beispielsweise die SG bereits 1947 in den *Thesen der Seliger-Gemeinde*, dass sie »Heimatverbundenheit mit europäischer Gesinnung und Weltaufgeschlossenheit« verbinde und es das »gute Recht« der Umgesiedelten sei, »ihre freie Selbstbestimmung auf angestammten Heimatboden zu fordern«.[451] Und im *Grundgesetz der Ackermann-Gemeinde* von 1948 heißt es: »Wir werden nie das Recht auf unsere Heimat aufgeben.«[452]

Der Witikobund als »legaler rechter Flügel des ›Triptychons‹, das der realen politischen Gliederung des Sudetendeutschtums entsprach«[453], spielt innerhalb der SL im Vergleich zu den beiden anderen Gesinnungsgemeinschaften eine zentralere Rolle. Seine Vorläufer hatte der Witikobund in den völkischen Organisationen in der Tschechoslowakei bzw. im späteren Reichsgau Sudetenland. Anlässlich des zwanzigjährigen Jubiläums des WB gibt Walter Brand, erster Vorsitzender des Witikobundes (von 1950 bis 1952), dies auch offen zu.[454] Er spricht davon, dass die Geschichte von Organisationen wie dem Kameradschaftsbund (KB) oder dem *Aufbruch*-Kreis in der Tschechoslowakei die »Vorgeschichte« des Witikobundes darstelle.[455] Historische Forschungen zum politischen Charakter dieser Organisationen ergaben folgendes Ergebnis: Während der KB »streng hierarchisch aufgebaut, autoritär und nationalistisch« ausgerichtet war und die demokratische Staatsform ablehnte[456], vertrat der Aufbruch-Kreis »nationalsozialistische, großdeutsche, rassistische und antisemitische Positionen und war der eigentliche Statthalter des Nationalsozialismus innerhalb der deutschen Minderheit« in der Tschechoslowakei.[457] So war es auch nicht verwunderlich, dass aus diesen Kreisen der Witikobund entstand. Zu einem ersten Treffen von Altnazis kam es am 9. November 1947 in Waldkraiburg[458]; letztlich gegründet wurde der Witikobund aber erst am 1. Oktober 1950 in Stuttgart.[459] Sein Name geht zurück auf eine Romanfigur Adalbert Stifters.[460] Walter Becher, der den Namen vorgeschlagen hatte, begründet ihn wie folgt: »Witiko reitet, ein Ritter ohne Furcht und Tadel, von Passau kommend in das Böhmen des 12. Jahrhunderts hinein. Er ist Volksmann und Staatsmann zugleich. Er sieht ohne

Pathos und Demagogie sein Ziel darin, ›das Rechte zu tun‹, und erblickt dieses Rechte in der Ordnung nach innen und in der organischen Stellung Böhmens zum Reich. [...] Wir alle sind in das Ausgangsland Witikos vertrieben worden und begleiten den Bogen des geschichtlichen Werdeganges als Sinn und Aufgabe einer hoffentlich möglichen Zukunft.«[461]

Besonders prägend für den WB (wie bereits für den KB) sind die Theorien des Wiener Soziologen und Nationalökonomen Othmar Spann. Die Theorie »unseres großartigen Meisters« (so Walter Brand über Spann)[462] verlange einen »Gesellschaftsbau, der die Ungleichheit der Natur der Sache gemäß zur Entfaltung und dadurch geistig wie wirtschaftlich das Baugesetz der Gerechtigkeit zur Geltung bringe: ›Jedem das Seine‹.« Daraus folgend wird der Staat als Organismus begriffen.[463] Dessen »Baugesetze« seien erstens »Gleichheit unter Gleichen« und zweitens die »Unterordnung des geistig Niederen unter das geistig Höhere«.[464] Der Staat erscheint dabei als die »ideelle Einheit« des »Gesamtganzen der Gesellschaft«, der einzelnen Stände.[465] Spann unterscheidet hier zwischen »geistigen und handelnden Ständen«. Der »geistige Stand ist der Gemeinschaftskreis in seiner Eigenschaft als Glied der geistigen Inhalte aller Gemeinschaften« und er soll der »Urstand« sein, die Grundlage des »handelnden Standes«. Jener wiederum wird in politische und wirtschaftliche Stände untergliedert, die folgerichtig auf einer nächsttieferen Rangebene stehen und für die Theorie von untergeordneter Bedeutung sind.[466] Wenn auf dieser Grundlage die »Gemeinschaftsgruppen und damit die Stände rein geistig kraft ihrer inhaltlichen Bezogenheiten aufeinander« sich »ordnen und so zuletzt den Werten sich unterscheiden, eine Wertpyramide bilden«, sei das Ergebnis: »Die beste Staatsform ist diejenige, welche die Besten zur Herrschaft bringt« bzw. »Das Beste soll herrschen«.[467] Daran anknüpfend hat der Witikobund auch nie versucht, als Massenorganisation tätig zu werden (im Gegensatz zu den anderen SL-Gesinnungsgemeinschaften), sondern war stattdessen bestrebt, Witikonen in einflussreichen Positionen innerhalb der Organe und Gremien der SL, aber auch darüber hinaus (etwa in Verlagen, bei Zeitungen und Zeitschriften oder im Bildungsbereich) im Sinne ihres Bundes wirken zu lassen.[468]

Im Organ des Witikobundes, dem *WitikoBrief*, wurden seit Anfang der neunziger Jahre zentrale Fragen der politischen und strategischen Gestaltung der eigenen wie auch der Vertriebenenarbeit im allgemeinen vor dem Hintergrund der osteuropäischen Transformation 1989/90 diskutiert. Die »heutige deutsche Ostgrenze«, heißt es in einem programmatisch bedeutsamen Artikel, habe in »ihrer Künstlichkeit kaum Aussicht, die Grenze einer wirklich guten Nachbarschaft« zu werden. Deshalb sollen die »Vertriebenen« sich einsetzen für die »Interessen unserer in den Oder-Neiße-Gebieten und im Sudetenland verbliebenen Landsleute, insbesondere ein Volksgruppenrecht fordern, das den dortigen Deutschen in ihrer Gesamtheit deutsch zu bleiben ermöglicht und das Autonomieregelungen für solche Gebiete vorsieht, wo sie einen wesentlich mitbestimmenden Faktor darstellen wie etwa in Oberschlesien. Auch sollten Sie öffentlich dafür eintreten, dass die Russland- und Kasachstan-Deutschen nicht hinter der Wolga, sondern in Nordostpreußen ihre künftige Heimat bekommen.« Die »Vertriebenen« sollten dabei trotz »aller Hoffnungslosigkeit im Augenblick« die »europäische Karte« im Auge behalten: »Je stärker sich Europa in Zukunft politisch integriert, desto stärker werden als Ausgleich zum zentralen Regiment die Regionalisierungstendenzen.« In Konsequenz würde sich »mehr und mehr« das Bewusstsein bilden, dass es »bestimmte Volksgruppen gibt, die sich vom jeweiligen Mehrheitsvolk« unterscheiden. Das »Problem deutscher Volksgruppen wird dann nicht mehr nur ein spezifisches Problem des deutschen Staates und deutscher Menschen sein, sondern ein europäisches, dem Sie sich zusammen mit europäischen Partnern – mit Basken, Bretonen, Sarden, Aostanern, Szeklern usw. – widmen können. Noch ist das Zukunftsmusik, da traditionell gleichgeschaltete Zentralstaaten wie Frankreich hierin einen Sprengsatz zum Nachteil ihres bisherigen Nationalverständnisses sehen. Aber auf die Dauer gesehen ist hier wirklich etwas drin.« Schließlich sollten die »Vertriebenen« ergänzend auch noch das »Bewusstsein des Unrechts fördern«, das ihnen und »damit der gesamten Nation mit der Vertreibung« angetan worden sei: »Bauen Sie daher für alle Vertreibungsgebiete eine oder mehrere Mahn- und Gedenkstätten nach Art des Yad Vaschem in Jerusalem« (sic!).[469] Der Verfasser des Beitrages war Hans Merkel, seinerzeit Ministerialdirigent im Verwaltungsapparat des Deutschen Bundestages und seit 1953 Burschenschafter der Burschenschaft Arminia-Rhenania München.[470] Sein Aufsatz erschien Ende 1992 im *WitikoBrief*: Mittlerweile hat der bayerische Ministerpräsident Edmund Stoiber bereits 800.000 Mark aus dem Programm »Offensive Zukunft Bayern« für ein »zentrales Denkmal für Flucht und Vertreibung« zur Verfügung gestellt[471] und die Bundesregierung hat ergänzend bekundet, das Bestreben des BdV, in Berlin ein »Zentrum gegen Vertreibungen« einzurichten, finanziell und ideell zu unterstützen.[472]

Die im WitikoBrief umrissene Volksgruppenpolitik war bereits im so genannten *Manifest '79*[473] und in der *Resolution zur Schaffung eines internationalen Minderheiten- und Volksgruppenrechts*[474] aus dem gleichen Jahr von der SL grundlegend formuliert und umfangreich eingefordert worden. Becher gilt das *Manifest '79* gar als »gültigste Aussage zur Vergangenheit, Gegenwart und Zukunft des Sudetendeutschtums«.[475]

Realisiert werden derartige Forderungen bereits seit längerem auf dem Territorium der Tschechischen Republik.[476] Als konkretes Projekt ist in diesem Zusammenhang auf die deutsch-tschechischen Euroregionen hinzuweisen[477], wobei auch Bemühungen um Aufnahme von aktiven Städtepartnerschaften unter Anteilnahme der Untergliederungen der SL erste Früchte tragen.[478] In beiden Fällen nutzt die SL den auf tschechischer Seite bestehenden Willen zur wirtschaftlichen und so genannten völkerverständigenden deutsch-tschechischen Zusammenarbeit, um ihre politischen Ziele durchsetzen zu können. Nicht zuletzt steht in diesem Zusammenhang der Kampf der SL gegen die Deutsch-Tschechische Erklärung von 1997[479], in der die Weiterentwicklung »guter Nachbarschaft und Partnerschaft« zwischen den beiden Staaten vereinbart wurde.[480] Angeregt wurde diese Erklärung durch den am 27. Februar 1992 unterzeichneten Vertrag über gute Nachbarschaft und freundschaftliche Zusammenarbeit zwischen der Bundesrepublik und der damaligen Tschechoslowakei. Erklärtes Ziel der Deutsch-Tschechischen Erklärung war es, mehr als ein Jahrhundert nach Ende des Zweiten Weltkrieges das sich gegenseitig angetane Unrecht zu mildern und ein partnerschaftliches Verhältnis beider Länder zu fördern. Ferner wurde vereinbart, mithilfe eines deutsch-tschechischen Zukunftsfonds insbesondere den tschechischen Opfern der nationalsozialistischen Gewalt finanzielle Hilfs- und Entschädigungszahlungen zukommen zu lassen. Während der stellvertretende Sprecher der SL, Fritz Wittmann (seinerzeit auch BdV-Präsident), erklärte, man könne den »Vertriebenen« diese Erklärung »nicht zumuten«[481], meinte Witikone Horst Rudolf Übelacker, die Erklärung habe »überhaupt keinen Wert«[482]. Die SL werde, so ihr Sprecher Neubauer, »unverändert an ihrer Politik des Ausgleichs und der wirklichen Versöhnung festhalten«.[483] Bei einem Blick auf die bisherigen Ansätze der SL in diesem Kontext wird deutlich, dass mit einer »wirklichen Versöhnung« eine solche gemeint ist, bei der die Ausweisung der »Sudetendeutschen« aus der Tschechoslowakei zu Unrecht erklärt werden soll. Auch der Hinweis auf die »Politik des Ausgleichs« steht vor allem für das Ziel, finanzielle oder materielle Entschädigungen für die Umsiedlung bekommen zu wollen, die weit über die bereits den Vertriebenenverbänden in der Bundesrepublik gezahlten Finanzmittel (etwa des Lastenausgleichs) hinausgehen sollen. So erstreben die »Sudetendeutschen« in den Vereinigten Staaten – nach dem Vorbild ehemaliger Zwangsarbeiter – auch Sammelklagen, mit denen sie Entschädigungszahlungen für die Folgen der Umsiedlung durchsetzen wollen.[484] Und auch nach Tschechien bleibt die Tür für die SL auf der Ebene des »Ausgleichs« offen: Mitglieder des im Zusammenhang mit der Erklärung initiierten deutsch-tschechischen Gesprächsforums, durch das der deutsch-tschechische Dialog gefördert werden soll, sind neben Neubauer auch seine Stellvertreter Wittmann und Bernd Posselt (CSU-MdEP).[485]

## Publizistik, Vernetzung und Umfeld der Vertriebenenverbände

In einer Dissertation an der Fakultät für Journalistik der Karl-Marx-Universität Leipzig wurde in den sechziger Jahren die »Presse der Revanchistenorganisationen Westdeutschlands« untersucht.[486] Der Autor, Heinz Halbach, attestiert darin den Vertriebenenverbänden eine mangelhafte Gestaltung ihrer Presseerzeugnisse, insbesondere mit Blick auf eine angebliche »stupide Eintönigkeit des Inhalts«.[487] Es ist durchaus möglich, dass bei kritisch eingestellten Menschen ein solcher Eindruck über die Vertriebenenverbände entstehen kann. Aber diese von Halbach aufgrund seiner ideologischen Überzeugung getroffene Einschätzung verkennt völlig die Wirkungsmächtigkeit des als stupid ausgemachten Inhalts auf eine Vielzahl von Menschen – nicht nur auf »Vertriebene«. Sie verkennt die Wirkungsmächtigkeit der »völkischen Droge«.[488] Die Bedeutung dieser völkischen Droge bei den Vertriebenenverbänden wird besonders deutlich in der Presse der Heimatkreisgemeinschaften.

### Der Kampf der Basis: die Blätter der Heimatkreisgemeinschaften

Neben den regionalen BdV-Gruppen bilden die Heimatkreisgemeinschaften der Landsmannschaften die Basis der Vertriebenenverbände. Während die regelmäßigen Schriften der so genannten aufenthaltsbezogenen Organisationsformen des BdV vor allem organisationsspezifische, ökonomische und juristische Themen aufgreifen, wird das Feld des »Kampfes um die Heimat« besonders von den Publikationserzeugnissen der herkunftsbezogenen Heimatkreisgemeinschaften bereitet. So werden die Publikationsorgane der Landsmannschaften flankiert von einer regen publizistischen Tätigkeit ihrer Basis.

Die anfänglich als Rundbriefe verbreiteten Schriftstücke, die primär Anschriftenverzeichnisse enthielten, bildeten die Grundlage der regen Korrespondenz innerhalb der Vertriebenenverbände. Aus ihnen entwickelten sich die Blätter der Heimatkreisgemeinschaften.[489] Heute erscheinen regelmäßig Hunderte von Heimatbriefen, Heimatblättern, Heimatzeitungen und sonstigen Heimatschriften, jeweils nach einzelnen geografische Regionen der ehemaligen Wohnsitze strukturiert. Die Aufgabe dieser Publikationserzeugnisse besteht darin, die Heimatideologie der Vertriebenenverbände zu begründen, zu rechtfertigen und gleichzeitig zu verklären. Ein solcher Heimatbrief will »deine Gedanken heimwärts lenken, will dich hinführen zu deinem Elternhaus, wo du von Vater und Mutter geleitet und sorgsam gehegt und gepflegt im Kreise deiner Geschwister aufwuchsest und eine frohe unbeschwerte Kindheit und Jugendzeit erlebtest.«[490] Dabei soll er nicht nur in dieser historischen, rückwärtsgewandten Funktion identitätsstiftend wirken, sondern auch kraftspendend für die Zukunft, den künftigen »Kampf um die Heimat«: »Und doch wurdest du in deinem Wohn- und Wirkungskreis (in der Bundesrepublik; Anm. d. Verf.) nicht heimisch, immer wieder streiften in stillen Stunden deine Gedanken der Heimat zu. Darum wollen dir unsere Briefe von der Heimat, ihren Menschen, von Fluren, Seen und Wäldern, von Äckern, Wiesen, Wegen und Straßen, von unseren Sitten und Bräuchen, von Freud und Leid, von Spiel und Tanz erzählen.«[491] Zur Stiftung der Heimatideologie werden in den Blättern der Heimatkreisgemeinschaften verschiedene Identitätsebenen bedient.

Obgleich im politischen Leben im allgemeinen und bei Verlautbarungen des BdV im konkreten stets von Identität gesprochen wird, bleibt die tatsächliche Bedeutung des Begriffes meist im Unklaren, besonders dann, wenn Identität um das Beiwort national ergänzt wird. Kritiker der »nationalen Identität« argumentieren, dass ein derart schwammiger Begriff deshalb verwendet werden müsse, weil »der Inhalt, den er bezeichnet, diskreditiert ist und deshalb verkleidet werden muss. Das Schlagwort ›Nationale Identität‹ verdeckt den Inhalt, um den es wirklich geht: Nationalismus.«[492] Die mit der Identitätsbildung verknüpfte Kollektivwerdung gehorcht dabei einem »verdinglichenden, zur Erfahrung nicht recht fähigen Bewusstsein«[493], bei dem das »gesellschaftliche Sein-Für-Eines« in den einzelnen Menschen selbst zurückgenommen wird, letztlich in eine scheinbar in ihm steckende Naturgegebenheit. Identität selbst ist somit eine »Kategorie des Stillstandes, eine gewollte Anpassungsleistung und ›die falsche Versöhnung mit der unversöhnten Welt‹ (Adorno)«.[494] Eine Vorstellung von Identität erwächst erst aus der Entfremdung, die »gerade deswegen, weil sie nicht 'erinnert' werden kann, erzählt werden muss«. Diese Narrative sind »in eine homogene, leere Zeit hineingestellt«.[495]

Die individuelle und persönliche Identität der Leserinnen und Leser der Blätter der Heimatkreisgemeinschaften wird zunächst dadurch gestärkt, dass sie sich aktiv an der Publikation beteiligen können, beispielsweise durch Erinnerungsberichte über ihre Arbeit im Nationalsozialismus[496] oder durch Erlebnisschilderungen von Schulausflug-Wandertagen[497]. Ihre Koordinierungsfunktion erhalten diese Blätter des weiteren durch Aufsätze über (inhaltlich fast völlig austauschbare) Kindheitserinnerungen, die unter anderem dazu führen sollen, dass Spielgefährten von vor über fünfzig Jahren sich wiederfinden – wodurch das eigenen Gefühl des Gebrauchtwerdens gestärkt wird.[498] Abgerundet wird diese Einbindung der Einzelpersonen in die Heimatkreisgemeinschaft durch den Abdruck zahlreicher Glückwünsche zu Anlässen wie Geburtstagen, Hochzeiten oder ähnlichem. Ebenfalls in diesen Bereich sind die Todesanzeigen und entsprechende Nachrufe auf Verstorbene zu zählen, die auch die Toten in der Erinnerung der Gemeinschaft als Teil von ihr bewahren sollen.[499] An dieser Stelle ist gleichsam die Übertragung von individueller Identitätskonstruktion auf eine familiäre Ebene einerseits und eine regionalistische (»heimatkreisliche«) andererseits geleistet.

Der Austausch von verklärten und verklärenden Erinnerungen wird ergänzt durch den von Kochrezepten[500] und Alltagshilfen[501]. Die historische Dorfgemeinschaft bleibt gemeinschaftswillige und kampfesfähige Einheit auch fern der ehemaligen Heimat, lautet die vermittelte Botschaft. Die dabei erstrebte Fortexistenz des Brauch- und Volkstums auf unterster gesellschaftlich vermittelter Ebene – der familiären – sichert der Hinweis auf Besonderheiten in Sprache und Mundart der »Vertriebenen« ab[502], denn diese werden zunächst durch die Familie reproduziert und damit an die nächste Generation weitergegeben.

Die Darstellung der Geografie bzw. Landeskunde der jeweiligen Regionen[503], ergänzt durch Abhandlungen zu deren Geschichte[504], nimmt in den Blättern der Heimatkreisgemeinschaften einen breiten Raum ein, denn an der geografischen Region hängt neben den sentimentalen Erinnerungen auch die jeweilige Gewissheit, Teil des vermeintlich Einzigartigen und damit etwas Besonderes zu sein. Die heimatkreisliche Identität manifestiert sich hierbei einerseits durch die Erfindung von bisweilen jahrhundertelangen deutschen Traditionslinien[505], meistens um eine völkische Komponente ergänzt[506], andererseits aber auch historisch wie aktuell im Tragen von Trachten als Symbolik des längst Vergangenen und das Theoretisieren über ihre politische und gemeinschaftliche Bedeutung.[507] Berichte über die Arbeit der Führung der Heimatkreisgemeinschaft[508] und über die Heimattreffen der Organisation[509] runden den Vermittlungspart zwischen individueller und heimatkreislicher Identitätsebene ab.

Die Blätter der Heimatkreisgemeinschaften erfüllen somit zentrale Koordinierungsfunktionen, um das individuelle und gesellschaftliche Leben von Menschen als »Vertriebene« in Gang zu halten. Die Selbstdefinition als »Vertriebener« soll so im praktischen sozialen Leben und in der Anerkennung durch andere stets aufs Neue stabilisiert werden. Denn erst durch die Einbindung in die Assoziation von gleichgesinnten (politisch handelnden) Subjekten in der Heimatkreisgemeinschaft und damit in die Vertriebenenverbände im allgemeinen bildet sich das Subjekt »Vertriebener«. Durch den Zusammenschluss in diesen Gruppen ordnen sich die Aktivisten gemeinschaftlich einer vom Verband verkörperten ideologischen Vorstellung unter. Die dazu nötige Brauchtumspflege wird von den Heimatkreisgemeinschaften praktiziert: von Trachten bis zu regionalspezifischen kulinarischen Köstlichkeiten – oder was dafür gehalten wird. Im Idealfall ließe sich vermittels dieser Identitätsbildungsprozesse ein Großteil des täglichen Lebens schlesisch, ostpreußisch usw. gestalten.

Durch die Verschränkung der sozialen, kulturellen und historischen Elemente und die dabei erfolgende regionalistische und völkische Gemeinschaftswerdung wird schließlich eine aggressive Grundstimmung geschaffen, weil die Kollektivwerdung der Heimatkreisgemeinschaften auf dem Gefühl der Konkurrenzsituation zu den gegenwärtig in den ehemaligen deutschen Ostgebieten lebenden Menschen aufbaut. Aufgeheizt wird diese Grundstimmung durch aktuelle Berichte aus der »Heimat«[510], über die »Situation vor Ort«[511] und die Dokumentation von aktuellen Presseberichten aus der »alten Heimat«[512], die gegen die heute dort lebenden Menschen gerichtet ist. Denn man will weitaus mehr, als nur »das Bild der Heimat erhalten«[513], wie es auf den ersten Blick scheinen mag, denn »für die Heimat gibt es keinen Ersatz«[514], auch nicht die Erinnerung. So kann folgende Kampfansage von 1953 auch heute noch als aktuell gelesen werden: »Will Europa gesunden, müssen die Sieger von gestern die Wiedergutmacher von morgen werden. Dass diese unsinnige Grenze langsam vernarbe, dass aus der Blut- und Tränensaat die Einheit und Befriedung Europas erwachse, muss unsere gemeinsame Aufgabe sein. Möge die Einsicht der Völker und ihr Eintreten für die von Gott uns mitgegebenen Menschenrechte bei der Lösung dieser schweren Aufgabe uns helfen und uns die verlorene Heimat wiedergeben.«[515]

### An der Schwelle zum nächsten Jahrtausend: *Das Ostpreußenblatt*

Das *Ostpreußenblatt (OB)* hat als einziges landsmannschaftliches Organ den Sprung von einem reinen Vertriebenenblatt zu einer Zeitung mit allgemeinpolitischem Anspruch mit einer nach wie vor für eine Publikation aus diesem Spektrum hohen Auflage (über 40.000 wöchentlich[516]) geschafft. Im Unterschied dazu bleibt die Berichterstattung der *Sudetendeutschen Zeitung* oder die der *Schlesischen Nachrichten* im Wesentlichen auf Verbandsarbeit und Stellungnahmen zu konkreten, ihre Organisationen betreffenden Fragen beschränkt. Bei den mitgliederschwächeren Landsmannschaften verhält es sich vergleichbar, nur in kleinerer Dimension und bei geringerer Publikationsdichte. Die exponierte Stellung des *Ostpreußenblattes* für die Vertriebenenverbände und deren Umfeld macht es nötig, es bei der Auseinandersetzung mit dem Publikationswesen der Landsmannschaften hervorzuheben. Eine vergleichende Betrachtung wäre zwar historisch von Interesse[517], hilft jedoch wenig bei der Charakterisierung der medialen Relevanz der Vertriebenenverbände. Denn die Entwicklung des *Ostpreußenblattes* ist ein Seismograf dafür, wie weit die Vertriebenenverbände im rechten bis rechtsextremen Spektrum eine Rolle spielen werden.

Das »bedeutendste publizistische Organ der Vertriebenen in der Bundesrepublik Deutschland«[518] ist auf dem Weg von einem »Heute der Statik« in ein »Morgen der Dynamik«[519] bereits Ende 1997 einen wichtigen Schritt gegangen. Durch die Inbetriebnahme einer eigenen Homepage im Internet wird das wöchentlich erscheinende Printmedium einem größeren Publikum vorgestellt und kann damit breitere Marktsegmente erschließen als zuvor.[520]

Der Anspruch auf eine Vorreiterrolle der Zeitung im rechten und im Vertriebenenspektrum wurde im November 1997 noch dadurch untermauert, dass LO und *OB* mit dem Aufbau eines *Preußischen Mediendienstes* begannen. Dieser soll für die LO-Wochenzeitung Literatur und Videos zu Politik, Geschichte und Kultur vertreiben. Er dient dabei nicht nur als zusätzliche finanzielle Einnahmequelle, sondern ermöglicht es auch den Leserinnen und Lesern, ihre Literaturtipps nebst der dazugehörenden Literatur aus ein und der selben Quelle beziehen zu können und somit vom *OB* gleich auf zwei Weisen mit den erwünschten Informationen versorgt zu werden. Die Betreuung des Mediendienstes übernahm der rechtsextreme *Verlag Siegfried Bublies*.[521] Zum Angebot des *Bublies-Verlages* gehört das nationalrevolutionäre Periodikum *wir selbst*, Bücher von Arthur Axmann, dem letzten Reichsjugendführer der Nationalsozialisten, und Karl Dönitz, Oberbefehlshaber der deutschen Kriegsmarine und Nachfolger Hitlers. Verlagsleiter Siegfried Bublies hat seine Laufbahn bei der Jugendorganisation der NPD, den Jungen Nationaldemokraten (JN) begonnen und sich später den Republikanern (REP) zugewandt.[522] Der Sprecher der LO, Wilhelm von Gottberg, beschrieb den *Preußischen Mediendienst* als Unterstützung für eine »unabhängige, tolerante und aufgeklärte Geisteshaltung in Deutschland«.[523] Von wem der Mediendienst betreut wird, verschwieg er indes – wohlwissend, dass dies dem Ruf seines Verbandes schaden könnte.

Thematisch geht das *Ostpreußenblatt* weit über die Vertriebenenthematik hinaus und kann mit seinem historisch-theoretischen Bezug auf das Preußentum durchaus mit allgemeinpolitisch orientierten Blättern der rechten Szene wie der *Jungen Freiheit (JF)* konkurrieren. Wobei das *OB* den strategischen Vorteil der landsmannschaftlich organisierten Bindung zahlreicher Leser hat. Im *Ostpreußenblatt* schreiben regelmäßig exponierte Vertreter des mit »Neue Rechte«[524] nur ungenau und mit »Neuer Konservatismus«[525] verharmlosten politischen Spektrums zwischen (radikalisiertem) Konservatismus, Nationalliberalismus und intellektuellem Rechtsextremismus.

Aber trotz aller allgemeinpolitischer Themen bleibt das zentrale Anliegen des *OB*, die aufgrund des *Potsdamer Abkommens* durchgeführte Umsiedlung als »Vertreibung« zu stigmatisieren. Jahrzehnte nach der von der »Anzahl der Opfer sowie deren psychologischen und geopolitischen Folgewirkungen schrecklichsten Vertreibung der Neuzeit« würden die »Ostpreußen in wohl einmaliger Treue und Hingabe der Heimat verpflichtet« bleiben.[526] Denn »Ostpreußen ist unsere Heimat« und von dieser »maßgeblich durch Deutsche geprägten liebenswerten europäischen Kulturlandschaft werden wir nicht lassen«: »Jede Ostpreußin, jeder Ostpreuße und Freunde Ostpreußens wissen, Ostpreußen ist und bleibt Ostpreußen. Sein Status ist unwandelbar.«[527] Das *OB* sollte von Beginn an den »heimatpolitischen und kulturellen Aufgaben unserer Landsmannschaft« dienen[528], es sollte »Kampfblatt auf der einen, treuer Begleiter und Weggenosse auf der anderen Seite« sein und bleiben.[529] Weil das *Ostpreußenblatt* die »Basis unserer Stärke« sei, so Ottfried Hennig in seiner Funktion als LO-Sprecher, müsse es gehegt und gepflegt werden, »wenn wir auch morgen stark bleiben wollen«. Das *OB* sei ein »kritischer Mahner und ein entschlossener Kämpfer«.[530]

Mitte 1997 erfolgte mit der Berufung von Elimar Schubbe auf den *OB*-Chefredakteurssessel die entscheidende Zäsur im redaktionellen Profil des *Ostpreußenblattes*. Sein Vorgänger Horst Stein hatte seit April 1995 auf eine gewissen Marginalisierung des Zeitungskonzeptes hingearbeitet und damit die zuvor von Chefredakteur Hugo Wellems knallhart betriebene aggressiv-revanchistische Linie aufgeweicht. Die Berichte über Erinnerungs- und Erlebnisliteratur gewannen unter Stein wieder mehr Gewicht und der politische Teil erlangte nie wirklich allgemeinpolitischen Anspruch. Diese Wende wurde unter Schubbe nicht nur rückgängig gemacht, sondern es fand auch eine Weiterentwicklung des theoretisch veralteten Modells der direkten und unmittelbaren Gebietsrevision zugunsten völkisch-partikularistischer Konzepte statt.

Elimar Schubbe hatte bereits eine ansehnliche Karriere vorzuweisen: Von 1970 bis 1978 arbeitete er als Ressortleiter bei der konservativen Wochenzeitung *Rheinischer Merkur*. Anschließend war er als Chefredakteur des *Deutschland-Magazins* tätig (bis 1983) und wurde später Medienreferent beim Deutschen Bauernverband. Er ist in der Ost- und Mitteldeutschen Vereinigung der CDU/CSU und in der Christlichen Gewerkschaft Medien aktiv.[531]

Unter Schubbe »modernisiert« sich das *Ostpreußenblatt* insofern, als die Berichterstattung allgemeinpolitische Themen aufgreift und im Sinne der »Vertriebenen« völkisch interpretiert oder versucht, gesellschaftliche Debatten mitzuinitiieren. Außerdem verfügt das *OB* seit Juli 1997 über ein Feuilleton mit überregionalem Anspruch.[532] So entwickelt sich das *OB* zu einer im Spannungsfeld zwischen Konservatismus und Rechtsextremismus angesiedelten Wochenzeitung, die versucht, über das Vertriebenenspektrum hinaus thematische Kompetenzen zu entwickeln und bemüht ist, für das weitgefächerte rechte Spektrum interessant zu sein. Diese Bedeutung als Diskussions- und Strategieorgan sowohl für Vertriebenenthemen als auch bei der rechten Interpretation gesellschaftlicher, kultureller und politischer Fragen sowie theoretischen Debatten erstreckt sich nicht nur auf das Feld der Autoren. Es betrifft vielmehr auch diejenigen potentiellen Konsumenten des *OB*, die nicht unmittelbar aus dem politischen Spektrum der Vertriebenenverbände kommen. Denn da die Massenbasis der Vertriebenenverbände zusehends, wenn auch äußerst langsam, aus biologischen Gründen schwindet und die Rekrutierung von Nachwuchs nur relativ geringen Erfolg mit sich bringt, musste das Organisations- wie Zeitungsprofil allgemeinpolitischen Ansprüchen angepasst werden. Parallel dazu erfolgt auf Verbandsebene die Bereitstellung von »Führungsnachwuchs« (so Wilhelm von Gottberg)[533] in Form der Jungen Landsmannschaft Ostpreußen, der sich in Zukunft um die politische Linie und theoretische Entwicklung der LO kümmern und zudem das Gros an Funktionären stellen soll. Diese »Vertriebenen« der »Bekenntnisgeneration« schlüpfen so in die Führungsrolle in ihren Verbänden in der Bundesrepublik und übernehmen gleichzeitig die Aufgabe, eine »deutsche Volksgruppe« beispielsweise in Polen zu reorganisieren. Im Zuge dieses Wandlungsprozesses erscheinen die einzelnen Teile des *Ostpreußenblattes* weniger miteinander verknüpft als noch vor einigen Jahren: Der »Heimatteil« bleibt erhalten, wird aber durch einen sehr eigenständigen umfangreichen Politik- und Kulturteil ergänzt.

Einen nicht unwichtigen Anteil bei der Wandlung des Zeitungsprofils hat auch die Herausgabe der *Preußischen Zeitung – Unabhängige Zeitung für Deutschland.* Am 23. Mai 1998 erschien diese zum ersten Mal als Beilage des *OB*, herausgegeben von der LO; die zweite Folge der *Preußischen Zeitung* war auf den 3. Oktober 1998 datiert. Weitere Ausgaben folgten. Mit der *Preußischen Zeitung* dürfte von der LO eine Doppelstrategie verfolgt werden. Zunächst wurde der Titel der Zeitung gegenüber möglichen Mitinteressenten geschützt. Darüber hinaus öffnet die LO aber auch den Weg für ein Printmedium, das von Titel und Konzept weniger an »reine« Vertriebenenthemen gekoppelt wäre, als dies noch beim *Ostpreußenblatt* zumindest dem Titel nach der Fall ist. Die inhaltliche Veränderung des *OB* könnte so auch auf eine grundlegend neue, auf das ganze ehemalige Preußen und damit letztlich das Deutsche Reich bezogene Basis gestellt werden, die noch weiter über das Spektrum der Vertriebenenverbände hinausgehen würde, als dies bereits jetzt beim *OB* der Fall ist. In den ersten Ausgaben kam die *Preußische Zeitung* folgerichtig auch mit historischen, politischen und kulturellen Beiträgen daher und ohne einen Heimatteil im streng genommenen Sinne der Erlebnisliteratur und der Reiseberichte. Ein historisches Vorbild für die *Preußische Zeitung* gibt es auch. Von 1931 bis 1945 erschien unter diesem Titel das Nachfolgeblatt des *Ostdeutschen Beobachters* im damaligen Königsberg.

### »Bearbeitung und Edition landschaftsgeschichtlicher Urkundenbücher«

Auf den ersten Blick hätte es als widersinnig erscheinen können, schreibt Leonore Leonhart in dem Buch *Das unsichtbare Fluchtgepäck*, dass man mit der so genannten Ostforschung nach dem Zweiten Weltkrieg eine Landesforschung wiederzubeleben suchte, die fern des Landes, über das sie berichtete, praktiziert wurde, weil ihr zahlreiche Quellen und auch Archivmaterialien nicht zugänglich waren. Aber, fragt Leonhart, war es »nicht gerade in der veränderten Situation wichtig, sich für Forschung und Orientierung über den Osten in erhöhtem Maße einzusetzen?«[534] Diese veränderte Situation, das war der Verlust der ehemaligen deutschen Ostgebiete infolge des Nationalsozialismus und das war gleichermaßen der Wille der »Vertriebenen«, den Kampf um einen deutschen Osten nicht aufzugeben.

Diese so genannte Ostforschung spielt im Umfeld der Vertriebenenverbände eine zentrale Rolle. Bereits anhand der *Dokumentation der Vertreibung der Deutschen aus Ost-Mitteleuropa* ist zu sehen, welch große Bedeutung einer als wissenschaftlich zu bezeichnenden Arbeit beigemessen werden konnte. Sie legitimiert scheinbar ohne eigenes Interesse als forschende und zugleich moralische Instanz den aggressiven »Kampf um die Heimat«. Ähnlich verhält es sich mit anderen wissenschaftlichen oder auch kulturellen Publikationen: Sie sind ein nicht wegzudenkender elementarer Bestandteil des Umfeldes der Vertriebenenverbände.

Erstellt werden derartige Arbeiten im Rahmen eines aus unzähligen Einrichtungen bestehenden Netzwerks von Organisationen und Verbänden. Deren kleinste Untergliederungen sind die Heimatsammlungen und Museen, in denen und durch die eine »Volksgeschichte« konstruiert werden soll[535]: »Museen sollten errichten werden, um zu sammeln, was sonst verloren ginge, um darzustellen, was anders gar nicht dargestellt werden könnte, um zur eigenen Beschäftigung mit der Heimat und der Kultur der Vertriebenen anzuregen.«[536]

Fixpunkt in diesem System der Forschungseinrichtungen ist die Stiftung Ostdeutscher Kulturrat (OKR), die über ein Vermögen von über 5,3 Millionen Mark verfügt.[537] Sie hat nach Angaben ihres langjährigen Geschäftsführers Hans-Günther Parplies die Aufgabe, einen »Beitrag zur Bewahrung, Behauptung und Weiterentwicklung des ostdeutschen Kulturerbes zu leisten«.[538] Ferner ist der Stiftung Ostdeutscher Kulturrat die »Identifizierung mit Ostdeutschland« aufgetragen, wie Herbert Hupka vor seiner Wahl zum OKR-Präsidenten erläuterte: »Das bedeutet, dass sich nicht nur die Ostdeutschen selbst, sondern alle Deutschen mit Ostdeutschland identifizieren, hier wieder als Ausdruck für Ostdeutschland und die deutschen Siedlungsgebiete verstanden.«[539] Die Bezeichnung »ostdeutsch« bezieht sich dabei auf jenseits der heutigen Grenze der Bundesrepublik liegende Territorien nichtdeutscher Staaten und nicht etwa auf die ehemalige DDR.

Von zentraler Bedeutung für das Wiederaufleben der so genannten Ostforschung war die 1950 erfolgte Gründung des Johann-Gottfried-Herder-Forschungsrates, in dem sich zahlreiche Vertreter unterschiedlicher Wissenschaftsdisziplinen zusammenschlossen, um sich der Vergangenheit und der Gegenwart des osteuropäischen Bereiches anzunehmen. Der umfangreiche Aufgabenfundus wurde nach wissenschaftlichen Sektionen und nach geografischen Regionen gegliedert. Hieraus entstanden die verschiedenen so genannten Historischen Kommissionen, wie etwa die Baltische Historische Kommission, die Historische Kommission für ost- und westpreußische Landesforschung, die Historische Kommission für Schlesien und die Historische Kommission der Sudetenländer.[540]

Herders Leitgedanke, so Leonhart, dass die »Einheit des Menschengeschlechts« sich im »Reichtum der verschiedenen nationalen Sonderarten« erfülle, und sein »Streben nach nationaler Gerechtigkeit« habe wiederum dem Herder-Institut in Marburg an der Lahn den Weg gewiesen.[541] Dieses Herder-Institut erforscht die »Geschichte der Länder und Völker Ostmitteleuropas in den Grenzen der heutigen Staaten Polen, Tschechien, Slowakei, Estland, Lettland und Litauen unter besonderer Berücksichtigung der historischen deutschen Ostgebiete und deutschen Siedlungsgebiete«.[542] Außerdem wurden seit seiner Gründung im April 1950 Sammlungen von Karten, Bildern und Dokumenten zu entsprechenden Themen sowie eine umfangreiche Bibliothek angelegt. Zu den zentralen Aufgaben des Herder-Instituts gehört, wie es Eduard Mühle in seiner Funktion als Instituts-Direktor ausdrückte, die »Bearbeitung und Edition landschaftsgeschichtlicher Urkundenbücher«.[543] Die Sammlung von Urkunden und ihre Edition in Büchern gehört als unentbehrliche Grundlage zu jeder als landschaftsgeschichtlich verstandenen historisch-geografischen Forschung.[544] Erst auf eine solche Arbeit aufbauend lässt sich die weitere Konstruktion einer »Volksgeschichte« und damit einer »deutschen Traditionslinie« betreiben. Jedes kleine völkisch interpretierbare Detail, sei es in Form solcher Urkunden oder sei es beispielsweise in Form der Analyse von »deutschen« Elementen in der Prosa eines osteuropäischen Schriftstellers des 17. Jahrhunderts, trägt unmittelbar zur Imagination und damit Rekonstruktion deutschen Volkstums bei – zunächst historisch und bei ausreichender Materialfülle schließlich auch mit dem aktuellen Anspruch, dieses am historischen Ort wieder leben zu dürfen.

Zu diesen eigenständig arbeitenden Einrichtungen – die verschiedenste Detailprojekte realisieren, bei denen die Fügung ins Gesamtbild nicht unbedingt auf den ersten Blick ersichtlich sein muss – gehören auch solche mit künstlerisch-musischem, kulturellem und konfessionellem Arbeitsschwerpunkt. In den ersten Bereich fallen etwa die Künstlergilde Esslingen, die Stiftung Ostdeutsche Galerie Regensburg, das Institut für deutsche Musik im Osten (IDMO) oder das Deutsche Volksliedarchiv (DVA). Den kulturellen Bereich machen Organisationen wie die Kulturstiftung der deutschen Vertriebenen, der Adalbert-Stifter-Verein, die Eichendorff-Gesellschaft, das Institut Nordostdeutsches Kulturwerk, das Kulturwerk Danzig, das Karpatendeutsche Kulturwerk Slowakei oder die Stiftung Kulturwerk Schlesien aus. Mit konfessioneller Ausrichtung versehen ist beispielsweise die Gemeinschaft evangelischer Ostpreußen.[545]

Während nahezu alle diese Verbände einen politischen Gehalt ihrer Arbeit weit von sich weisen, definiert eine andere Institution ihre Zielsetzung klar politisch: der 1946 gegründete Göttinger Arbeitskreis.[546] Von Beginn an stellte er sich die Aufgabe, die »Vergangenheit und Leistung der vertriebenen und umgesiedelten Deutschen in ihren Heimatgebieten darzustellen« und ferner dafür einzutreten, dass »soviel wie möglich von den deutschen Ostgebieten, d.h. den Gebieten ostwärts der Oder und der westlichen Neiße, Deutschland erhalten bleibt«.[547] Folgerichtig hieß es auch in der Satzung, dass der Göttinger Arbeitskreis die »Erforschung aller Probleme« erstrebe, die »mit der Deutschlandfrage, den deutschen Vertriebenen und ihren Heimatgebieten zusammenhängen, sowie die Herausgabe von Veröffentlichungen zu diesen Fragen«.[548] Im Zusammenhang mit dem Zerfall der UdSSR verlagerte sich sein Arbeitsschwerpunkt hin zu den »Deutschstämmigen« in der gesamten ehemaligen Sowjetunion, d.h. nicht nur in Russland oder in der GUS, sondern auch im Baltikum. Da sich das Leben dieser Personengruppe in einem veränderten staatlichen Rahmen abspiele, habe sich der Göttinger Arbeitskreis eine doppelte Aufgabe gestellt. Diese bestehe einerseits darin, sich mit »der Geschichte und Gegenwart der jeweiligen deutschen Volksgruppe zu befassen, andererseits auch auf die Entwicklung der einzelnen neuen Staaten und ihre gegenseitige Zusammenarbeit einzugehen«.[549]

Der Göttinger Arbeitskreis wurde als eine Arbeitsgemeinschaft von Wissenschaftlern aus den ehemaligen deutschen Ostgebieten gegründet, die sich überwiegend mit Kaliningrad und dem ehemaligen Ostpreußen verbunden fühlten, beschränkte seine Arbeit aber zu keinem Zeitpunkt auf diese geografische Region.[550] Öffentlich in Erscheinung trat er neben den von ihm durchgeführten Tagungen und anderen Veranstaltungen vor allem durch seine mehr als 470 Publikationen.

Im ideologischen und politischen Umfeld der Vertriebenenverbände sind zahlreiche weitere Organisationen angesiedelt, etwa der einschlägig bekannt gewordene, deutlich rechts orientierte Verein für Deutsche Kulturbeziehungen im Ausland (VDA; vormals: Volksbund für das Deutschtum im Ausland bzw. Verein für das Deutschtum im Ausland)[551], das sich europäisch und liberal gebende Europäische Zentrum für Minderheitenfragen (EZM) sowie die eng mit dem EZM zusammenarbeitende Föderalistische Union Europäischer Volksgruppen (FUEV)[552]. Der Bund der Vertriebenen selbst nennt ergänzend als ihm »thematisch nahestehende Verbände und Einrichtungen« Organisationen, die in ihrer jeweiligen Ausrichtung durchaus unterschiedlich zu charakterisieren sind: etwa wie die Bundesarbeitsgemeinschaft für deutsche Ostkunde im Unterricht (BAG), die Association for the study of the World Refugee problem (AWR), den Deutschen Heimatbund (DHB), die DJO – Deutsche Jugend in Europa, die Paneuropa-Union (PEU), die Europäische Bewegung Deutschland, den Volksbund Deutsche Kriegsgräberfürsorge und das Institut für Auslandsbeziehungen (IfA).[553]

## Rechte Annäherungen

Häufig finden sich in kritischen Schriften über Vertriebenenverbände – statt einer Analyse ihrer theoretischen Positionen und praktischen Arbeiten – lange Auflistungen über ihre Verbindungen in den organisierten Rechtsextremismus.[554] Solche Auflistungen sind in gewisser Weise auch gerechtfertigt, denn obwohl innerhalb der Vertriebenenverbände oft Ablehnung gegenüber rechtsextremen Organisationen bekundet wird, gibt es auch zahlreiche Beispiele für eine Nähe zu diesem Spektrum. In den Fällen, in denen eine Zusammenarbeit von Vertriebenenverbänden mit dem organisierten Rechtsextremismus stattfindet, ist das Verhältnis zueinander vornehmlich durch den gegenseitigen Nutzen und die (partielle) ideologische Verbundenheit geprägt.

Dies zeigte sich exemplarisch 1992 beim »Tag der Heimat«, der unter dem Motto »Für Recht und geschichtliche Wahrheit« stand.[555] Neben der Zentralveranstaltung, die in Berlin durchgeführt wurde, fanden auch unzählige regionale statt. So auch in Wanne-Eickel. Dort referierte der hochrangige Vertriebenenfunktionär Herbert Hupka, während die musikalische Umrahmung von Frank Rennicke beigesteuert wurde.[556] Der »nationale Barde« Rennicke war bis zu deren Verbot Aktivist der neonazistischen Wiking-Jugend (WJ), die die Hitler-Jugend (HJ) und den Bund Deutscher Mädel (BDM) zu plagiieren versuchte.[557]

Mit einer vergleichbaren Selbstverständlichkeit verlieh die Stiftung Ostdeutscher Kulturrat im Mai 1998 dem in Südafrika lebenden Rechtsextremisten Claus Nordbruch einen ihrer Wissenschaftspreise.[558] Die OKR würdigt mit diesem Preis Arbeiten, die sich mit »Geschichte und Kultur der Vertreibungsgebiete und ihrer deutschen Bevölkerung innerhalb und außerhalb der alten Reichsgrenzen von 1937 und der deutschen Siedlungsgebiete«[559] auseinandersetzen. Nordbruch verfasste beispielsweise Artikel zu politischen und zeitgeschichtlichen Themen (insbesondre mit Bezug auf Südafrika), die im *Eckartboten*, im neofaschistische Theorieblatt *Nation & Europa*, im *Ostpreußenblatt*, in der geschichtsrevisionistischen Postille *Recht und Wahrheit* oder in der *Nordischen Zeitung* der Artgemeinschaft – Germanische Glaubens-Gemeinschaft wesensgemäßer Lebensgestaltung erschienen sind.[560] Als Referent trat er unter anderem beim 21. Südafrika-Seminar des Hilfskomitees Südliches Afrika und bei der GFP auf.[561] Nach Eigenangaben geht es Nordbruch darum, »gegen Denkverbote anzukämpfen«, denn »nicht jeder, der über einen Judenwitz lachen kann, ist [...] notwendigerweise gleich ein Verbrecher«.[562] Herbert Hupka hatte anlässlich der Preisverleihung als OKR-Präsident nur folgende Erklärung zum Schaffen von Nordbruch parat: »Zugegeben, dass dies oder jenes einen Mitbürger stört, was zu behaupten auch sein gutes Recht ist, aber das darf doch nicht dazu führen, dass sich in unserer freien Gesellschaft irgendwer eine Zensur des absoluten Verdikts anmaßt und sich zum Meister der Intoleranz als Zensor aufschwingt.«[563]

Hupka gehörte auch zu den BdV-Führungskadern, die dem rechtsextremen Schulverein zur Förderung der Russlanddeutschen in Ostpreußen e.V. mehrmals Grußadressen zu dessen Jahreshauptversammlung übermittelten. Neben Hupka waren dies 1995 etwa Ortwin Lowack (Präsident der Bundesdelegiertenversammlung der LMS), der Witikone und Verleger Herbert Fleissner und der BdV-Landesvorsitzende in Rheinland-Pfalz, Wolfgang Thüne[564]; 1996 gesellten sich noch Richard W. Eichler (Geschäftsführer der Sudetendeutschen Akademie der Wissenschaften und Künste sowie Mitglied der SL-Bundesversammlung), LO-Sprecher von Gottberg und der damalige BdV-Vizepräsident Latussek dazu.[565] Latussek, von Gottberg, Thüne und der Witikone Helmut Schröcke übersandten auch 1998 zur Jahreshauptversammlung des Schulvereins noch Grußadressen.[566]

Dieser Schulverein ist Teil des Organisationsgeflechts um den Rechtsextremisten Dietmar Munier, der besonders in Jasnaja Poljana als konkrete Regermanisierungsmaßnahme versucht[567], durch »Ansiedlung Russlanddeutscher in Nordostpreußen neue Fakten für eine deutsche Perspektive unserer Ostprovinz zu schaffen«[568] – unter anderem durch die Inbetriebnahme einer »Deutschen Schule Trakehnen« oder den Bau einer »Agnes-Miegel-Siedlung«.[569] Federführend in diesem weitverzweigten Netz von Organisationen ist die Aktion »Deutsches Königsberg« (ADK), deren Schirmherrschaft im Winter 1992/93 von Hellmut Diwald übernommen wurde.[570]

Der Tod des geschichtsrevisionistischen Hochschullehrers Diwald wiederum war unter anderem für Eichler, den damaligen stellvertretenden Landesvorsitzenden des BdV in Niedersachsen und Witikonen Alfred Ardelt, den den Vertriebenenverbänden nahestehenden Völkerrechtler Dieter Blumenwitz[571] oder das Mitglied des Sudetendeutschen Rates und der SL-Bundesversammlung Roland Schnürch Anlass, in dem von Rolf-Josef Eibicht herausgegebenen Sammelband als Autoren aufzutreten.[572] Kostprobe aus dem einleitenden Aufsatz von Eibicht: »Wir müssen heute alles tun, um begreifen zu lernen, wie es zu einem erneuten Totalverzicht auf die deutschen Ostgebiete und das Sudetenland kommen konnte, um anschließend unabdingbar die Revision dieser nationalen Niedertracht ohne Beispiel – der Zersetzung und Verlumpung des Selbstbestimmungsrechtes des deutschen Volkes – anzustreben. Und dass wir eine Revision anstreben werden, sollte uns ein jeder glauben, komme, was da wolle.«[573] Eibicht war als wissenschaftlicher Mitarbeiter beim Sudetendeutschen Rat und als Geschäftsführer der Arbeitsgemeinschaft deutscher Volksgruppen in Europa (AdV) tätig. Er ist unter anderem Mitglied der Deutschen Gesellschaft für Heereskunde, der SL, der geschichtsrevisionistischen Zeitgeschichtlichen Forschungsstelle Ingolstadt (ZFI) und der GFP. Als Autor war er beispielsweise für die *Sudetendeutsche Zeitung*, für *Nation & Europa*, *wir selbst*, *Sleipnir* und den *Eckartboten*, das REP-Parteiorgan *Der Republikaner*, die *Deutsche Stimme* der NPD und die von DVU-Chef Gerhard Frey herausgegebene *Deutschen Wochenzeitung* tätig.[574]

Doch nicht nur die von Eibicht formulierte außenpolitische Kampfansage war den übrigen Aufsätzen vorangestellt, sondern es finden sich auch folgende Passagen in seiner Einleitung: »Durch die Zerstörung der deutschen Geschichte, durch die Zertrümmerung der nationalen Selbstbehauptung und Selbstbewahrung soll das deutsche Volk permanent willfährig und niedergehalten werden. Die Nutznießer dieser Verkommenheit finden sich heute nicht nur im Ausland, sondern mehr noch im eigenen Lande. [...] Die Krebsgeschwüre der nationalen Verelendung befinden sich mitten unter uns. Wir sollten es erkennen und danach handeln! Es sind jene, die auf der Basis des Elendes unseres Volkes ihre zweifelhaften Positionen errangen, jene, die Macht erlangten als Richter, Propheten und unerträglich ideologisierte Heils- und Sinnvermittler in den Medien. [...] Für Völkermord gibt es keine Verjährung. Auch für den Genocid oder Völkermord der Geschichtszerstörung unseres Volkes kann es keine Verjährung geben. Dies sollten wir nicht vergessen, um einmal auch dementsprechend handeln zu können. Wer die Existenz des eigenen Volkes durch Geschichtszerstörung bedroht, muss sich klar sein, dass er als Schreibtischtäter auch einmal dafür zur Verantwortung gezogen werden kann und wird.«[575]

Die Verbreitung des Buches wurde schließlich durch das Amtsgericht Tübingen Ende 1997 verboten und die noch existierende Restauflage beschlagnahmt, weil einer der Autoren (der Osnabrücker Soziologe Robert Hepp) sogar so weit ging, in einer Fußnote den deutschen Massenmord an den europäischen Juden zu leugnen.[576]

Zu dem von Eibicht 1995 herausgegebenen Sammelband *50 Jahre Vertreibung* steuerten unter anderem die Vertriebenenfunktionäre Ardelt, Eichler, Latussek, Thüne, Walter Becher und Rudolf Wollner (BdV-Landesvorsitzender in Hessen) neben Autoren wie dem ehemaligen REP-Vorsitzenden und Kriegsfreiwilligen der Waffen-SS Franz Schönhuber, DVU-Chef Gerhard Frey, dem damaligen Vorsitzenden des Bundes Freier Bürger (BFB) Manfred Brunner, FPÖ-Chef Jörg Haider und den CDU-Politikern Heinrich Lummer und Alfred Dregger Aufsätze bei.[577] Und Ardelt, Eichler und Schröcke veröffentlichten sogar in dem von Eibicht herausgegebenen Band *Unterdrückung und Verfolgung Deutscher Patrioten*, in den auch Beiträge von dem Rechtsanwalt und rechtsextremen Multifunktionär Jürgen Rieger, dem *Europa Vorn*-Herausgeber Manfred Rouhs (*Europa Vorn* wurde zwischenzeitlich in *Signal* umbenannt), dem NPD-Vorsitzenden Udo Voigt, dem *Staatsbriefe*-Herausgeber Hans-Dietrich Sander, dem ZFI-Leiter Alfred Schickel, dem Brigadegeneral a.D. Reinhard Uhle-Wettler und dem Rechtsterroristen Manfred Roeder aufgenommen worden waren.[578]

Man kann keinesfalls behaupten, dass sich sämtliche Funktionäre der Vertriebenenverbände in diesem Umfeld wohlfühlen, dennoch bleibt auch hier der Beigeschmack der ideologischen Annäherung: Gemeinsames Interesse führt zu politischer Nähe. Auch sind Zweifel an einer tatsächlich gegebenen Distanz geboten, wenn beispielsweise BdV-Präsidentin Erika Steinbach eine tendenziöse Veröffentlichung von Heinz Nawratil zum Thema

»Vertreibung« in einer positiven Rezension in der auflagenstarken konservativen *Frankfurter Allgemeinen Zeitung* begrüßt und für notwendig erachtet[579]: Nawratil gehörte auch zu den Autoren der von Eibicht herausgegebenen Sammelbände *50 Jahre Vertreibung und Unterdrückung und Verfolgung Deutscher Patrioten.*

# »Auch Heimatrecht kommt aus den Gewehrläufen«[580] – Die Ideologie der Vertriebenenverbände

Das Weihnachtsfest des Jahres 1998 dürfte große Freude bei einigen »Vertriebenen« ausgelöst haben. Der rechte Verein *Die Deutschen Konservativen* bot in einem Katalog mit Weihnachtsgeschenken »25mal Heimaterde« an. In einem »hoch-attraktiven Acrylglas-Kasten« mit 25 farbigen Wappen sollte »Heimaterde« aus den deutschen Bundesländern, aber auch aus dem Ausland (ehemaliges Danzig, Westpreußen, Pommern usw.) unters Volk gebracht werden. Man habe fast ein Jahr gebraucht, um die Erde aus den entsprechenden Regionen zusammenzutragen und dabei sei eines der »ungewöhnlichsten Geschenke, was man als Deutscher an Deutsche geben kann«, entstanden. Der einzige Wermutstropfen an diesem Weihnachtsgeschenk war, dass die Deutschen Konservativen es erst ab Februar 1999 im Programm hatten.[581] Das Satiremagazin *Titanic* kommentierte seinerzeit: »Wetten, dass sich irgendwo in Hamburg, der Stadt, in der die Deutschen Konservativen e.V. ihren Sitz haben, ein ungewöhnlich riesiges, hochdekoratives Loch in der geschichtsbewussten Heimaterde befindet?«[582]

Der höchst politische Hintergrund dieser skurrilen Geschichte: Die Erde ist eines der »elementarsten Heimatsymbole«[583] der »Vertriebenen«. Bei ihrer Umsiedlung nahmen Tausende von ihnen ein Säckchen Erde mit auf den Weg, um den »Ursprung allen Lebens« mit sich zu tragen. Allerdings war es nicht nur diese auf deutschen Volksglauben zurückgehende Vorstellung von einer »Mutter Erde«, der »magische Qualitäten« zugeschrieben wurden.[584] Es war vielmehr die Überzeugung, dass die »Heimaterde« die Funktion habe, den »Menschen an die Heimat zu binden und ihn in der Fremde vor Gefahren« zu bewahren.[585] Diese »Heimaterde« wurde also zum Symbol schlechthin für den als Heimat ausgemachten geografischen Raum und mit ihr verbindet sich bis heute der Wunsch, der Vergangenheit wieder eine Zukunft zu schaffen und wieder zum vermeintlichen individuellen und kollektiven Ursprung zurückzukehren. Durch diese Aufladung der geografischen Heimat zur zentralen politischen Kategorie der Vertriebenenverbände wurde die »Entbindungsstation zum biografischen Angelpunkt« und die damit verknüpfte Lebensphilosophie setzte sich als »dominierende Kunstauffassung« durch.[586]

Eine treffende Definition dessen, was in Vertriebenenkreisen unter Heimat verstanden wird, hat Peter-Paul Nahm gegeben, der fast während der gesamten Existenz des Bundesvertriebenenministeriums dort als beamteter Staatssekretär tätig war:[587] »Unsere Vorstellung ist zunächst an eine gewisse Gegend gebunden. Wenn wir aber tiefer schürfen, werden wir sofort feststellen, dass die Örtlichkeit allein nicht genügt, das auszudrücken, was wir Heimat nennen. [...] Zur Heimat gehört eben mehr als das Vaterhaus, als der Geburtsort, als die Landschaft; zu ihr gehört ein Milieu, zu ihr gehören alle Voraussetzungen, die das Entfalten des Lebens einer freien Persönlichkeit ermöglichen. [...] Die auf Recht und Freiheit gegründete Heimatliebe ist etwas, was wir der Jugend, die ja die Heimat als Landschaft nicht kennt, weitergeben können. Heimweh allein lässt sich nicht vererben, denn es handelt sich um ein an eigenes Erleben gebundenes Gefühl! Aber die Heimat als Ethos, als Synthese aus Verwurzelung, Recht, Freiheit und Kulturträchtigkeit lässt sich weitergeben! Denn sie ist nicht nur Gefühl, sondern Aufgabe und damit eine Realität, für die sich die Jugend nicht nur für sich selbst, sondern auch für andere begeistern und einsetzen kann.«[588]

Dieses »Ethos« – die Heimat als »ein in keine andere Sprache übersetzbares deutsches Wort«[589] – ist als politische Parole wie als soziologisches Scheidungskriterium ein bis ins Innerste vergifteter Begriff. Der Begriff der Heimat und das damit verknüpfte Heimatgefühl stehen stellvertretend für das imaginierte kollektive Gedächtnis eines sozialen Zusammenschlusses, der zugleich zwanghaft den aggressiven Willen nach Realisierung des Gefühls in sich birgt. Das Gefühl der Heimat ist nicht eine Empfindung im Sinne eines produktiven Erlebens, sondern der Drang und die Aufforderung nach seiner materiellen Umsetzung außerhalb der Lebensrealität der Individuen oder deren sozialen Gruppen. Wenn Heimatbewusstsein im Gegensatz zu anderen Gefühlen über Generationen hinweg tradierbar ist, wie von Nahm postuliert, zeigt sich hier der zentrale Unterschied: Ist ein Gefühl wie beispielsweise persönliche Zuneigung an reale zwischenmenschliche Interaktion einerseits und sich im Zuge individueller Entwicklungen stetig wandelnde Wahrnehmungen andererseits geknüpft, so ist das Heimatgefühl gänzlich frei davon, denn es basiert auf der Unterscheidung von vermeintlich Gleichem und Ungleichem. Dabei ist es zwangsläufig vom realen Leben abgekoppelt, denn dieses wiederum besteht aus ständig aufs Neue stattfindenden Erlebnissen und Erfahrungen, die stets sich modifizierende Wahrnehmung und Interpretation erforderlich machen. Heimatgefühl steht allerdings nicht für eine dergestalt Vorurteilen gegenüber sich als resistent erweisende oder von ihnen freie Wahrnehmung, sondern ist in seiner Interaktionslosigkeit auf Identitätsbildung und somit Ab- und Ausgrenzung angelegt: »Heimat ist ein Fantasie- und Wertkonstrukt, mehr Erinnerung, Imagination und Magie als wahrgenommene Gegenwart, mehr Sehnsucht, Hoffnung und Utopie als erfahrene Wirklichkeit und berechenbare Zukunft.«[590]

Der im Sinne einer falschen Widerspiegelung der Realität zutiefst ideologische Begriff Heimat umfasst an sich bereits alle weiteren Momente der Vertriebenenideologie: den Regionalismus und den in diesen verschränkten Nationalismus, den in die vermeintliche deutsche Hochkultur eingelassenen Folklorismus, den Elitismus mitsamt seiner rassistischen und antisemitischen Aufladung und den Geschichtsrevisionismus. In ihm kulminiert der Volkstumskampf des völkischen Partikularismus, mit ihm verbunden ist die allgegenwärtige Omnipotenzfantasie, das Streben nach Allumfasstheit und Allumfassung: »Mit dem Ringen um unsere Heimat und um das Recht auf unsere Selbstbestimmung ringen wir zugleich um die Zukunft unseres Volkes, ringen wir um Menschenwürde und Freiheit und um den Frieden in der Welt – dienen wir der Menschheit.«[591]

## »Grenzen sind Narben der Geschichte«[592]

Im Abschnitt zur Geschichte der Vertriebenenverbände war auf die besondere politische Bedeutung einer Erklärung der Landsmannschaft der Oberschlesier von Anfang 1969 und auf die der *Deklaration zur Einigung Europas* des BdV aus dem selben Jahr hingewiesen worden. Die bereits in älteren Positionsbestimmungen der Vertriebenenverbände, wie beispielsweise der *Charta der deutschen Heimatvertriebenen* oder der *Eichstätter Erklärung*, angedeutete europäische Dimension der Vertriebenenpolitik erhielt mit diesen 1969 verabschiedeten Proklamationen eine neue Qualität. In diesem und den folgenden Jahren häuften sich die programmatisch ausgefeilten und systematisch auf eine deutsche Europapolitik zugeschnittenen Konzeptentwürfe der Vertriebenenverbände. So erklärte beispielsweise die Landsmannschaft Westpreußen im April 1969: Die »Entwicklung Europas hat zur Folge, dass die Bundesrepublik allein und auch ein künftiges Gesamtdeutschland allein nicht mehr in der Lage sind, die Aufgaben einer sinnvollen Gestaltung Gesamteuropas, die allen Teilen dieses Kontinents ihrer Geschichte und Eigenart entsprechend Rechnung trägt, zu lösen. Bundesrepublik oder Gesamtdeutschland können allein sogar noch nicht einmal die deutschen Interessen mit Erfolg durchsetzen.«[593]

Um diese deutschen Interessen mit Erfolg durchsetzen zu können, wurde innerhalb der Vertriebenenverbände seit 1969 kontinuierlich das »Modell Europa« entwickelt, denn es war immer deutlicher geworden, dass eine Politik der unmittelbaren Gebietsrevision erfolglos sein würde. Stattdessen strebte und strebt man nunmehr eine ethnische Parzellierung Europas an und nutzt dabei für sich die kontinuierliche Erweiterung der bundesdeutschen Einflussnahme auf dem Kontinent, beispielsweise durch Angleichung des Rechtssystems, EU-Freizügigkeit und ökonomische Investitionsfreiheiten. Zu den angestrebten Zielen gehört aber auch die Anerkennung von vermeintlich historisch-kulturellen Leistungen der Deutschen sowie ihres »Rechtes auf die Heimat«. Und den als »Heimatverbliebene« definierten Personen, also den so genannten deutschen Minderheiten außerhalb Deutschlands, soll das Recht zum Knüpfen freier Beziehungen zum Ausland als eigenständige Volksgruppe gewährt werden, die Förderung ihrer Sprache und Kultur sowie ihre Repräsentanz im Parlament und gegebenenfalls auch in der Regierung in den jeweiligen nichtdeutschen Staaten.

Als Grundlage dieser ethnischen Parzellierung dienen zwei sich ergänzende Konzepte deutscher Außenpolitik: das des völkischen und das des regionalistisch-separatistischen Partikularismus. Das erstgenannte ist ein direkt deutschbestimmtes, das zweite eines, das mittelbar deutscher Politik zugute kommt. Beiden gemein ist die Parzellierung von nicht unter deutscher Verwaltung stehenden Gebieten. Während die völkische Variante darum bemüht ist, historische und kulturelle Linien deutscher Identität herauszuarbeiten, die den Vorstellungen von kultureller Hegemonie und ökonomischer Abhängigkeit dienen, geht die zweite staatlich-territorial orientiert vor. Hier besteht die Prämisse im politischen Autonomieprinzip, also der faktischen Abtrennung einzelner Regionen von einem Nationalstaat, was wiederum zur Schwächung desselben führt. Während durch die Umsetzung von regionalistischen Prinzipien die politische, ökonomische und militärische Potenz deutscher Gegner geschwächt wird, erzeugt die völkische Einflussnahme kulturell-sprachliche Hoheiten, die die parzellierten Gebiete Deutschland zur ökonomisch freien Verfügung stellen. Militärische Landnahme wird so nicht mehr zwangsweise nötig, weil jedem die Wahl seiner »Heimat« frei steht, zumindest solange ihm die de facto-Kontrolle der Territorien obliegt.

»Wenn jetzt, in einer Zeit des Umbruchs und des Wandels in Osteuropa, nicht die Möglichkeit zu einer weitreichenden deutschen Volksgruppenpolitik und Förderung damit verbundener Autonomiebestrebungen ergriffen wird, kann damit die letzte Chance vertan sein. Wenn das Wort vom ›Europa der Regionen‹ nicht nur inhaltsleere Hülse sein soll, dann wäre es an der Zeit, dass die Bundesrepublik endlich konkrete Schritte in die angedeutete Richtung unternimmt. Dazu bedarf es als ersten Schritt einer ›Südtirolisierung‹ der alten ostdeutschen Siedlungsgebiete«, schreibt Heinz-Siegfried Strelow Ende 1992 im *Ostpreußenblatt*.[594] Die »starren Grenzen« seien, so Strelow, »ins Schwimmen« geraten, weshalb nicht mehr von »endgültigen Grenzen« gesprochen werden könne. Es gehe nicht um eine »›Heim-ins-Reich‹-Politik«, die »weder machbar« sei, noch von »diplomatischem Gespür« zeuge, sondern um »die Tatsache«, dass »überall das ethnische, das nationale Prinzip wieder einen zentralen Platz in der Politik und im Empfinden der Menschen« einnehme. Strelow fragt rhetorisch, ob »nicht eine autonome, mit weitreichenden Selbstverwaltungsmöglichkeiten der Deutschen ausgestattete Region Oberschlesien oder Masuren der zwischenzeitlich beste Garant« für eine wirtschaftliche und ökologische Aufwärtsentwicklung wäre: »Und ließe sich nicht im Rahmen einer solchen Föderalisierung Polens das sensible Thema des Heimatrechts der Vertriebenen am ehesten realisieren?«[595]

### »Narrativ der ›Identität‹«[596]

Die Volkstumspolitik der Vertriebenenverbände greift auf eine über Jahrhunderte hinweg konstruierte, partikularistisch orientierte (schlesisch, ostpreußisch usw.) Geschichte und Gesinnung als Grundlage zurück. Volk und Territorium gehören in diesem Sinne unmittelbar zusammen. Dieser Partikularismus geht davon aus, dass es Volksgruppen gibt, die erstens völkisch und damit rassisch oder kulturell bestimmt über eine gemeinsame Identität verfügen (in Wahrheit stellt er diese her, denn als ethnisch definierte Gruppen sind Zusammenschlüsse, die »sich selbst eine exklusive kollektive Identität zusprechen«[597], also imaginierte Konstrukte); die zweitens in einer jahrhundertelangen und damit als natürlich und unabänderbar betrachteten Tradition und Geschichte stehen; die drittens schützens- oder wiederbelebenswert sind und viertens in der Ausübung ihres so verstandenen Rechtes auf Selbstbestimmung behindert werden.

Eine deutsche Volksgruppe als Parzelle, die regional etwas Eigenständiges darstellen soll, sei es als vermeintliche nationale Minderheit, sei es als Landsmannschaft, wird zugleich als Bestandteil einer umfassenden »gesamtdeutschen« Kultur begriffen. Die Sprache gilt dabei im Gegensatz zu »Flaggen, Trachten, Volkstänzen und dergleichen« nicht nur als Symbol des »Nation-Seins«, sondern die »weitaus wichtigste Eigenschaft der Sprache ist vielmehr ihre Fähigkeit, vorgestellte Gemeinschaften hervorzubringen, indem sie *besondere Solidaritäten* herstellt und wirksam werden lässt«.[598] Die auf Grundlage solcher Solidaritäten konstruierte nationale Identität besteht ihrerseits aus zahllosen kleinen völkischen Parzellen, deren suggerierte Eigenheiten als Volkscharakter vorgestellt werden. Diese »kulturellen Eigenarten und Fähigkeiten«, heißt es im *Deutschen Ostdienst*, seien das »unsichtbare Fluchtgepäck« der Umgesiedelten gewesen: »Beim Wiederfinden der Familien, bei den ersten Zusammentreffen landsmannschaftlicher Gruppen waren die heimatlichen Bräuche und Feste, die vertrauten Lieder und Tänze, die Mundarten und Trachten einigende Gemeinsamkeiten.«[599]

In dem von den Vertriebenenverbänden öffentlich und innerhalb der eigenen Zusammenschlüsse praktizierten Zur-Schau-Stellen von Trachten und Bräuchen, in ihren Volkstänzen sowie durch das Absingen von Liedern wird ein »gesteigertes Repräsentationsbedürfnis der Menschen« befriedigt.[600] Solche völkisch-folkloristischen Demonstrationen führen »neben der Würdigung von außen« auch eine »Festigung der jeweiligen Gruppe im Innern« herbei, der »suggeriert wird, sie komme in den Genuss sozialer und personaler Selbstverwirklichung«, die ihr im sonstigen Leben entzogen ist.[601]

Der diesen sozialen Konstrukten zu Grunde liegende Volks- und Nationenbegriff unterstellt zwar, dass es sich bei dem Volk um ein reales soziales Gebilde handele, diese Annahme findet jedoch in der gesellschaftlichen Realität keinerlei Bestätigung. Das Volk als soziales Gebilde ist lediglich eine »vorgestellte politische Gemeinschaft«, weil die »Mitglieder selbst der kleinsten Nation die meisten anderen niemals kennen, ihnen begegnen oder auch nur von ihnen hören werden, aber im Kopf eines jeden die Vorstellung ihrer Gemeinschaft existiert«.[602] Dem folgend entspricht der kollektiven Identität »Volk« auch kein tatsächliches Kollektiv, wie der Soziologe Lutz Hoffmann überzeugend in einer Untersuchung zur Genese des Begriffes »Volk« herausgearbeitet hat[603]: Das »Volk« ist »nur eine Fiktion. Als solche, aber nicht als reale Gemeinschaft entfaltet es gleichwohl eine hohe gesellschaftliche Wirksamkeit.«[604]

In den völkischen Mythen der Vertriebenenverbände werden schließlich die bei der Konstituierung des heimatlichen Gefühls geprägten Bilder, Legenden und Erzählungen so zu einem historischen Gesamtkonstrukt verdichtet, dass sie unmittelbar eine politische Funktion erfüllen. Dadurch erfolgt nicht nur die Festigung des eigenen auf narzisstische Homogenität angelegten Zusammenschlusses im Innern, sondern es wird auch ein nach außen gerichteter Abwehrmechanismus herausgebildet. Bei diesem völkischen Segregationsprozess soll jeder vermeintliche oder real mögliche Schaden von der eigenen Parzelle und vom eigenen Volk abgewendet werden. Innerhalb der Vertriebenenverbände fungiert dabei als Mittel zur Abwehr der gegen die eigene Identität gerichteten Reflexe die Überhöhung und Steigerung der vermeintlich eigenen Qualitäten und Leistungen ins überdimensional Große.

Um dieser Übersteigerung eine real scheinende Basis zu schaffen, bedarf es einer »Kritik der politischen Verhältnisse, die unsere Kultur zerstören« und die das Leben der Menschen »um eine falsche Mitte kreisen lassen«.[605] So findet die Überhöhung der eigenen Identität zugleich ihren Ausdruck in der Abwertung des als zu kritisierend ausgemachten Gegenstandes. Denn eine solche »Kritik der politischen Verhältnisse« ist wiederum nur auf Grundlage der eigenen »kritischen« Tradition möglich: »Tragen wir diese Tradition Ostpreußens weiter!«[606], heißt es im *Fritz*, dem Organ der Jungen Landsmannschaft Ostpreußen. Die vermeintlich kritische Tradition Ostpreußens, die man mit Immanuel Kant oder Johann Gottfried von Herder zu assoziieren versucht, weist auf einen völkischen Elitismus, der keineswegs auf die Junge Landsmannschaft Ostpreußen, die Landsmannschaft Ostpreußen oder deren politisches Umfeld beschränkt ist. Durch Änderung der geografischen Namen und der damit vermeintlich verknüpften Traditionen lässt sich das Modell fast bruchlos übertragen, beispielsweise auf Schlesien durch den Verweis auf den Dichter Gerhart Hauptmann.

Diese Verbindung von Tradition auf der einen und kritischem Geist auf der anderen Seite steht für die Vorstellung einer aus dem vorgesellschaftlichen, quasi-natürlichen Bereich stammenden Verknüpfung der geografischen Region mit einer politischen oder kulturellen Identität und Überlegenheit der dort verorteten Menschen. Die Bestimmung der Rolle »natürlicher und sozio-kultureller Faktoren, von Erbanlagen und Umwelt, Angeborenem und Erworbenem in der Bedingtheit und Bestimmtheit der Menschen, über ihre biotisch-genetische und/oder sozio-kulturelle Determiniertheit«[607] ist dabei allerdings innerhalb der Vertriebenenverbände von untergeordneter Bedeutung. Denn sowohl das auf der einen Seite als vermeintlich natürlich dargestellte Scheidungskriterium des Blutes oder der »Rasse«, als auch der angeblich gesellschaftlich geprägte Differenzansatz über den Kulturalismus bzw. die Volkskultur sind hierbei denkbar und möglich. Beide Polaritätsmodelle erfüllen von unterschiedlicher Grundlage ausgehend die gleiche Funktion für die völkische Identität. Und so besteht das Primat auch nicht in der Art der Differenzdefinition, sondern in der Annahme des grundsätzlichen Vorhandenseins der Differenz von Menschengruppen. Oder, anders ausgedrückt: »Der Kulturalismus knüpft ein Band zwischen Ehe, Familie, Religion und Nation, was zugleich Fortpflanzung, Abstammung, Heiratsritual und Vaterlandsliebe umschließt, indem er sie jener imaginären Identität von Körper und Kultur unterordnet.«[608]

## »... namenlos hinter Nummernkonten und Aktiendepots«

Ein sich nach innen beispielsweise als »preußische Denkungsart«[609] konstituierender Elitismus der Vertriebenenverbände benötigt, wie bereits angesprochen, auch die nach außen gerichtete Ab- und Ausgrenzung, um sich der eigenen Identität zu vergewissern. Bestandteil einer jeden deutschen Volkstumspolitik ist dabei ein mindestens struktureller oder latenter Antisemitismus.

Bereits im *Manifest '79* hatte die Sudetendeutsche Landsmannschaft den »legitimen Anspruch der Sudetendeutschen auf ihre angestammte Heimat« in Bezug zu den Palästinensern gesetzt[610], die seinerzeit mit terroristischen Mitteln gegen Israel kämpften, das sie aus nationalen, völkischen und religiösen Motiven zerstückeln und letztlich zerstören wollten[611]: »Wir sind fest entschlossen«, hieß es im Politischen Programm des 14. Palästinensischen Nationalrates aus dem Januar 1979, den »bewaffneten Kampf und andere Formen des politischen und Massenkampfes, vor allem in der besetzten Heimat (sic!), zu forcieren. Sie ist der Hauptkampfplatz mit dem zionistischen Feind. Dabei ist es unser Ziel, dadurch die nationalen, unveräußerlichen Rechte des arabisch-palästinensischen Volkes zu verwirklichen.«[612]

In der *Sudetendeutschen Zeitung* referierte dann Jörg Kudlich wenig später über »das Sudetenproblem und die Palästina-Frage«[613], eine Analogie, die suggerieren sollte, es gebe einen legitimen Anspruch der »Sudetendeutschen« oder der Palästinenser auf Territorium in den (damaligen) Nationalstaaten Tschechoslowakei und Israel. Während die »Sudetendeutschen« in »einen Staat gezwungen« worden seien, nämlich die Tschechoslowakei, den sie »nicht wollten, an dessen Gründung sie keinen Anteil hatten und den sie ablehnten«, werde das »Gemeinschafts- und Lebensrecht der Palästinenser« von einem »offensiven und kolonialistischen Charakter« der »israelischen Siedlungspolitik in den annektierten Gebieten« bedroht.[614] Die Implikation dieses indirekten, unter dem Deckmantel des Antizionismus vorgetragenen Antisemitismus ist offensichtlich. Dabei wird einerseits der Grund für die Ablehnung der Tschechoslowakei durch die »Sudetendeutschen« verschwiegen, der in der erwünschten Angliederung an das Deutsche Reich nach dem Ersten Weltkrieg sowie in dessen Folgezeit bestand.[615] Andererseits wird aber auch der konkrete historische Hintergrund der Friedenspolitik im Nahen Osten negiert. Denn in der zwischen den USA, Israel und Ägypten getroffenen Vereinbarung von Camp David wurde den Palästinensern bereits 1978 eine selbstständige Rolle in den Verhandlungen zugebilligt – vor dem Hintergrund des Terrorismus der Palestinian Liberation Organisation (PLO) ein Zugeständnis ungeheurer Dimension seitens der am Treffen in Camp David beteiligten Parteien.[616] Kudlich hingegen resümierte: »Im Verhältnis zwischen Sudetendeutschen und Tschechen wie von Israelis und Palästinensern bedingt das Selbstbestimmungsrecht des einen die Anerkennung des Selbstbestimmungsrechtes des anderen.«[617]

Der Kampf der »Vertriebenen« gegen die vermeintliche Entwurzelung führt aber auch zu ganz unverhohlenen antisemitischen Bekenntnissen.[618] Für die »Entwurzelung des Menschen und die ethnische Durchmengung der Völker«, die zum »Verlust traditioneller Kulturen und Werte, zu einer Form des Artensterbens in der Vielfalt der Völker« führen solle, wie es »ansonsten nur durch einen Atomkrieg zu erreichen« sei, hat die Junge Landsmannschaft Ostpreußen einen Grund ausgemacht: die Globalisierung, die ihrerseits wiederum »Totalisierung« sei. Durch diese werde der »Wille der Völker zum Objekt des kapitalistischen Schachers« gemacht, wobei hinter der Globalisierung das »nomadisierende Kapital« und die »Kaste der Globalkapitalisten« ständen. Letztere zeichne sich durch drei Aspekte aus: »Sie ist anonym, sie ist international, und sie ist ungebunden.« Das »Globalkapital« sei »nicht haftbar zu machen«, habe »kein Gesicht« und stehe »namenlos hinter Nummernkonten und Aktiendepots«. Außerdem habe es sich der »Kontrolle der nationalen Regierungen weitgehend entzogen«. Dieser Verrat der nationalen Ideale wird aus Perspektive der »Vertriebenen« fortgesetzt durch die »praktische Gleichschaltung der internationalen Presse«, wobei ein »weltweiter Nachrichtenmarkt« das »Denken der Menschheit zu einer Knetmasse in der Hand der großen Medienkonzerne« mache.[619]

Die beiden dieser Weltverschwörungstheorie zu Grunde liegenden Argumentationsmuster der finanziellen Kontrolle und der medialen Macht sind ebenso einfältig wie alt. Diese »Phantasmagorie der jüdischen Weltverschwörung«[620] bedarf – wie der Antisemitismus im allgemeinen – dabei nicht der expliziten Nennung der Juden. Doch in der Vergangenheit ist die JLO in ihrer

Argumentation sogar noch deutlicher geworden. Nach dem rassistischen Brandanschlag 1993 in Solingen hatte man gegen die »Mediokraten, die Machthaber über Funk und Fernsehen« gehetzt, weil diese ihre »politischen Gegner als Schuldige« (d.h. die Rechtsradikalen; Anm. d. Verf.) hätten präsentieren wollen. »Zu allem Überfluss« habe sich auch der »jüdische Vergangenheitsbeschwörer Giordano« zu Wort gemeldet und dabei »eindeutig den Jordan der Gewaltlosigkeit« überschritten.[621]

Konsequenterweise waren die Ausgaben des JLO-Blattes *Fritz*, in dem diese beiden Artikel publiziert worden waren, mit einem aus schwarzem Adler und Organisationseigenbezeichnung bestehenden Logo in der Kopfzeile versehen worden, in das auch die Aussage »Suum cuique!« – zu deutsch: »Jedem das Seine« – integriert war.[622] Am Tor des 1937 bei Weimar errichteten Konzentrationslagers Buchenwald stand ebenfalls die Parole »Jedem das Seine«. Im KZ Buchenwald und seinen Außenlagern sind während des Nationalsozialismus mehr als 50.000 der etwa 250.000 Häftlinge ermordet worden.[623] Im *Ostpreußenblatt* hatte man diese Parole Anfang 1963 wie folgt erklärt: »Wir werden nur dann in der Welt und vor der Welt etwas sein und bleiben, wenn eben der Wappenspruch Preußens ›Jedem das Seine‹ beherzigt und vorgelebt wird!«[624]

Während gegen die Junge Landsmannschaft Ostpreußen aufgrund einer antisemitischen Darstellung auf einer Veranstaltungsankündigung bereits die Staatsanwaltschaft ermittelte[625], bekam BdV-Präsidentin Erika Steinbach von der *Frankfurter Rundschau* eine symbolische Rote Karte als »intellektuellen Platzverweis« wegen der Gleichsetzung der Judenvernichtung mit der Umsiedlung der Deutschen gezeigt.[626] In die gleiche Rubrik der Relativierung fällt auch die von Steinbach vorgebrachte Forderung des BdV, in Berlin eine »zentrale Informations-, Dokumentations-, Archiv- und Begegnungsstätte« über die »Vertreibungs- und Gewaltaktionen« während der Umsiedlung der Deutschen einzurichten[627] – eine Forderung, die während der Diskussion um die Errichtung des in Berlin geplanten Mahnmals für die von den Deutschen ermordeten europäischen Juden aufgestellt wurde.

## »Diese Fiktion, an die sie glauben, macht sie für die Realität blind.«[628]

Um eine vermeintliche Homogenität des deutschen Volkes bewahren zu können, muss stets auch an der völkischen Konservierung des bereits Erreichten gearbeitet werden. Diese Identitätskonservierung findet dabei innerhalb der Vertriebenenverbände auf zwei Weisen statt: einer positiven, auf die eigene Identität gerichteten Haltung und einer negativen, gegen äußere Einwirkungen auf die eigene Identität gewandten Auffassung. Die positive ist darum bemüht, für die jeweiligen historisch-geografischen Regionen wie etwa Pommern oder Westpreußen eine Regional- und Volksgeschichte zu konstruieren. Diese soll eine historische Traditionslinie assoziierbar machen, in der kulturelle, religiöse, sprachliche, soziale oder auch politische Phänomene als logisch-konsequent, aufeinander folgend und vor allem spezifisch und mit Besonderheiten behaftet erscheinen sollen, sozusagen als »die vergewissernde Form des Identischen«[629]. Diese völkischen Konstrukte durchdringen andere Momente der Vertriebenenideologie an verschiedensten Stellen. Zu diesem positiven Konstrukt gesellt sich das negative: der Geschichtsrevisionismus. Er ist eine Übersteigerung der Konstruktion der eigenen Volksgeschichte: Alle realen oder als solche empfundenen »Schandflecken« sollen dabei aus der Geschichte des eigenen Volkes ausgemerzt und vergessen gemacht werden. Sämtliche Vergehen und Verbrechen werden dem Vergessen anheim gegeben, relativiert oder geleugnet. So ist dem Geschichtsrevisionismus auch »nichts an der Wahrheit, vielmehr alles an der Leugnung historischer Realität gelegen«.[630]

Einer Würdigung des Buches *Deutschland einig Vaterland* im *Ostpreußenblatt* war beispielsweise zu entnehmen, dass der Autor des Buches (Hellmut Diwald) »unbequeme, von einer systematisch betriebenen ›Vergangenheitsbewältigung‹ verschüttete Wahrheiten ans Licht einer objektiven Betrachtungsweise« hole. Dazu zähle auch die Erkenntnis, dass die Geschichte des Dritten Reiches vor allem eine »Geschichte der Jugend, ihres Glaubens, ihrer Opferbereitschaft, ihrer selbstlosen Haltung und ihrem Mut, Ideen und Ideale zu verwirklichen und in das Gemeinwesen zu übersetzen«, gewesen sei.[631] Derlei Beispiele ließen sich in der Geschichte und auch der Gegenwart der Vertriebenenverbände zu Hunderten anführen.[632]

Besonders bedeutsam für die Geschichtspolitik der Vertriebenenverbände sind allerdings die Punkte, an denen positive und negative Identitätskonservierung zusammentreffen. Es sind diejenigen historischen Ereignisse, die einerseits geholfen haben, den Vertriebenenverbänden ihre Legitimation zu verschaffen, die aber andererseits diese Funktion nur bei Außerachtlassung der historischen Realität erfüllen können.

Ein solches Beispiel ist der sich um die ehemals ostpreußische Stadt Majakowskoje rankende *Mythos Nemmersdorf*: »Auch wenn die Russen im Oktober 1944 noch einmal aus Ostpreußen herausgedrängt werden, im Januar 1945 kommen sie wieder und bleiben. Ihr Vormarschweg wird von der Blutspur zweieinhalb Millionen gemordeter Zivilisten gesäumt. Das Fanal von Nemmersdorf, wo die Russen in den wenigen Stunden der Besetzung die gesamte, nicht geflohene Ortsbevölkerung, größtenteils Frauen und Kinder, bestialisch ermorden, lässt das Kommende schon erahnen.«[633] Innerhalb der Vertriebenenverbände, insbesondere der LO, sind derartige Äußerungen üblich: Der *Mythos Nemmersdorf* wird benötigt, um sich der Grausamkeit des damaligen politischen und militärischen Gegners (Sowjetunion und Rote Armee) zu vergewissern, dabei die begangenen deutschen Verbrechen zu bagatellisieren und somit zu einer lupenreinen Geschichtsschreibung zu gelangen, die wiederum dazu in der Lage ist, die Entstehung des eigenen Verbandes zu rechtfertigen.

Einer historischen Quellenstudie von Bernhard Fisch ist das Wissen darüber zu verdanken, dass am nämlichen 21. Oktober 1944 in Majakowskoje, das von den Deutschen Nemmersdorf genannt wurde, weniger als dreißig deutsche Zivilisten starben. Wie Fisch zu Recht feststellt, »angesichts der Millionen Toten des 2. Weltkriegs ein eher marginaler Vorgang«.[634] Aber Fisch geht in seiner Untersuchung noch weiter. Er stellt fest, dass der »Fall Nemmersdorf« von der NS-Propaganda systematisch zum Fanal aufgebaut wurde, um die Kriegsmoral anzuheizen.[635] Bei der

Durchsicht der Berichte aus und der Literatur über Nemmersdorf spürte Fisch zahlreiche Unstimmigkeiten, Fehler und sogar offensichtliche Falschaussagen auf, auch die vermeintlichen Grausamkeiten der Roten Armee sind nicht bzw. nicht zweifelsfrei zu verifizieren.[636] Ferner stellte sich die Behauptung, dass alle Bewohner Nemmersdorfs umgebracht worden seien, als Mythos heraus: »Bei meinen Recherchen stellte ich nicht nur überrascht fest, dass es durchaus Augenzeugen gab, sondern auch, dass diese nie befragt wurden, um das in der Öffentlichkeit existierende Bild von Nemmersdorf entweder zu bestätigen oder infrage zu stellen.«[637]

Ein anderes Beispiel einer solchen identitätsstiftenden Geschichtsrevision ist die Legendenbildung um den ehemaligen tschechoslowakischen Staatspräsidenten Edvard Beneš. SL-Sprecher Neubauer: »Die Sudetendeutschen fordern eine klare Aufhebung der völkerrechtswidrigen Benesch-Dekrete durch das tschechische Parlament und die Regierung. Dabei würde auch eine folgenlose Distanzierung von Unrecht nicht genügen. Notwendig sind vielmehr Ansätze und Maßnahmen zur Heilung des Vertreibungsunrechts.«[638] Die vom Präsidenten der Tschechoslowakei erlassenen Dekrete, bekannt geworden als *Beneš-Dekrete*, werden von den »Sudetendeutschen« verantwortlich gemacht für angeblich systematische Verbrechen während der Umsiedlung und den Verlust ihres Eigentums.

Die Gemeinsame deutsch-tschechische Historikerkommission verwies darauf, dass man die Umsiedlung aus der Tschechoslowakei nicht richtig beurteilen könne »ohne Berücksichtigung der im Laufe der Kriegsjahre allgemein gewachsenen Barbarisierung und insbesondere der bekannt gewordenen deutschen Kriegsverbrechen in allen von Deutschland besetzten, besonders aber den ost- und südosteuropäischen Ländern. Diese Verbrechen stützten sich auf die nationalsozialistische Rassentheorie, die sich nicht nur in der Massenvernichtung von Juden und anderen als ›fremdrassig‹ verstandenen Gruppen, sondern auch in der Diskriminierung der – insbesondere slawischen – Völker des östlichen Europa auswirkte sowie in der geplanten oder schon begonnenen Umsiedlung oder Vernichtung von Teilen davon. Die Propagierung einer Beendigung des konfliktreichen Zusammenlebens mit den Deutschen in der CSR war das Ergebnis der Erfahrungen mit der Politik der Sudetendeutschen Partei und der radikalen deutschen Besatzungspolitik.«[639]

Die tschechoslowakische Exilregierung begründete 1944 in einem Memorandum gegenüber den Alliierten die Notwendigkeit der Aussiedlung der Deutschen damit, dass diese mit allen Mitteln daran gearbeitet hätten, die Tschechoslowakei zu zerstören und dass sie auch künftig eine Gefahr für den Frieden in Europa darstellen würden.[640] Die Alliierten stimmten dieser Auffassung grundsätzlich zu und in der Potsdamer Konferenz wurde ebenfalls Einigkeit in dieser Frage erzielt.[641]

Im Zuge des Wiederaufbaus der Tschechoslowakei erfolgte schließlich der Erlass verschiedener Dekrete, die unter anderem die Ungültigkeit einiger vermögensrechtlicher Rechtsgeschäfte aus der NS-Zeit[642], die Bestrafung der nazistischen Verbrecher[643], die Konfiskation und Aufteilung des landwirtschaftlichen Vermögens der Deutschen[644] und die Regelung der tschechoslowakischen Staatsbürgerschaft[645] zum Inhalt hatten. Letztgenanntes Verfassungsdekret vom 2. August 1945 erkannte den Deutschen die tschechoslowakische Staatsbürgerschaft ab, wobei Personen, die für die Befreiung der Tschechoslowakei gekämpft oder anderweitig antifaschistische Arbeit geleistet hatten, hiervon explizit ausgenommen waren.[646]

Ebenfalls Protest seitens der SL wird gegen ein tschechoslowakisches Gesetz aus dem Mai 1946 formuliert, das so genannte Amnestiegesetz.[647] Dieses Gesetz besagte, dass eine Handlung, die zwischen dem 30. September 1938 und dem 28. Oktober 1945 vorgenommen wurde und deren Zweck es war, »einen Beitrag zum Kampf um die Wiedergewinnung der Freiheit der Tschechen und Slowaken zu leisten, oder die eine gerechte Vergeltung für Taten der Okkupanten oder ihrer Helfershelfer zum Ziele hatte«, auch dann nicht widerrechtlich sei, »wenn sie sonst nach den geltenden Vorschriften strafbar gewesen wäre«.[648] Protest gegen die Legitimität von Arbeit gegen den Nationalsozialismus kommentiert sich in diesem Zusammenhang von selbst.

Es steht außer Zweifel, dass auch im Zusammenhang mit der Umsiedlung der Deutschen aus der Tschechoslowakei nicht in jedem Fall individuell richtig verfahren wurde und dass es auch hierbei zu ungerechtfertigten Handlungen kam.[649] Allerdings ist in diesem Kontext darauf hinzuweisen, dass die Zahl der »deutschen Vertreibungsopfer aus der Tschechoslowakei [...] bis heute nicht annähernd genau festzustellen« ist, weil der Großteil dieser »Vertreibungsopfer« aus ungeklärten Fällen und nicht aus bekannt gewordenen Toten besteht.[650] Auf den Dekreten des Staatspräsidenten Edvard Beneš basierte allerdings die Nachkriegs-Tschechoslowakei und somit infolgedessen auch die heutige Tschechische Republik, was bedeutet, dass die Forderung nach Aufhebung der Dekrete einer Forderung nach Eliminierung dieser Grundlage gleichkommt.

## Verinnerlichungen

Eine entscheidende Rolle als Vermittlungsfaktor zur Verinnerlichung und Weitergabe der Vertriebenenideologie kommt neben Basisstrukturen wie den Heimatkreisgemeinschaften der Familie zu. Denn in der Familie wird dem Kind bereits das vermittelt, was im Allgemeinen als die »psychologische Atmosphäre«[651] der Gesellschaft zu bezeichnen ist und was innerhalb der Struktur der Vertriebenenverbände die Rekonstruktion einer vermeintlichen Vertriebenenidentität von klein auf ermöglicht, ja erzwingt. Denn die Familie erzeugt – indem sie als Vertreterin der Vertriebenenideologie fungiert – die zur Konstruktion von Vertriebenenidentität nötigen psychischen Strukturen und Denkmechanismen.

Helmut Schelsky hatte beim Deutschen Soziologentag 1950 noch eine »Verschiebung der innerfamiliären Autorität zu Gunsten der Frau« in den Vertriebenenfamilien konstatiert, die ihre Ursachen nicht allein in einer »gewachsenen Selbstständigkeit der Ehefrau während der Abwesenheit der Männer«, in den »Leistungen der Frauen während der Notzeit des Krieges, der Flucht und der Nachkriegswirren« habe, sondern vor allem auf dem Verlust fuße, die das »Autoritätsbewusstsein der Männer durch Deklassierung, Berufsverlust, Gefangenschaft usw.« erlitten habe.[652]

Aus dem zeitweisen Verlust des Einflusses auf die familiären Strukturen durch diese Wahrnehmung der väterlichen Autorität als Schein-Autorität entwickelte sich ein Männlichkeitsentwurf bei den Umgesiedelten, der ausschließlich in die Vergangenheit gerichtet war. Um den teils vermeintlichen, teils realen Verlust der männlichen Identität zu kompensieren, hielt man an alten, in Relation zu heutigen Männlichkeitsvorstellungen als archaisch und anachronistisch wirkenden Konzepten fest. Ein aus Idealbildern wie beispielsweise der Pflichterfüllung, den Mutproben und Heldentaten, des Sittlichen und Traditionellen, des Wehr- und Tugendhaften, des christlich Religiösen und Ordnungsfetischistischen sich speisender ritterlicher Heroismus prägte sich (wieder) aus, der insofern als überholt anzusehen ist, weil er heute weder gesellschaftlich noch diskursiv von Relevanz ist.[653]

Der entscheidende Unterschied zu den familiären Strukturen der nicht umgesiedelten Reichsdeutschen bestand darin, dass diese zwar als Kriegsheimkehrer mit einer vergleichbaren Situation des Verlustes der innerfamiliären patriarchalen Autoritätsstrukturen umgehen mussten, ihr Identitätskonstitutivum – die Heimat – im Gegensatz zu den Umgesiedelten allerdings bewahrt hatten. Somit wurde mit dem ritterlichen Männlichkeitscode der »Vertriebenen« die Heimat als regressives Moment verknüpft, als Symbol für den Verlust und als überkommenes Idealbild der Männlichkeit zugleich. Denn durch den Verlust der als Heimat empfundenen geografischen Region ging auch das damit verknüpfte Ritterlichkeitsideal verlustig – ein Verlust, der ob der zerrütteten innerfamiliären patriarchalen Strukturen doppelt wirken sollte und zur abstrakten Konservierung der Ritterlichkeit führte: »Und wir besitzen kein anderes Leben, keine andere Kraft als die Schätze der Vergangenheit, die wir besser kennen, lenken, aufnehmen und neu schaffen müssen. [...] Was früher die ›Ritterrüstung‹ war, muss heute eine aufrechte, humane, ritterliche, mutige ›geistige Rüstung‹ sein. Die ›metallenen Waffen‹ früherer Zeiten müssen heute die mit Herz und Verstand geführten ›geistigen Waffen‹ geworden sein!«[654]

Die Rolle der Frau hingegen wurde nach dieser zeitweiligen

emanzipativ wirkenden Verschiebung der innerfamiliären Autorität infolge des Zweiten Weltkrieges wieder ins Gegenteil gewendet und damit auf antiemanzipative, familiäre Ansätze zurückgeschraubt. So ist Frauenpolitik innerhalb der Vertriebenenverbände immer zugleich auch Familienpolitik. Denn die Frau wird stets als Mutter begriffen, die die entscheidende Rolle bei der Konservierung und Weitergabe der Tradition und Ideologie einnehmen und somit zentrale Vermittlungsinstanz zwischen den Angehörigen der Vertriebenenfamilie einerseits und der Gesellschaft andererseits sein soll.[655] In ihrer Funktion als Mutter soll die Frau für die Aufrechterhaltung der Heimatideologie und vor allem auch für die Weitergabe an die nachwachsenden »Vertriebenen« sorgen. Mit ihrer häuslichen Funktion erfüllt sie im familiären und auch landsmannschaftlichen Mythos das Ideal des Bewahrenden. Denn diese häusliche Funktion wird auch als eine heimatlich-identitäre gesehen, die die Frau zur Sachwalterin des vermeintlichen heimatlichen Erbes macht, zur Konservatorin des anheimelnden Gefühls des Geborgenseins als Ausdruck der heimatlich-völkischen Identität. In gewisser Weise personifiziert sich derart der Heimatbegriff der Vertriebenenverbände in der Frau, die zur »Mutter Heimat« wird: »Frauen schaffen Heimat – Frauen bewahren Heimat!«, verlautbart auch das Frauenforum der Sudetendeutschen Landsmannschaft.[656]

Auch in der Geschichtsschreibung fällt der Frau die zentrale Aufgabe der Bewahrung zum Zwecke der politischen Instrumentalisierung zu. Die aufrüttelndsten und am eingängigsten verfassten Berichte über vermeintliche oder tatsächliche Gräuel im Zusammenhang mit der Umsiedlung sind die von Frauen verfassten, die »in aller Eindringlichkeit das unmenschliche Antlitz jener Zeit nach Ende des Krieges, das verdrängt und vergessen gemacht werden soll«[657], wieder und wieder in schillerndsten Farben schildern und ausmalen.

Auf der anderen Seite sind die Landsmänninnen, wie die Frauen innerhalb der Vertriebenenverbände genannt werden, aber auch in zahlreichen Führungsgremien des BdV vertreten. Die Positionen, die von ihnen eingenommen werden, sind jedoch fast ausnahmslos innerhalb der Kultur- und Brauchtumspflege angesiedelt – sowohl in den Verbänden als auch bei den Publikationsorganen. Explizit emanzipative Forderungen und Politikansätze kommen bestenfalls im Hintergrund vor. So ist etwa die BdV-Präsidentin Steinbach auch eine erklärte Antifeministin.[658]

## Ein neues Jahrtausend: Das Ende der Vertriebenenverbände?

Ende Oktober 1998 erklärte der Staatsminister für Kultur und Medien, Michael Naumann, gegenüber der *Zeit*, es gebe im Bundeshaushalt Etatposten, die sich »so niemals hätten entwickeln dürfen. Die Vertriebenenverbände werden mit erheblichen Mitteln gefördert. Einigen ihrer Sprecher freilich wäre ein intensiver Nachhilfekurs in der ostpolitischen Versöhnunggeschichte zu empfehlen.«[659] Doch Naumanns Position hatte nicht lange Bestand: »Das Unverhältnis zwischen SPD und BdV ist beendet«, triumphierte der *Deutsche Ostdienst* bereits im Januar 1999.[660] Das BdV-Organ hatte allen Grund zur Freude. Denn die Sozialdemokraten haben die Vertriebenenverbände für sich entdeckt[661] und der BdV hat seinerseits begriffen, dass sich seine Politik und die der rot-grünen Bundesregierung nicht grundsätzlich widersprechen müssen, sondern ergänzen können.

Deshalb verwunderte es auch nicht, dass Bundeskanzler Gerhard Schröder am 29. Mai 1999 im Berliner Dom die Festansprache anlässlich des »Tages der deutschen Heimatvertriebenen«, dem BdV-Festakt zum fünfzigjährigen Bestehen der Bundesrepublik, halten wollte. Er musste den Termin zwar kurzfristig wegen der gleichzeitig stattfindenden deutsch-französischen Konsultationen in Toulouse absagen, versicherte allerdings in einem Brief an die BdV-Präsidentin Steinbach, dass die »Interessen der Vertriebenen für ihn und die gesamte Bundesregierung ein wichtiges Anliegen« seien.[662] Dieser »Tag der deutschen Heimatvertriebenen« fand 1999 als Ergänzung zum 50. »Tag der Heimat« statt, der nach Stuttgart und damit an den Ort seiner Entstehung gelegt worden war. Vertreten wurde Schröder beim »Tag der deutschen Heimatvertriebenen« in Berlin von Bundesinnenminister Otto Schily, der im *Deutschen Ostdienst* bereits im Vorfeld der Veranstaltung als

»Weltbürger und Antroposoph« gewürdigt worden war.[663] Ferner hatte ihn das BdV-Organ als »konsequenten Verteidiger rechtsstaatlicher Prinzipien« bezeichnet[664] und als jemand, der dem BdV eine »faire partnerschaftliche Zusammenarbeit« angeboten habe.[665]

Schily überbrachte »die Grüße und die besten Wünsche« des Bundeskanzlers und versicherte den Anwesenden im Berliner Dom, dass die »Vertriebenen« sich in »sehr verdienstvoller Weise« am Aufbau der Bundesrepublik und der Errichtung einer »freiheitlichen Kultur« auf deutschem Boden beteiligt hätten. Ferner hätten sie in »erheblichem Maße« zur Einigung zwischen DDR und BRD beigetragen. Obgleich Schily in seiner Festansprache darauf verwies, dass die Umsiedlung der Deutschen eine Konsequenz aus dem Nationalsozialismus gewesen sei, fand seine Rede großen Anklang, denn er forderte ergänzend auch den »Mut zu einer klaren Sprache« und stellte heraus, dass man der »Wahrheit ins Gesicht sehen« müsse, was bedeute, auch die »Opfer der Vertreibungsverbrechen« mit einzubeziehen und dabei die Umsiedlung der Deutschen als »Verbrechen gegen die Menschlichkeit« (sic!) darzustellen.[666] Deshalb wolle die rot-grüne Bundesregierung auch die vom BdV als »Zentrum gegen Vertreibungen« geplante »zentrale Informations-, Dokumentations-, Archiv- und Begegnungsstätte« in Berlin tatkräftig unterstützen, für die nach BdV-Angaben zwischen 160 und 200 Millionen Mark als Stiftungskapital nötig seien.[667]

Schily war seit Jahren der erste hochrangige Sozialdemokrat, der sich an einer hochoffiziellen Veranstaltung des BdV als Festredner beteiligte. Das betonte auch BdV-Präsidentin Steinbach, die es als besonders wichtig herausstellte, dass zu »dieser Gedenkveranstaltung politische Repräsentanten von Rang hier im Berliner Dom zu Gast sind und sich diesem Anliegen stellen«.[668] Bereits kurz vor dem »Tag der deutschen Heimatvertriebenen« hatte Steinbach in einem Interview mit der Düsseldorfer Tageszeitung *Rheinische Post* erklärt, warum der Bund der Vertriebenen so gut auf die rot-grüne Bundesregierung zu sprechen ist: »Ich versuche schlicht und einfach, die Zahl unserer Verbündeten zu vermehren. Es geht um ein Anliegen aller Deutschen. Deswegen muss es auch ein Anliegen aller Parteien sein. Je mehr Politiker vollmundig die Vokabel ›Menschenrechte‹ in den Mund nehmen, desto mehr müssen sie sich daran messen lassen, wie sie in der Realität mit eigenen Vertreibungsopfern umgehen.«[669]

Diesen Kampf für Menschenrechte, den die Bundesregierung spätestens seit dem Krieg gegen Jugoslawien stets im Munde führt, hatte der BdV sich 1999 ebenfalls zur Hauptaufgabe gemacht: »Menschenrechte sind unteilbar« wurde zum Leitmotiv der Verbandsarbeit erklärt.[670] In der rot-grünen Regierung und ihrer Ankündigung einer verschärften Menschenrechtspolitik sehen die »Vertriebenen« den Türöffner für ihr Ziel, ihren Ansprüchen zu weiterer internationaler Anerkennung zu verhelfen.[671] Denn im Zuge einer solchen Politik, so wird innerhalb der Vertriebenenverbände geschlussfolgert, könnten neben den Menschenrechten anderer auch und vor allem die der Deutschen durchgesetzt werden. Denn es handelt sich dabei nicht mehr nur um eine Variante deutscher Außenpolitik, sondern um einen scheinbar international anerkannten Standard für Flüchtlinge, von dem letztlich die deutschen Vertriebenenverbände profitieren. Die dabei längst erfolgte Einbettung von Volksgruppenpolitik und individuellen Entschädigungsforderungen in die deutsche Menschenrechtspolitik lassen die »Vertriebenen« zu unübertroffenen Menschenrechtsaktivisten werden.

So formulierte der stellvertretende Bundessprecher der Landsmannschaft Ostpreußen, Wolfgang Thüne, bereits im Herbst 1998, dass die Vertriebenenverbände für die »individuellen Menschenrechte« ebenso kämpfen würden wie für die »praktische Durchsetzung der Prinzipien des allgemeinen Völkerrechts«: »Die Menschenwürde ist unantastbar! Freiheit und Menschenwürde sind untrennbar miteinander verbunden. Vertreibung ist Freiheitsberaubung und die schlimmste Missachtung der Menschenwürde.« Daher habe auch jeder »Vertriebene«, so Thüne, das »Recht auf Rückkehr in seine angestammte Heimat«. Kurz gefasst: »Wir wünschen uns ein freies, geeintes Ostpreußen in einem freien, geeinten und grenzenlosen Europa.« Und: »An diesem

Friedensdienst werden wir als Menschenrechtsorganisation trotz aller Diskriminierungen unbeirrt festhalten. An der gehorsamen Verfolgung der Gebote Gottes kann uns niemand hindern.«[672]

In diesem Sinne lässt sich denn auch ein Konsens herstellen, bei dem der BdV nicht nur mit den Sozialdemokraten zusammenarbeiten kann, sondern auch mit den Christdemokraten, wobei sein Ziel in beiden Fällen gleichermaßen die Realisierung eines deutschen »Rechtes auf die Heimat« ist. Denn in Fragen der parteipolitischen Orientierung gilt in den Vertriebenenverbänden noch heute das vor Jahrzehnten ausgegebene Motto, nach dem man »unabhängig von parteipolitischen Bindungen deutsche Traditionen sichern und vor allem die Jugend im Sinne der Verpflichtung gegenüber der deutschen Einheit und besonders dem deutschen Osten erziehen« will. Dazu müsse man »möglichst geschlossenen Einfluss auf alle demokratischen Parteien, und zwar auf allen Ebenen des politischen Lebens« ausüben.[673] So erklärte auch Berlins Regierender Bürgermeister Eberhard Diepgen (CDU) in seiner Rede beim »Tag der deutschen Heimatvertriebenen« im Mai 1999 in Berlin, die »deutschen Vertriebenen haben ihre Mission [...] keineswegs erfüllt«. Er »träume von einem Europa, in dem die Grenzen immer mehr ihren trennenden Charakter verlieren« und wünsche sich von Herzen, dass »Heimat nicht nur Erinnerung, sondern auch Zukunft« sein solle.[674]

## Vertriebenenverbände und Sozialdemokratie: Wächst zusammen, was ...?

Bei der Frage nach dem Verhältnis zwischen rot-grüner Bundesregierung und den Vertriebenenverbänden liegt es nahe, als erstes zunächst nicht an die Sozialdemokraten, sondern an die bündnisgrüne Bundestagsabgeordnete Antje Vollmer zu denken. Denn die damalige Bundestagsvizepräsidentin hatte sich im Mai 1995 angeboten, beim Sudetendeutschen Tag als Rednerin aufzutreten, weil sie die Sudetendeutsche Landsmannschaft dazu bewegen wollte, von ihren gegenüber der Tschechischen Republik gestellten Forderungen nach Entschädigung für die Umsiedlung Abstand zu nehmen.[675] Die SL lehnte Vollmers Wunschvorschlag ab und die bündnisgrüne Politikerin wurde – als man sie beim Sudetendeutschen Tag nicht als Rednerin, sondern »nur« als Gast begrüßte – von den Anwesenden mit tumultartigem Buhgeschrei bedacht, was sie allerdings wiederum nicht daran hinderte, bei einer BdV-Veranstaltung im Herbst 1995 als Referentin aufzutreten.[676]

Doch auch das Verhältnis zwischen Sozialdemokratie und BdV war in den Jahren vor der Regierungsübernahme bei weitem nicht so schlecht, wie häufig in der Öffentlichkeit angenommen wurde.[677] Bereits im Oktober 1995 hatten mehrere sozialdemokratische Bundestagsabgeordnete, darunter der spätere Parlamentarische Staatssekretär beim Bundesministerium des Innern (BMI), Fritz Rudolf Körper, einen »konstruktiven Dialog mit den ostdeutschen Landsmannschaften« bei einem auf Einladung der SPD stattgefundenen Treffen mit Vertretern der Vertriebenenverbände gefordert.[678] Und im April 1998 besuchte der damalige SPD-Bundesgeschäftsführer und spätere Bau- und Verkehrsminister Franz Müntefering die BdV-Bundesgeschäftsstelle.[679] Auch bei diesem Gespräch wurde betont, dass der BdV »auch künftig eine wichtige Funktion als Brücke im Prozess der Verständigung mit den osteuropäischen Nachbarn« einnehmen werde.[680]

Der entscheidende Prüfstein für die Tragfähigkeit des Angebotes der SPD auf faire Zusammenarbeit mit den Vertriebenenverbänden war jedoch die erste Haushaltsberatung unter der rotgrünen Bundesregierung. Und der im Frühjahr 1999 vorgelegte Haushaltsplan stellte sich als Bestätigung für das sozialdemokratische Interesse an einer Zusammenarbeit heraus. Denn die Vertriebenenverbände hatten nicht nur keine Mittelkürzungen im Vergleich zu 1998 hinzunehmen, sondern die rot-grüne Bundesregierung hatte für sie sogar mehr Geld vorgesehen als die uniongeführte. Was die institutionelle Förderung des BdV anbelangt, so standen hier für 1999 rund 3,58 Millionen Mark im Haushaltseinzelplan des BMI – 1998 waren es rund 3,48 Millionen.[681] Die Projektgelder für »Maßnahmen zur Förderung der Integration von Spätaussiedlern und Vertriebenen« stiegen laut Haushaltsplan von vormals 21,82 Millionen auf 38,42 Millionen Mark an.[682] Dabei sind die Zahlen der Spätaussiedler, die in die Bundesrepublik kommen, seit 1996 rückläufig. Bereits Mitte Januar 1999 hatte der neue Aussiedlerbeauftragte der Bundesregierung, Jochen Welt, zur bisherigen Aussiedlerpolitik und damit zur Arbeit seines Amtsvorgängers Horst Waffenschmidt (CDU) erklärt: »Wir haben vorerst keine grundsätzliche Kurskorrektur vor.« Und: »Wir beabsichtigen, die Mittel für Vor-Ort-Maßnahmen auszubauen.«[683]

Ein leichter Rückgang der Mittel von 125 Millionen auf 115 Millionen Mark war für die Unterstützung »deutscher Minderheiten in Ostmittel-, Ost- und Südosteuropa einschließlich nicht-europäischer Nachfolgestaaten der UdSSR« vorgesehen.[684] Bei dem in diesen Bereich fallenden Posten der »Leistungen zur Schaffung von Lebensgrundlagen für die deutschen Minderheiten« vermerkte man auch, wofür das Geld konkret aufgewendet werden sollte: für die Unterstützung beim »Aufbau von Verwaltungseinheiten in Regionen mit deutscher Bevölkerung« und für die »Festigung sonstiger deutsch besiedelter oder künftig von Deutschen zu besiedelnden Regionen«.[685] Zu diesen Titeln aus dem Haushaltseinzelplan des BMI kam noch die finanzielle Förderung »kultureller Maßnahmen im Rahmen des § 96 *BVFG*« hinzu. Dieser Paragraf 96 des *Bundesvertriebenengesetzes* besagt, dass das »Kulturgut der Vertreibungsgebiete« im »Bewusstsein der Vertriebenen und Flüchtlinge, des gesamten deutschen Volkes und des Auslandes« zu erhalten sei.[686] Insgesamt etwa 47 Millionen Mark wurden von der Bundesregierung für 1999 dafür veranschlagt.[687] Ein Vergleich zum Vorjahr ist hier schwer möglich, weil diese Haushaltstitel neuerdings in das Ressort des Staatsministers für Kultur und Medien, Naumann, fallen – diesen Posten gab es unter der uniongeführten Bundesregierung noch nicht. Aber an Einzelbeispielen zeigt sich auch hier, woher der Wind wehte: Unter den 47 Millionen finden sich beispielsweise 1,26 Millionen für die Stiftung Ostdeutscher Kulturrat, die wiederholt in die Schlagzeilen geraten war, weil sie den Rechtsextremisten Claus Nordbruch mit einem Preis geehrt hatte. 1998 lagen die Mittel, die an die OKR flossen, noch bei etwa einer Million Mark.[688]

Der im Herbst 1999 vorgelegte Haushaltsentwurf der rot-grünen Bundesregierung für das Jahr 2000 ging sogar noch weiter und bestätigte damit den eingeschlagenen Weg: Während die institutionelle Förderung des BdV konstant blieb, stiegen die Mittel für »Maßnahmen zur Förderung der Integration von Spätaussiedlern und Vertriebenen« nochmals um gut drei Millionen auf nunmehr 41,48 Millionen Mark an.[689] Und auch bei den in das Ressort von Naumann fallenden Förderungen nach Paragraf 96 *BVFG* bestätigte sich dieses Bild: Für die Stiftung Ostdeutscher Kulturrat etwa sind für 2000 fast 1,42 Millionen Mark angesetzt[690] – und das, obwohl Naumann Mitte 1999 noch Kürzungspläne hatte verlauten lassen.[691]

Wie sich bereits am BMI-Haushaltseinzelplan für 1999 zeigte, messen die Sozialdemokraten einer umfassenden Aussiedlerpolitik ein großes Gewicht bei. Sie setzen dabei statt auf die Förderung von »großen Investitionsprojekten« auf die Unterstützung von »gemeinschaftsfördernden Einrichtungen« im Ausland.[692] Im Gegensatz zu früheren Ansätzen in dieser Frage kommen die Mittel für (Spät-)Aussiedler und so genannte deutsche Minderheiten heute verstärkt außerhalb der bundesdeutschen Staatsgrenzen zum Einsatz. Denn seit der Wende 1989/90 wurde die »Möglichkeit der Hilfen für die Deutschen in ihren Siedlungsgebieten in bis dahin nicht vorstellbarer Weise« erweitert, wie es in der ersten vom sozialdemokratischen Aussiedlerbeauftragten Jochen Welt verantworteten Ausgabe des *Info-Dienstes Deutsche Aussiedler* heißt.[693]

Als deutsche Siedlungsgebiete versteht die Bundesregierung dabei nicht nur Hessen, Sachsen, Thüringen oder Baden-Württemberg, sondern beispielsweise auch Kasachstan, die Ukraine, Kirgistan, Tadschikistan, Weißrussland, Aserbaidschan, Georgien, Estland, Polen oder das ehemalige Jugoslawien.[694] Die in diesen Staaten lebenden »rund 2 Millionen Angehörige deutscher Minderheiten« wurden, heißt es im *Info-Dienst*, früher von den Sowjetrussen unterdrückt und hätten sich deshalb nicht mehr der »Wiedergewinnung bzw. Bewahrung der eigenen deutschen Identität in Sprache und Kultur« widmen können.[695] Sie hatten vielmehr versucht, sich zu integrieren – obwohl die Bundesrepublik bereits vor 1989 Anreize geschaffen und Möglichkeiten eröffnet hatte, die die Angehörigen der »deutsche Minderheiten« zur Ausreise bewegen sollten.

Doch damit ist es vorbei. Bereits der Aussiedlerbeauftragte der christlich-liberalen Bundesregierung in den neunziger Jahren, Horst Waffenschmidt, hatte den Kurs gewechselt und nicht mehr auf die Förderung von Ausreise und Übersiedlung gesetzt, sondern auf die Schaffung von deutschen »Inseln der Hoffnung«[696]. Sein sozialdemokratischer Nachfolger hält daran fest. Die »deutschen Minderheiten« können vor Ort »mit unserer Hilfe rechnen«, heißt das in den Worten von Welt.[697] Solche deutschen Hoffnungsinseln sind Gebiete im Ausland, in denen durch Ansiedlung von Angehörigen der so genannten deutschen Minderheiten eine auf faktische Selbstständigkeit ausgerichtete deutsche Hoheit erreicht werden soll. Das »wichtigste Ziel« der deutschen Hilfe, formuliert die rot-grüne Regierung, ist es, den Deutschen »an ihren gegenwärtigen Wohnorten – und bei einer eventuellen Umsiedlung innerhalb der genannten Staaten – zu helfen«, noch bestehende Benachteiligungen auszugleichen. Ausgleich geschaffen werden soll – neben der »Wiedergewinnung bzw. Bewahrung der eigenen deutschen Identität in Sprache und Kultur« – auch durch die »Freiheit des religiösen Bekenntnisses«, die »Pflege der Tradition« und die »Freiheit der Verbindung mit den Deutschen in der Bundesrepublik Deutschland«. Außerdem gehe es um die Verbesserung der wirtschaftlichen, sozialen und rechtlichen Situation, heißt es im *Info-Dienst Deutsche Aussiedler.* Diese »Zukunftsperspektive« solle allen Regionen dienen, in »denen Deutsche kompakt wohnen«.

Wie dieses deutsche Kompakter-Wohnen-Modell funktionstüchtig werden soll, darauf haben sich Auswärtiges Amt und Bundesinnenministerium bereits 1990 geeinigt: in Arbeitsteilung. Diesen Ansatz hat die rot-grüne Regierung übernommen, weil er so zweckmäßig funktioniert. Während das deutsche Innenministerium »Maßnahmen sozialen und gemeinschaftsfördernden Charakters« einschließlich wirtschafts-, landwirtschaftsbezogener und infrastruktureller Hilfen in Osteuropa finanziert und betreut, öffnet das Auswärtige Amt »neue Fenster zur kulturellen und bildungspolitischen Förderung der deutschen Minderheiten«.[698] Der stellvertretende Bundesvorsitzende der Landsmannschaft Schlesien und Vorsitzende der Ost- und Mitteldeutschen Vereinigung der CDU/CSU, Helmut Sauer, erklärt, warum derartige Politikansätze im nationalen Einklang jenseits von Parteigrenzen umgesetzt werden: »Jede Bundesregierung und das gesamte Parlament haben die Schutz- und Sorgepflicht für die Deutschen in der Heimat bis hin zur Durchsetzung ihrer Volksgruppenrechte.«[699] Was heißt, dass das Deutschtum zum politischen Primat höchster Güte avanciert sein muss.

## Zweckinitiierungen: Von der Minderheit zur Volksgruppe

Am 29. Mai 1998 nahm der Deutsche Bundestag mit den Stimmen der damaligen Regierungskoalition und bei Enthaltung der SPD den Antrag *Vertriebene, Aussiedler und deutsche Minderheiten sind eine Brücke zwischen den Deutschen und ihren östlichen Nachbarn* an. Die »deutschen Heimatvertriebenen, Aussiedler und die deutschen Minderheiten in Mittel- und Osteuropa« seien, so die Resolution des Bundestages, beim Zusammenwirken Deutschlands mit seinen östlichen Nachbarn »möglichst umfassend einzubeziehen«. Die »Vertreibung von Deutschen« müsse stets als »großes Unrecht und als völkerrechtswidrig« angesehen werden. Dass die Umsiedlung der Deutschen im *Potsdamer Abkommen* geregelt worden war, wurde dabei verschwiegen, als hätte man sich die Position der deutschen Rechtsradikalen zu eigen gemacht, die solche völkerrechtlichen Vereinbarungen als »Siegerrecht« abtun. Des weiteren sollen gemäss dieser Resolution die »europäischen Grundfreiheiten«, insbesondere Freizügigkeit und Niederlassungsfreiheit, auch für die »Vertriebenen« gelten. Die »in Europa beheimateten Minderheiten und Volksgruppen« sollen als »wichtige Brücke zwischen den europäischen Staaten und Völkern« zum Einsatz kommen. Diese Brückenfunktion werde unterstützt von Deutschkursen für Spätaussiedler »in den Herkunftsgebieten«.[700] Der polnische Sejm erkannte in der Erklärung des Bundestages »Doppeldeutigkeiten« und »gefährliche Tendenzen«[701] und der polnische Botschafter in Deutschland, Andrzej Byrt, wies ergänzend darauf hin, dass man in Polen »tatsächlich Ängste« habe, weil »der Deutsche Bundestag insbesondere die Gruppe der Vertriebenen« unterstütze.[702] Hingegen erklärte der ehemalige polnische Präsident Lech Walesa zustimmend, man wolle in »einem europäischen Danzig und in einem europäischen Schlesien wohnen, zu dem alle den gleichen Zugang haben«.[703]

Ohne es explizit zu sagen, hatte Walesa damit den eigentlichen Inhalt der Bundestagsresolution erfasst. Denn es geht dabei um ein »modernes Volksgruppenrecht als Baustein für ein Vereintes Europa«, wie es der vormalige NS-Volksgruppen-Theoretiker Theodor Veiter schon vor gut dreißig Jahren in einem Referat vor dem Witikobund ausdrückte.[704] Der ausgesprochene Antisemit Veiter hatte bereits während des Nationalsozialismus Konzepte zur Volksgruppeninstrumentalisierung entworfen.[705] Seinen Einfluss machte er auch direkt im BdV geltend. So arbeitete er federführend an dem vom BdV-Ausschuss für Politik und Völkerrecht konzipierten *System eines internationalen Volksgruppenrechts* mit, dessen erster Band von dreien 1970 erschien.[706] Bei der Präsentation der Schrift erklärte Veiter, dass das Werk in einer Zeit erscheine, zu der in der »europäischen Öffentlichkeit die Fragen des Volkstums eine neue Aktualität gewonnen« hätten. Als Regionen dieser Aktivität nannte er Irland, Belgien, Südtirol, die Tschechoslowakei und Jugoslawien.[707] Dass sich ein Volksgruppenkonzept, wie es Veiter erarbeitete, nicht nur gen Osten wendet und dort im Falle der Tschechoslowakei und Jugoslawiens bei deren Auflösung inzwischen bereits erfolgreich Anwendung gefunden hat[708], sondern dass es auch westeuropäische Staaten zu unterminieren sucht, zeigen Veiters Vorwürfe gegen Frankreich, im Elsass »schwerst wiegende« Verstöße gegen das Volksgruppenrecht zu begehen.[709]

Dieses Volksgruppenrecht steht in direkter Tradition der geheimen Nebenaußenpolitik der Weimarer Republik und des frühen Nationalsozialismus. Der aufgrund des Nationalsozialismus in die USA emigrierte Sozialwissenschaftler Franz Neumann hatte bereits 1942 im *Behemoth* dieses von Deutschland auf seinen europäischen Hegemonialraum ausstrahlende Volksgruppen- und Selbstbestimmungsrecht »als eine Waffe« erkannt: »Man nutze jede aus dem Minderheitenproblem erwachsende Spannung. Man schüre nationale und rassische Konflikte, wo man kann. Jeder Konflikt wird Deutschland, dem neuen selbst ernannten weltweiten Hüter der Ehre, Freiheit und Gleichberechtigung, in die Hände spielen.«[710] Unter den gleichen moralischen Prämissen wird vermittels des Volksgruppenrechts auch heute das Recht auf nationale Selbstbestimmung zu einem europäischen Recht auf separatistische Sezession so erweitert und umgebogen, dass die den deutsch-europäischen Hegemonialinteressen jeweils genehmen völkisch-nationalen Minderheiten als Operateure missliebige Nationalstaaten destabilisieren, zerstückeln und zerstören können.[711]

Denn auch heute gibt es in Europa nur einen Staat, nämlich die Bundesrepublik, der aufgrund seiner geografischen Lage und seiner wiedererlangten territorialen Größe, der wegen seiner ökonomischen Potenz und seiner kulturellen Einfluss-Sphären die Rolle der europäischen Zentralmacht wahrnehmen kann[712], im Zweifel auch durch die »Instrumentalisierung der Verbündeten qua Machtposition«[713]. Herbert Czaja, BdV-Präsident von 1970 bis 1994, hatte diesen Instrumentalisierungsansatz Mitte der Achtziger in Bezug auf die Volksgruppen- und Minderheitenpolitik wie folgt umrissen: Die deutsche Außenpolitik müsse sich um mit dem Westen abgestimmte Schritte und multilaterale Bemühungen zu Gunsten der »Menschenrechte der Millionen unterdrückten Deutschen von der Elbe bis hin zu den von den Siegermächten vorerst unterstellten Grenzen Deutschlands einsetzen, ebenso auch für die deutschen Minderheiten außerhalb dieser Grenzen bis nach Kasachstan. Nur wenn man das maßvoll, offen und mit echter Überzeugung, gemeinsam mit der verantwortungsvollen Haltung der Verbündeten tut, kann man dem Vorwurf entgehen, die bedrängten deutschen Gruppen als Mittel expansiver deutscher Politik zu missbrauchen!«[714]

Bereits der Begriff der (nationalen) Minderheit in seiner hier vorgestellten Interpretation ist politisch aufgeladen und wird in den meisten Fällen heute sogar synonym zu dem der Volksgruppe verwandt. Unter »nationalen Minderheiten« verstand Veiter die »Summe von in einem andersethnisch beherrschten Staat als Minderheit lebenden Menschen, die sich von der Mehrheit durch die objektiven Merkmale etwa der Sprache oder auch anderer ethnischer Kennzeichnungen unterscheiden, denen aber das Gemeinschaftsbewusstsein fehlt, die keine Gruppe im soziologischen Sinn bilden, also keine Zielsetzungsgemeinschaft«.[715] Da der Minderheitenbegriff in dieser Definition stets ethnisch (also völkisch), kulturell oder sprachlich interpretiert wird, deckt er sich in seinem theoretischen Kern bereits mit dem der Volksgruppe, wobei aber erst durch letzteren die politische Forderung tatsächlich wirkungsmächtig wird: »Volksgruppe ist ein Teil eines Volkes [...], der in einem Staat lebt, dessen Führung ganz oder in wesentlichen juristischen Bezügen oder hinsichtlich der faktischen Machtausübung von einem anderen Volk oder von mehreren anderen Völkern bestimmt wird. Das Bewusstsein der Zugehörigkeit zu einer eigenen ethnischen Gemeinschaft (geistigen Zielsetzungsgemeinschaft) unterscheidet die Volksgruppe von einer bloß zahlenmäßigen völkischen (›nationalen‹, ›ethnischen‹) Minderheit.«[716] So wurde der Volksgruppenbegriff von den völkischen Interpreten wiederbelebt, um sich eines möglicherweise auch individuell auslegbaren Minderheitenverständnisses zu entledigen.[717] Auf dem Begriff der Volksgruppe basierend entsteht der der Nation und damit die Vorstellung und der Wunsch, dass ein »Volk« einen eigenständigen Staat haben soll. So hat der Begriff der Volksgruppe auch einen »deutlich wahrnehmbaren territorialen Bezug« zur als Heimat ausgemachten geografischen Region, zu dem Bereich, in dem die jeweilige Volksgruppe angeblich »seit eh und je wohnt, wo sie ›zuhause‹ ist« und ihr eigenes vermeintlich »angestammtes Gebiet« besitzt.[718]

An die Stelle eines individuell denkbaren Rechts trat also das kollektive Volksgruppenrecht und damit auch die davon untrennbare Vorstellung einer Neuordnung des europäischen Kontinents: die der Zerstückelung, Zerschlagung und Eliminierung nichtdeutscher Nationalstaaten. Es wurde in diesem Kontext in den Vertriebenenverbänden seit den achtziger Jahren zusehends weniger über Grenzverläufe, sondern vielmehr über das deutsche Recht auf Selbstbestimmung diskutiert. Dieses eingeforderte Recht auf Selbstbestimmung »in der Heimat« geht einher mit der Forderung eines »Rechtes auf die Heimat«, das nach einer Definition von Alfred Maurice de Zayas, der vom BdV 1997 die »Plakette für Verdienste um den deutschen Osten und das Selbstbestimmungsrecht« verliehen bekam, eine »Voraussetzung zum Genuss der übrigen Menschenrechte« sein soll[719], wobei das »Recht auf die Heimat« zum »Grundrecht für nationale Minderheiten und Volksgruppen« mutiert.[720] Das Selbstbestimmungsrecht der Völker wird in dieser Interpretation zur Forderung nach Mitbestimmung in Regionen, in denen man sich gar nicht aufhält, und zum internationalen Gestaltungsprinzip höchster Priorität: »Es ist heute als gesichert anzusehen, dass das Selbstbestimmungsrecht der Völker auch Volksgruppen zusteht. Grundsätzlich ist der Volksgruppe nicht das zu versagen, was dem Volk zusteht, weil jene einen Teil des Volkes darstellt.«[721]

Allerdings verblieben die Konstrukte der Volksgruppenfetischisten nicht auf dem Feld der Theorie. Auf internationaler, völkerrechtlicher Ebene sind diese Vorstellungen bereits in umfangreichen Vertragswerken manifestiert und auch ratifiziert worden. So vereinbarten die Staats- und Regierungschefs in der beim KSZE-Gipfeltreffen Ende November 1990 verabschiedeten *Charta von Paris für ein neues Europa* beispielsweise: »Wir sind entschlossen, den wertvollen Beitrag nationaler Minderheiten zum Leben unserer Gesellschaften zu fördern, und verpflichten uns, deren Lage weiter zu verbessern. Wir bekräftigen unsere tiefe Überzeugung, dass freundschaftliche Beziehungen zwischen unseren Völkern [...] den Schutz der ethnischen, kulturellen, sprachlichen und religiösen Identität nationaler Minderheiten und die Schaffung von Bedingungen für die Förderung dieser Identität erfordern.«[722] Hierbei wird zwar noch der in den europäischen Verkehrssprachen (Englisch, Französisch) als unverfänglich anzusehende Begriff der Minderheit (minority, minorité) gebraucht, aber bereits in der vollen Bedeutung des in der deutsch-völkischen Tradition stehenden Wortes Volksgruppe, denn es ist bereits hier stets von kollektiven und nicht von individuellen Rechten die Rede. Der tatsächliche politische Gehalt, der in der durch die Gruppenausübung hergestellten politischen und gesellschaftlichen Machtmöglichkeit besteht, wird auf diese Weise mittels eines scheinbar individuell beziehbaren Begriffs verschleiert. So wurde auch als Ziel in der *Europäische Charta der Regional- oder Minderheitensprachen* (1992) die »Anerkennung der Regional- oder Minderheitensprachen als Ausdruck des kulturellen Reichtums« festgelegt. Dazu notwendige Maßnahmen seien Achtung, Erleichterung des Gebrauchs und Förderung der Nutzung der »Regional- oder Minderheitensprachen«. Wozu entsprechende Infrastruktur zu schaffen bzw. vorhandene auszubauen sei.[723] Dies schließt selbstredend langfristig ein, dass die »Minderheitensprache ohne Eingriffe öffentlicher Stellen und ohne Rücksicht auf Landesgrenzen« zum Einsatz kommen wird. So definiert es zumindest das 1995 aufgelegte und 1998 in Deutschland in Kraft getretene *Rahmenübereinkommen zum Schutz nationaler Minderheiten*, das als verbindliche Vereinbarung für die Mitgliedsstaaten des Europarates wie auch für die EU-Betrittskandidaten gilt.[724] Und auch der so genannte deutsch-polnische Nachbarschaftsvertrag griff bereits im Juni 1991 entsprechenden Regelungen vor: »Minderheiten und gleichgestellte Gruppen« werden als »natürliche Brücken«[725] begriffen, die ihre »ethnische, kulturelle, sprachliche und religiöse Identität frei zum Ausdruck« bringen, bewahren und weiterentwickeln dürfen.[726]

Der Ständige Sekretär der Académie française, Maurice Druon, wies in diesem Kontext Ende August 1999 in der französischen Tageszeitung *Le Figaro* darauf hin, dass derartige Regelungen allein für die Bundesrepublik Gewinn bringend seien.[727] Statt eines Krieges, der wegen des europäischen Einigungsprozesses unwahrscheinlich geworden sei, sei eine folgenreiche Periode der Aufstände und Revolten zu erwarten. In dieser werde einerseits die deutsche Sprache zur Sicherung der deutschen Vormachtstellung auf dem Kontinent weiter Verbreitung finden, andererseits müssten nichtdeutsche Staaten mit ihrer weiteren Regionalisierung rechnen. Allein die Bundesrepublik sei durch Übereinkünfte wie die *Europäische Charta der Regional- oder Minderheitensprachen* nicht von der Auflösung bedroht, weil sie sich nur aus Regionen zusammensetze, in denen Deutsch als gesellschaftlich anerkannte Verkehrssprache gesprochen werde. Zudem sei die Bundesrepublik aber auch darum bemüht, die Rechte der deutschsprachigen Minderheiten jenseits ihrer eigenen Staatsgrenzen, etwa in der Tschechoslowakei, Luxemburg oder Schlesien umfangreich durchzusetzen.[728]

In der Praxis führt das beispielsweise dazu, dass der Großteil der in Polen lebenden Menschen, die sich auf eine »deutsche Herkunft« berufen, seit der deutschen Einheit die deutsche Staatsbürgerschaft beantragt und auch bekommen hat. Dem deutschen Staatsangehörigkeitsverständnis nach wurden diese Menschen nämlich aufgrund ihrer »deutschen Herkunft« auch als deutsche Staatsbürger betrachtet, bis zur osteuropäischen Transformation sozusagen noch als »verhinderte«. Auf ihren polnischen Pass mussten die als »deutsche Minderheit« in Polen lebenden Menschen dabei keineswegs verzichten, denn das polnische Recht spricht nicht von doppelter Staatsbürgerschaft. Stattdessen geht es davon aus, dass jeder polnische Staatsbürger die gleichen Rechte und Pflichten wie alle anderen genießt, ein weiterer Pass jedoch als seine individuelle Entscheidung angesehen wird. Schätzungen jüngeren Datums zufolge leben zwischen hundertsiebzig und zweihunderttausend Menschen in Polen, die sowohl über einen polnischen wie auch einen deutschen Pass verfügen.[729] Der Vorteil dieses zweiten Passes liegt besonders im ökonomischen Bereich. Denn wer auch im Besitz der deutschen Staatsbürgerschaft ist, kann problemlos in Deutschland arbeiten. Für die meisten polnischen Bürger ist die Westgrenze zu Deutschland vor allem noch eine Wohlstandsgrenze. Die »deutsche Minderheit« nutzt hingegen die Vorteile, die sich aus dem zweiten Pass ergeben, was in Polen ein soziales Gefälle zwischen ihr und den anderen polnischen Bürgern herstellt. Auf diese Weise entstehen Spannungen und es wird Zwietracht gesät, weil der Wohlstand einseitig zu Ungunsten der polnischen Bevölkerung verteilt ist. In der Woiwodschaft Opolskie – hier besitzt etwa ein Fünftel der Bevölkerung auch den deutschen Pass – erkennt man bereits heute anhand der renovierten und modernisierten Häuser, wo die »deutsche Minderheit« lebt und in welchen Häusern Menschen wohnen, für die der westliche Wohlstand unerreichbar bleibt.[730]

Die südpolnische Woiwodschaft Opolskie, in deren geografischem Zentrum die Stadt Opole liegt (eine Woiwodschaft ist etwa mit einem Bundesland zu vergleichen), ist der Teil in Polen, in dem die »deutsche Minderheit« inzwischen weite Teile des Gebietes politisch dominiert. So errangen 1994 die Kandidaten der Deutschen in Opolskie in 36 Gemeinden die absolute Mehrheit der Sitze (1990 waren es noch 25), wobei in 22 Gemeinden ein Stimmanteil von über 80 Prozent erzielt wurde.[731] Und bei den polnischen Regionalwahlen im Oktober 1998 erreichten die Vertreter der »deutschen Minderheit« 13 von 45 Sitzen in der Bezirksvertretung der Woiwodschaft Opolskie und landeten damit an zweiter Stelle hinter dem Bündnis der Demokratischen Linken (14 Sitze) und vor sämtlichen anderen Konkurrenten. Mit der Verwaltungsreform in Polen Ende 1998 wurde die Zahl der Woiwodschaften von 49 auf 16 verringert und damit ihre Macht gegenüber dem Zentralparlament gestärkt.[732] Die größte polnische Tageszeitung *Gazeta Wyborcza* kommentierte den Wahlerfolg der Deutschen im Herbst 1998, dass damit »faktisch die Deutschen die Wahlen in dieser Region gewonnen« haben, weil sie darüber entscheiden, wer in Opolskie regiert.[733]

Ihre deutlichsten Erfolge erzielte die »deutsche Minderheit« innerhalb der Woiwodschaft Opolskie in den drei Landkreisen Opole (29 von 45 Sitzen), Krapkowice (18 von 30 Sitzen) und Strzelce Opolskie (19 von 35 Sitzen). Die Sozial-Kulturelle Gesellschaft der Deutschen (SKGD) hatte dort jeweils die Mehrheit erreicht.[734] Der Wahlerfolg sei, so SKGD-Vorsitzender Henryk Kroll seinerzeit, ein »Signal zur Rückkehr für Schlesier«, die in den vergangenen Jahren nach Deutschland übergesiedelt seien. Vor allem in den Bereichen Schule und Kultur werde der Einfluss der »deutschen Minderheit« zunehmen.[735] Krolls Aufgabe in Polen ist es, schrieb der BdV bereits in einer Schulungsschrift von 1990, dem »Exodus der Schlesier Einhalt zu gebieten und dafür zu sorgen, dass die in Oberschlesien gebürtigen Deutschen sich wieder zu Hause fühlen können«.[736] Kroll ist zudem noch Abgeordneter der »deutschen Minderheit« im polnischen Parlament, dem Sejm, und von ihm stammen auch Aussagen wie die folgende: »Wir Schlesier sind hier zu Hause, die Polen sind hier nur zu Gast.«[737]

Gerhard Bartodziej, Präsident des Verbandes der deutschen sozial-kulturellen Gesellschaften in Polen (VdG), in dem auch die SKGD organisiert ist, hatte bereits Mitte 1998 glücklich festgestellt, dass sich die Lage der »deutschen Volksgruppe« – der Begriff wird auch hier synonym zu dem der Minderheit verwandt – seit 1990 zum Besseren hin verändert habe.[738] So war es auch wenig verwunderlich, dass Mitte 1999 Bürgerinnen und Bürger in Kotlarnia in der Gemeinde Bierawa in der Woiwodschaft Opolskie gegen die Schließung einer Schule protestierten. Unter den Dörfern der Gemeinde Bierawa ist Kotlarnia das einzige, in dem die Mehrzahl der rund neunhundert Einwohner sich nicht als deutsch definiert. Die Schließung der Dorfschule, gegen die man protestierte, war für einen Großteil der Bürger gleichbedeutend mit einer Germanisierung. Denn diese Schule war die einzige der ganzen Gemeinde, in der die deutsche Sprache nicht den Status einer Muttersprache hat. Wenn Deutsch als erste Unterrichtssprache gelehrt würde und nicht mehr als (zusätzliche) Fremdsprache, fürchtete man, werde man die polnischen Kinder auch als Deutsche ansehen und nicht mehr als Polen – sozusagen eine schleichende Germanisierung. Beim Gemeinderat stießen die Eltern mit ihren Bedenken indes auf taube Ohren: Drei Viertel der zwanzig Ratsmitglieder gehören dem VdG an. Landesweites Aufsehen erregten allerdings nicht diese deutschen Kontroll- und Machtinstitutionen, sondern die Absicht der Verteidiger der Schule von Kotlarnia, einen Verein der polnischen Minderheit zu gründen: »Wir fühlen uns wie Fremde im eigenen Land«, erklärte einer ihrer Sprecher. Weiter hieß es: »Wenn wir als Minderheit anerkannt werden, bekommen wir die gleichen Rechte wie die deutsche Minderheit.«[739]

## »... ein vielversprechendes positives Element der deutschen Zukunft«

In einem Interview mit der rechtsextremen Wochenzeitung *Junge Freiheit* markierte die BdV-Präsidentin Steinbach als Arbeitsschwerpunkt des BdV seit 1990 die Frage der europäischen Osterweiterung. Als erste daraus resultierende Forderung nannte sie, dass neue EU-Mitgliedsstaaten das »Vertreibungsunrecht aufarbeiten müssen« und daraus folgend als zweite, dass »wirklich konstruktive Minderheitenrechte« geschaffen werden müssten.[740] Damit verdeutlichte sie, dass aus dem als Unrecht begriffenen historischen Vorgang der Umsiedlung direkt die knallharte politische Forderung der Minderheiten- bzw. Volksgruppenrechte abgeleitet wird. Denn die Aggressivität der Heimatforderungen der Vertriebenenverbände entwickelt sich von dieser Basis aus. Man könnte auch sagen, dass sich hieran wieder einmal zeigt, dass man »die Deutschen am meisten fürchten muss, wenn sie anfangen, sich selber zu beweinen«.[741]

Aber der BdV beweint sich nicht nur selbst, er wird auch beweint. Aufgrund der deutschen Medienberichterstattung während des Krieges gegen Jugoslawien bildete sich die vorherrschende Meinung heraus, es müsse auch das Leid der deutschen Umgesiedelten im Kontext des Krieges gegen Jugoslawien und der Flucht der Kosovo-Albaner neu diskutiert werden, mit dem Ziel, ein als allgemein verbindlich zu begreifendes »Recht auf die Heimat« als internationales Recht durchzusetzen.[742] Kurz nach Ende der unter massiver deutscher Beteiligung durchgeführten Nato-Bombardements auf Jugoslawien forcierte eine Tagung an der Europa-Universität Viadrina in Frankfurt/Oder diese Forderungen;[743] einer der Hauptredner der Tagung (Karl Schlögel) hatte bereits während des Krieges in einem umfangreichen Dossier in der *Zeit* versucht, die deutschen »Vertriebenen« als Opfer neben andere Flüchtlinge einzureihen.[744] Und BdV-Präsidentin Steinbach stellte in einem Artikel in der *Süddeutschen Zeitung* mit Bezugnahme auf die Flucht der Kosovo-Albaner die Forderung auf, die Aufnahme von Polen und der Tschechischen Republik in die Europäische Union von der Aufarbeitung angeblicher Vertreibungsverbrechen, von der

»Heilung dieser großen europäischen Wunde« abhängig zu machen. Sollten sich diese »uneinsichtigen Kandidaten« dazu nicht bereit erklären, könne man ihre Integration in die EU mit einem Veto blockieren oder verhindern – denn dazu, so Steinbach doppeldeutig, bedürfe es »keiner Kampfflugzeuge«.[745]

So sickern die Auffassungen der Vertriebenenverbände nachhaltig in den gesellschaftlichen Diskurs ein. Ihr Einfluss in weiten Teilen der bundesdeutschen Gesellschaft, besonders aber auch im Wissenschaftsbetrieb zeigt, dass sie längst zu konsensfähigen Positionen geworden sind und den gesellschaftlichen Diskurs sogar bestimmen: Der nach dem Sieg über Deutschland und der Befreiung der Welt vom Nationalsozialismus selbstverständliche breite Konsens darüber, dass die Umsiedlung der Deutschen rechtens und notwendig war, ist mittlerweile aufgebrochen worden durch den jahrzehntelangen Kampf der Vertriebenenverbände, der es den Deutschen heute ermöglicht, sich – zu Unrecht – als Opfer darzustellen und zu fühlen.

Flankiert wird diese aktive Geschichtsrevision durch die Forderung nach Einbeziehung der Vertriebenenverbände bei aktuellen zwischenstaatlichen Verhandlungen mit Polen oder der Tschechischen Republik, wie bereits implizit von Steinbach in der *SZ* postuliert. War dies im Zuge der Diskussionen um die Deutsch-Tschechische Erklärung Ende 1996/Anfang 1997 noch eine von den Unionsparteien respektive der CSU vorgetragene Forderung, so werden derartige Ansätze inzwischen auch von liberalen Medien wie eben der *Süddeutschen Zeitung* oder dem *Spiegel* vertreten. So machte in einer Ausgabe des *Spiegel Spezial* der Autor Hans-Ulrich Stoldt Mitte 1999 die sensationelle Entdeckung, dass der SL-Jugendverband Sudetendeutsche Jugend (SDJ) eigentlich »nur« Verständigung mit Tschechien suche[746], wodurch das Tor für die Vertriebenenverbände zum Osten weit aufgestoßen wurde.

Dieses Tor zur Durchsetzung des deutschen »Rechtes auf die Heimat« von anderer Seite aufgestoßen hat der tschechische Botschafter in der Bundesrepublik, Frantisek Cerny. Für ihn haben die »Vertriebenen« ein »echtes Interesse« an der Tschechischen Republik und würden sich deshalb in der »euroregionalen, grenzüberschreitenden Zusammenarbeit sehr nützlich« machen.[747] Ferner werde die Tschechische Republik »eines Tages« laut Cerny auch das »an den Sudetendeutschen verübte Unrecht« eingestehen.[748] Wenn sich heute noch eine Mehrheit von etwa fünfundsiebzig Prozent der tschechischen Bürger gegen eine »dauerhafte Rückkehr von Sudetendeutschen in ihre Heimat« ausspricht, so sind dies vorzugsweise ältere Menschen, wohingegen jüngere diese Möglichkeit nicht nur tolerieren, sondern sogar befürworten.[749]

»Die oft ausgesprochene Befürchtung, dass der Menschenschlag aus dem deutschen Osten in absehbarer Zeit aussterben werde, ist unbegründet. Jene, die gehofft haben und hoffen, dies werde nur eine Frage der Zeit und des Generationenwechsels sein, dürften sich irren. [...] Die großen Volkstumsstämme der Heimatvertriebenen haben auch innerhalb der Bundesrepublik Deutschland eine Zukunft und eine besondere Funktion. Die daran Interessierten erkennen offensichtlich diese Möglichkeiten und sind bereit, sie wahrzunehmen. So wird das Unrecht der Vertreibung durch die gemeinsame Anstrengung des deutschen Volkes und aller seiner Stämme allmählich zu einem vielversprechenden positiven Element der deutschen Zukunft.«[750] Diese Sätze des Paneuropäers Otto von Habsburg waren 1979, als sie veröffentlicht wurden, ebenso als politische Drohung interpretierbar wie heute. Nur dass sie damals im Gegensatz zu heute noch wie eine von Wunschdenken geprägte Zukunftsvision wirkten. Wie die Vision einer Zukunft, die dunkelste Vergangenheit bedeutet.

# Anhang

**Anmerkungen**

1 Ich greife hier auf Gedanken zurück, die in einem gemeinsam mit Alfred Schobert verfassten Aufsatz entwickelt worden sind. Vgl. Salzborn, Samuel / Schobert, Alfred: Preußische Kampfschrift, in: *Der Rechte Rand*, Nr. 57 (März /April 1999).
2 Vgl. Köcher, Renate: Vertriebene der Erlebnis- und Nachfolgegeneration. Ergebnisse einer Sekundäranalyse, in: Kulturstiftung der deutschen Vertriebenen (Hg.): Themenheft: Zum Selbstverständnis der Vertriebenen in der Bundesrepublik Deutschland (= Forum für Kultur und Politik Heft 21), Bonn 1997, S. 5.
3 Neuhoff, Hans: 1973 – ein Jahr großer Aufgaben, in: *Deutscher Ostdienst*, Nr. 1 vom 10. Januar 1973. »Ostdeutsch« wird bei den »Vertriebenen« als Synonym für die ehemaligen deutschen Ostgebiete verwendet, die DDR hingegen als »Mitteldeutschland« bezeichnet.
4 Czaja, Herbert: Die Vertriebenenverbände arbeiten zielstrebig weiter, in: *Deutscher Ostdienst*, Nr. 12 vom 30. April 1974.
5 Vgl. Neuhoff, Hans: Große Aufgaben warten auf Lösung, in: *Deutscher Ostdienst*, Nr. 12 vom 30. April 1973.
6 Hupka, Herbert: Schlesien – wo liegt das?, in: *Der Schlesier*, Nr. 24/25 vom 12. Juni 1981.
7 Vgl. Landsmannschaft Schlesien (Hg.): 50 Jahre Landsmannschaft Schlesien. Eine Dokumentation, Königswinter 1999, S. 91 ff.; Neubach, Helmut / Abmeier, Hans-Ludwig (Hg.): Für unser Schlesien. Festschrift für Herbert Hupka, München/Wien 1985.
8 Hupka, Herbert: Landsmannschaften heute, Leserbrief in: *Die Welt* vom 21. Juni 1984.
9 O.V.: Welche Aufgaben stehen nun vor uns und wie kann ein jeder mitwirken, damit die Heimat nicht endgültig verloren geht?, in: *Sudetendeutsche Aktion – Mitteilungen der jungen Generation*, November-Ausgabe 1958.
10 Vgl. § 1 *BVFG* i.d. bis 31.12.92 geltenden Fassung; § 1 *BVFG* 1.1.93.
11 Vgl. § 1 *BVFG* i.d. bis 31.12.92 geltenden Fassung.
12 Vgl. § 4 *BVFG* 1.1.93.
13 § 7 *BVFG* i.d. bis 31.12.92 geltenden Fassung.
14 Schenckendorff, Max von: Vertriebenen- und Flüchtlingsrecht. Kommentar zum *BVFG*, Nebenbestimmungen, Rechtsprechung (Losebl.), 3. Aufl., Karlsfeld bei München 1998, B 1 § 7 *BVFG*, S. 111 (40. Erg.-Lfg.).
15 Entwurf eines Gesetzes über die Angelegenheiten der Vertriebenen und Flüchtlinge (Bundesvertriebenengesetz), Begründung, S. 25, BT-Drs. 2872 vom 26. November 1951, Anlage 1.
16 Vgl. § 15 Abs. 1 *BVFG* i.d. bis 31.12.92 geltenden Fassung.
17 Vgl. ebd., Abs. 5.
18 Vgl. Schenckendorff (1998), B 1 § 7 *BVFG*, S. 112 (40. Erg.-Lfg.).
19 Vgl. ebd., A 1 (11. Erg-Lfg.).

20 Vgl. ebd., A 2, S. 1 (34. Erg.-Lfg.).
21 Vgl. § 6 *BVFG* i. d. bis 31.12.92 geltenden Fassung.
22 § 6 *BVFG* 1.1.93.
23 Vgl. § 10 *BVFG* i.d. bis 31.12.92 geltenden Fassung.
24 Vgl. Gaa-Unterpaul, Brigitta: Das Kriegsfolgenbereinigungsgesetz und die Änderungen für das Vertriebenenrecht, in: *Neue Juristische Wochenschrift*, Heft 33/1993, S. 2081.
25 Vgl. ebd.
26 Vgl. hierzu ausführlich: Juncker, Horst: Aussiedlerrecht. Aufnahme und Status von Vertriebenen und Spätaussiedlern nach dem *BVFG*, Berlin 1997.
27 Vgl. Schenckendorff (1998), B 1 § 7 *BVFG*, S. 111 (40. Erg.-Lfg.).
28 Ebd., B 2 § 6 *BVFG*, S. 24/1, (33. Erg.-Lfg.).
29 Vgl. Fuhrmann, Rainer W.: Polen – Abriß der Geschichte, Hannover 1981, S. 21 ff.
30 Vgl. ebd.
31 Vgl. ebd., S. 23.
32 Vgl. Engel, Hans-Ulrich: Ritter – Priester – Europäer. 800 Jahre Deutscher Orden, Dachau 1990.
33 Vgl. Haffner, Sebastian: Preußen ohne Legende, München 1981, S. 15 ff.
34 Vgl. ebd., S. 16 ff.
35 Vgl. Davies, Norman: God's playground: A History of Poland. In two volumes (Volume I: The origins to 1795; Volume II: 1795 to the present), Oxford 1981.
36 Vgl. Günzel, Walter: Polen, Hannover 1963, S. 23 ff.
37 Vgl. Haffner (1981), S. 22.
38 Vgl. Grube, Frank / Richter, Gerhard: Es ist genug!, in: dies. (Hg.): Flucht und Vertreibung. Deutschland zwischen 1944 und 1947, Hamburg 1980, S. 11.
39 Vgl. Müller, Michael G.: Die Teilungen Polens: 1772 – 1793 – 1795, München 1984.
40 Vgl. Grube / Richter (1980), S. 11.
41 Vgl. Fuhrmann (1981), S. 76 ff.; Hoensch, Jörg K.: Geschichte Polens, 3. Aufl., Stuttgart 1998, S. 187 ff.
42 Vgl. Hoensch (1998), S. 232.
43 Vgl. Grube / Richter (1980), S. 12.
44 Vgl. Fuhrmann (1981), S. 111 ff.; Hoensch (1998), S. 250 ff.
45 Vgl. Grube / Richter (1980), S. 15.
46 Vgl. Krekeler, Norbert: Die deutsche Minderheit in Polen und die Revisionspolitik des Deutschen Reiches 1919 – 1933, in: Benz, Wolfgang (Hg.): Die Vertreibung der Deutschen aus dem Osten. Ursachen, Ereignisse, Folgen, akt. Neuaufl., Frankfurt a.M. 1996, S. 17.
47 Vgl. ebd., S. 17 f.
48 Vgl. Bohmann, Alfred: Menschen und Grenzen. Band 1: Strukturwandel der deutschen Bevölkerung im polnischen Staats- und Verwaltungsbereich, Köln 1969.
49 Vgl. Krekeler, Norbert: Revisionsanspruch und geheime Ostpolitik der Wei-

marer Republik. Die Subventionierung der deutschen Minderheit in Polen 1919 – 1933, Stuttgart 1973, S. 149.

50 Vgl. ebd., S. 65 ff. u. 117 ff.

51 Ebd., S. 150.

52 Vgl. Kogelfranz, Siegfried: Der lange Weg des Leidens. Die Vertreibung aus dem Osten, in: *Spiegel Special*, Nr. 4/1995: 1945 – 1948. Die Deutschen nach der Stunde Null, S. 60 f.

53 Vgl. Grube/Richter (1980), S. 27.

54 Vgl. Aly, Götz / Heim, Susanne: Vordenker der Vernichtung. Auschwitz und die deutschen Pläne für eine neue europäische Ordnung, Frankfurt a. M. 1997, S. 72.

55 Vgl. Widmann, Peter: Lexikoneintrag »Reichskommissar für die Festigung deutschen Volkstums«, in: Benz, Wolfgang / Graml, Hermann / Weiß, Hermann (Hg.): Enzyklopädie des Nationalsozialismus, 2. Aufl., München 1998, S. 677.

56 Erlaß des Führers und Reichskanzlers zur Festigung deutschen Volkstums vom 7. Oktober 1939, in: Michalka, Wolfgang (Hg.): Deutsche Geschichte 1933 – 1945. Dokumente zur Innen- und Außenpolitik, Überarb. Neuaufl., Frankfurt a.M. 1994, S. 225 f.

57 Vgl. Deutsch-sowjetischer Nichtangriffspakt vom 23.8.1939 und Geheimes Zusatzprotokoll, in: Hofer, Walther (Hg.): Der Nationalsozialismus. Dokumente 1933 – 1945, Frankfurt a.M. 1994, S. 229 ff.

58 Vgl. Benz, Wolfgang: Der Generalplan Ost. Zur Germanisierungspolitik des NS-Regimes in den besetzten Ostgebieten 1939 – 1945, in: ders. (Hg.) (1996), S. 45 ff.

59 Vgl. Broszat, Martin: Nationalsozialistische Polenpolitik 1939 – 1945, Stuttgart 1961, S. 31 ff.

60 Vgl. ebd., S. 68 ff.

61 Vgl. Himmler, Heinrich: Aufzeichnung vom 28. 5. 1940, in: *Vierteljahrshefte für Zeitgeschichte*, Jg. 5 (1957), S. 195.

62 Himmler, Heinrich: Einige Gedanken über die Behandlung der Fremdvölkischen im Osten (Mai 1940), in: ebd., S. 196 ff.

63 Vgl. Madajczyk, Czeslaw (Hg.): Vom Generalplan Ost zum Generalsiedlungsplan, München/New Providence/London/Paris 1994.

64 Vgl. Der Generalplan Ost, in: *Vierteljahrshefte für Zeitgeschichte*, Jg. 6 (1958), S. 281 ff.

65 Aly/Heim (1997), S. 403.

66 Ebd., S. 421.

67 Vgl. Taube, Arved Freiherr von: Das baltische Deutschtum, in: Aschenbrenner, Viktor/Birke, Ernst/Kuhn, Walter/Lemberg, Eugen (Hg.): Die Deutschen und ihre östlichen Nachbarn, Frankfurt a.M./Berlin/Bonn/München 1967.

68 Vgl. ebd., S. 154.

69 Vgl. ebd.

70 Vgl. ebd., S. 165 ff.

71 Vgl. Statistisches Bundesamt (Hg.): Die deutschen Vertreibungsverluste. Bevöl-

kerungsbilanzen für die deutschen Vertreibungsgebiete 1939/50, Stuttgart 1958, S. 234 ff.

72 Vgl. Schleuning, Johannes: Die Rußlanddeutschen, in: Aschenbrenner / Birke / Kuhn / Lemberg (Hg.) (1967).

73 Vgl. ebd., S. 283.

74 Vgl. ebd., S. 284 ff.

75 Vgl. Frantzioch, Marion: Die Vertriebenen. Hemmnisse, Antriebskräfte und Wege ihrer Integration in der Bundesrepublik Deutschland. Mit einer kommentierten Bibliographie, Berlin 1987, S. 36 f.

76 Vgl. Statistisches Bundesamt (Hg.) (1958), S. 430 ff.

77 Vgl. ebd., S. 466 ff.

78 Vgl. Frantzioch (1987), S. 33 ff.

79 Vgl. Seitz, Emil: Warum verließen wir 1940 unsere Wahlheimat Bessarabien?, in: *Mitteilungsblatt des Hilfskomitees der ev.-luth. Kirche und der Landsmannschaft der Deutschen aus Bessarabien*, Folge 4 vom 20. Februar 1986.

80 Vgl. Zayas, Alfred Maurice de: Die Anglo-Amerikaner und die Vertreibung der Deutschen, akt. 9. Aufl., Berlin 1996, S. 33 ff.

81 Vgl. Krausnick, Helmut: Die Einsatzgruppen vom Anschluß Österreichs bis zum Feldzug gegen die Sowjetunion. Entwicklung und Verhältnis zur Wehrmacht, in: ders. / Wilhelm, Hans-Heinrich: Die Truppe des Weltanschauungskrieges. Die Einsatzgruppen der Sicherheitspolizei und des SD 1938 – 1942, Stuttgart 1981, bes. S. 80 ff.; Heydrich zit. n.: ebd., S. 95.

82 Vgl. Gause, Fritz: Ost- und Westpreußen, in: Aschenbrenner / Birke / Kuhn / Lemberg (Hg.) (1967), S. 168 ff.

83 Vgl. Warmuth, Waldemar / Feilke, Heidi / Hinkelmann, Christoph: Ländliche Wirtschaftszweige. Ackerbau – Tierzucht – Fischerei, in: Kabus, Ronny (Hg.): Ostpreußen. Landschaft – Geschichte – Kultur im Ostpreußischen Landesmuseum Lüneburg, Husum 1997, S. 180 ff.

84 Vgl. Tautorat, Hans-Georg: Trakehnen, 3. Aufl., Hamburg 1993.

85 Vgl. Barfod, Jörn: Bernstein. Entstehung – Gewinnung – Bedeutung, in: Kabus (Hg.) (1997), S. 251 ff.

86 Vgl. Marzian, Herbert G. (Hg.): Selbstbestimmung für Ostdeutschland. Eine Dokumentation zum 50. Jahrestag der ost- und westpreußischen Volksabstimmung am 11. Juli 1920, Göttingen 1970, S. 11.

87 Vgl. Hoffmann, Paul: Die Volksabstimmung in Westpreußen am 11. Juli 1920. Vergleichende Darstellung der Abstimmungsergebnisse auf Grund des amtlichen Materials, Marienwerder 1920, S. 7.

88 Vgl. Statistisches Reichsamt (Hg.): Statistisches Jahrbuch für das Deutsche Reich, Jg. 50 (1931), Berlin, S. 546 f.

89 Vgl. Statistisches Reichsamt (Hg.): Statistisches Jahrbuch für das Deutsche Reich, Jg. 51 (1932), Berlin, S. 542 f.

90 Giordano, Ralph: Ostpreußen ade. Reise durch ein melancholisches Land, 4. Aufl., München 1998, S. 56 f.

91 Vgl. Statistisches Reichsamt (Hg.): Statistisches Jahrbuch für das Deutsche

Reich, Jg. 52 (1933), Berlin, S. 540 f.

92 Vgl. Herde, Georg / Stolze, Alexa: Die Sudetendeutsche Landsmannschaft. Geschichte, Personen, Hintergründe – eine kritische Bestandsaufnahme, Köln 1987, S. 70.

93 Jaworski, Rudolf: Die Sudetendeutschen als Minderheit in der Tschechoslowakei 1918 – 1938, in: Benz (Hg.) (1996), S. 42.

94 Vgl. Brügel, Johann Wolfgang: Tschechen und Deutsche 1918 – 1938, München 1967, S. 116 f.

95 Ebd., S. 117.

96 Vgl. Nielsen, Frederic W.: Vertriebene Vertreiber in der Tschechoslowakei (1938 – 1946). Eine notwendige Richtigstellung und eine verspätete Vergangenheitsbewältigung, Östringen 1995, S. 10.

97 Wippermann, Wolfgang: Umstrittene Vergangenheit. Fakten und Kontroversen zum Nationalsozialismus, Berlin 1998, S. 87.

98 Vgl. Gemeinsame deutsch-tschechische Historikerkommission (Hg.): Konfliktgemeinschaft, Katastrophe, Entspannung. Skizze einer Darstellung der deutsch-tschechischen Geschichte seit dem 19. Jahrhundert, München 1996, S. 19 ff.

99 Mit dem Begriff Pariser Vorortverträge bezeichnet man die zwischen den Alliierten und Assoziierten (Ententemächte genannt) und den Kriegsverursachern 1919/20 geschlossenen Friedensverträge zur Beendigung des Ersten Weltkrieges, in denen Grenzfragen geregelt, Begrenzungen der Bewaffnungen und Heeresstärken sowie Zahlungen von Reparationen festgelegt wurden. Neben dem zwischen den Ententemächten und Deutschland geschlossenen Versailler Vertrag (in dem bereits die Tschechoslowakei anerkannt wurde) gehört zu diesen Friedensverträgen der mit Österreich geschlossenen Vertrag von Saint-Germain-en-Laye (1919), indem die Tschechoslowakei durch Österreich anerkannt wurde und der mit Ungarn geschlossenen Vertrag von Trianon (1920), indem Slowakei und Karpato-Russland an die Tschechoslowakei abgetreten wurden. Weitere Verträge waren die von Neuilly (1919; mit Bulgarien) und von Sèvres (1920; mit der Türkei), die jedoch für das vorliegende Thema von untergeordneter Bedeutung sind. Vgl. Bohmann, Alfred: Menschen und Grenzen. Band 4: Bevölkerung und Nationalitäten in der Tschechoslowakei, Köln 1975, S. 15 ff.; Brügel (1967), S. 84 ff.; Hoensch, Jörg K.: Geschichte der Tschechoslowakei, 3. Aufl., Stuttgart/Berlin/Köln 1992, S. 35 ff.

100 Vgl. Hoensch (1992), S. 30 ff.

101 Vgl. Urban, Otto: Die tschechische Gesellschaft 1848 – 1918 (2 Bände), Wien/Köln/Weimar 1994, Band 1, S. 916 ff.

102 Vgl. Gemeinsame deutsch-tschechische Historikerkommission (Hg.) (1996), S. 23 ff.

103 Vgl. ebd., S. 25.

104 Vgl. Hoensch (1992), S. 37.

105 Vgl. Auswärtiges Amt (Hg.): Der Friedensvertrag zwischen Deutschland und den Alliierten und Assoziierten Mächten nebst dem Schlußprotokoll und der

Vereinbarung betr. die militärische Besetzung der Rheinlande. Amtlicher Text der Entente und amtliche deutsche Übertragung. Volksausgabe in drei Sprachen, Charlottenburg 1919.

106 Vgl. Cerny, Bohumil: Die deutsche Frage in der CSR (1918 – 1938), in: Lemberg, Eugen / Rhode, Gotthold (Hg.): Das deutsch-tschechische Verhältnis seit 1918, Stuttgart / Berlin / Köln / Mainz 1969, S. 49 ff.; Raschhofer, Hermann / Kimminich, Otto: Die Sudetenfrage. Ihre völkerrechtliche Entwicklung vom Ersten Weltkrieg bis zur Gegenwart, 2. erw. Aufl., München 1988, S. 13 ff.

107 Gemeinsame deutsch-tschechische Historikerkommission (Hg.) (1996), S. 25.

108 Jahn, Rudolf: Konrad Henlein – Leben und Werk des Turnführers, Karlsbad-Drahowitz / Leipzig 1938, S. 49. Jahn war u.a. Gauhauptstellenleiter in der Kanzlei Henleins, NS-Gauturnführer und SA-Standartenführer. Vgl. Herde, Georg / Maier, Hans: ... bis alles in Scherben fällt ... (= Beiträge zur Zeitgeschichte, Band 1), München 1960, S. 14 ff.

109 Vgl. Krieger, Karsten: Lexikoneintrag »Sudetenkrise«, in: Benz / Graml / Weiß (Hg.) (1998), S. 755, Sp. 1.

110 Konrad Henlein gegenüber Adolf Hitler, zit. n.: Michalka (Hg.) (1994), S. 151.

111 Smelser, Ronald M.: Das Sudetenproblem und das Dritte Reich 1933 – 1938, München/Wien 1980, S. 198.

112 Adolf Hitler am 30. Mai 1938, zit. n.: Michalka (Hg.) (1994), S. 154.

113 Weizsäcker, Ernst von: Außenpolitische Situationsanalyse angesichts der Sudetenkrise, zit. n.: Michalka (Hg.) (1994), S. 156.

114 Vgl. Sigl, Christian: Quellen und Dokumente. Ein Tatsachenbericht über die Lage im sudetendeutschen Gebiet und über die Entwicklung der tschechoslowakischen Innenpolitik in der Zeit vom 24. April bis zum 12. Juni 1938, Wien/Leipzig 1938, S. 76 f.

115 Vgl. Zimmermann, Volker: Die Sudetendeutschen im NS-Staat. Politik und Stimmung der Bevölkerung im Reichsgau Sudetenland (1938 – 1945), Essen 1999, S. 58.

116 Vgl. Celovsky, Boris: Das Münchener Abkommen 1938, Stuttgart 1958.

117 Jaworski (1996), S. 43.

118 Vgl. Gemeinsame deutsch-tschechische Historikerkommission (Hg.) (1996), S. 45 ff.

119 Vgl. Zimmermann (1999), S. 113 f.

120 Vgl. ebd., S. 114 f.

121 Vgl. ebd., S. 135.

122 Vgl. ebd., S. 290.

123 Vgl. Ivanov, Miroslav: Der Henker von Prag. Das Attentat auf Heydrich, Berlin 1993.

124 Vgl. Wistrich, Robert: Wer war wer im Dritten Reich? Ein biographisches Lexikon: Anhänger, Mitläufer, Gegner aus Politik, Wirtschaft, Militär, Kunst und Wissenschaft, Frankfurt a.M. 1992, S. 159 ff.

125 Hitler, Adolf, zit. n.: Herde / Stolze (1987), S. 75.

126 Frank, Karl Hermann, zit. n.: *Neue Kommentare*, Jg. 18 (1975), Nummer 7 – 8,

S. 10 f.

127 Vgl. Gemeinsame deutsch-tschechische Historikerkommission (Hg.) (1996), S. 61.

128 Vgl. Broszat, Martin: Zweihundert Jahre deutsche Polenpolitik, Frankfurt a.M. 1972, S. 313.

129 Vgl. Statistisches Bundesamt (Hg.) (1958), S. 9.

130 Vgl. Jolles, Hiddo M.: Zur Soziologie der Heimatvertriebenen und Flüchtlinge, Köln / Berlin 1965, S. 72 f.

131 Vgl. Mitteilung über die Berliner Konferenz der drei Mächte, in: Sanakojew, Sch. P. / Zybulewski, B. L. (Hg.): Teheran – Jalta – Potsdam. Dokumentensammlung, Moskau 1978, S. 412 ff.

132 Vgl. ebd., S. 430 f.

133 Vgl. Klafkowski, Alfons: Die Rechtsgrundlagen der Oder-Neisse-Linie auf Grund der Abkommen von Jalta und Potsdam, Stuttgart 1949, S. 59.

134 Vgl. zu den unterschiedlichen Interessen der Alliierten: Lehmann, Hans Georg: Der Oder-Neiße-Konflikt, München 1979.

135 Vgl. Klafkowski (1949), S. 59.

136 Vgl. Nellner, Werner: Grundlagen und Hauptergebnisse der Statistik, in: Lemberg, Eugen / Edding, Friedrich (Hg.): Die Vertriebenen in Westdeutschland. Ihre Eingliederung und ihr Einfluß auf Gesellschaft, Wirtschaft, Politik und Geistesleben (3 Bände), Kiel 1959, Band 1, S. 62.

137 Rogge, Heinrich: Vertreibung und Eingliederung im Spiegel des Rechts, in: Lemberg / Edding (Hg.) (1959), Band 1, S. 190.

138 Vgl. Art. 116 Abs. 1 GG.

139 Vgl. Reichling, Gerhard: Die deutschen Vertriebenen in Zahlen. Teil 1: Umsiedler, Verschleppte, Vertriebene, Aussiedler 1940 – 1985, Bonn 1986, S. 7.

140 Vgl. Kopp, Werner von (Hg.): Das Bundesvertriebenengesetz vom 19. Mai 1953, Münster / Westf. 1957.

141 Vgl. Schenckendorff (1998), B 1 und B 2.

142 Frank, Hans: Schlusswort am 31. August 1946 (Vormittagssitzung), in: Der Prozess gegen die Hauptkriegsverbrecher vor dem Internationalen Militärgerichtshof. Amtlicher Text in deutscher Sprache, Band XXII (27. August 1946 – 1. Oktober 1946), Nürnberg 1948, S. 438.

143 Mitscherlich, Alexander / Mitscherlich, Margarete: Die Unfähigkeit zu trauern, 13. Aufl., München 1980, S. 35.

144 Ebd., S. 53 f. Herv. i. Org.

145 Sywottek, Arnold: »Umsiedlung« und »Räumung«, »Flucht« und »Ausweisung« – Bemerkungen zur deutschen Flüchtlingsgeschichte, in: Schulze, Rainer / Brelie-Lewien, Doris von der / Grebing, Helga (Hg.): Flüchtlinge und Vertriebene in der westdeutschen Nachkriegsgeschichte. Bilanzierung der Forschung und Perspektiven für die künftige Forschungsarbeit, Hildesheim 1987, S. 69.

146 Vgl. Surminski, Arno: Der Schrecken hatte viele Namen, in: Grube / Richter (Hg.) (1980), S. 66.

147 Vgl. Selig, Wolfram: Lexikoneintrag »Flucht und Vertreibung«, in: Benz /

Graml / Weiß (Hg.) (1998), S. 464, Sp. 1.

148 Vgl. Schieder, Theodor: Die Vertreibung der Deutschen aus dem Osten als wissenschaftliches Problem, in: *Vierteljahrshefte für Zeitgeschichte*, Jg. 8 (1960), S. 1 ff.

149 Ebd., S. 10 f.

150 Sywottek (1987), S. 72.

151 Diestelkamp, Adolf / Laun, Rudolf / Rassow, Peter / Rothfels, Hans / Schieder, Theodor: Vorwort, in: Bundesministerium für Vertriebene (Hg.): Dokumentation der Vertreibung der Deutschen aus Ost-Mitteleuropa. Die Vertreibung der deutschen Bevölkerung aus den Gebieten östlich der Oder-Neiße, Band I/1, Bonn 1953, S. III.

152 Sywottek (1987), S. 72.

153 Jolles (1965), S. 108.

154 Brownmiller, Susan: Gegen unseren Willen. Vergewaltigung und Männerherrschaft, Frankfurt a. M. 1978, S. 73.

155 Schmidt-Harzbach, Ingrid: Eine Woche im April – Berlin 1945. Vergewaltigung als Massenschicksal, in: Sander, Helke / Johr, Barbara (Hg.): BeFreier und Befreite. Krieg, Vergewaltigungen, Kinder, München 1992, S. 21.

156 Ebd., S. 29 f.

157 Brownmiller (1978), S. 22.

158 Vgl. ebd., S. 74 ff.

159 Vgl. ebd., S. 76.

160 Duerr, Hans Peter: Der Mythos vom Zivilisationsprozeß. Band 3: Obszönität und Gewalt, 2. Aufl., Frankfurt a. M. 1993, S. 431.

161 Schmidt-Harzbach (1992), S. 31.

162 Vgl. Krallert-Sattler, Gertrud: Kommentierte Bibliographie zum Flüchtlings- und Vertriebenenproblem in der Bundesrepublik Deutschland, in Österreich und in der Schweiz, Wien 1989.

163 Die Begriffe zur Unterscheidung der Vertriebenenverbände stammen vom Bund der Vertriebenen selbst. Vgl. Bund der Vertriebenen (Hg.): Handbuch, Bonn 1989, S. 11.

164 Vgl. zu den einzelnen Teilen: Beer, Mathias: Im Spannungsfeld von Politik und Zeitgeschichte. Das Großforschungsprojekt »Dokumentation der Vertreibung der Deutschen aus Ost-Mitteleuropa«, in: *Vierteljahrshefte für Zeitgeschichte*, Jg. 46 (1998), S. 345, Fn. 2.

165 Vgl. Czaja, Herbert: Unterwegs zum kleinsten Deutschland? Marginalien zu 50 Jahren Ostpolitik, Frankfurt a. M. 1996, S. 413.

166 Vgl. Frantzioch (1987), S. 82 ff.; Lemberg, Eugen / Krecker, Lothar (Hg.): Die Entstehung eines neuen Volkes aus Binnendeutschen und Ostvertriebenen. Untersuchungen zum Strukturwandel von Land und Leuten unter dem Einfluß des Vertriebenen-Zustromes, Marburg 1950.

167 Vgl. Frantzioch (1987), S. 99.

168 Vgl. ebd.

169 Vgl. ebd., S. 102.

170 Vgl. ebd., S. 102 f.

171 Vgl. Statistisches Bundesamt (Hg.) (1958). Das Statistische Bundesamt gibt für diese drei Gebiete folgende Zahlen der Flüchtlinge und Umsiedler an, die bis Ende 1946 in die vier Besatzungszonen gekommen waren: Ostpreußen 1,44 Millionen; Schlesien 2,69 Millionen; Tschechoslowakei (Sudetengau, Protektorat Böhmen und Mähren einschließlich der Karpatenländer) 1,19 Millionen.

172 Vgl. Kleineke, Dagmar: Entstehung und Entwicklung des Lagers Friedland 1945 – 1955 (Diss.), Göttingen 1992.

173 Vgl. Hinst, Klaus: Das Verhältnis zwischen Westdeutschen und Flüchtlingen. Eine empirische Untersuchung, Bern/Stuttgart 1968.

174 Vgl. Müller, Georg / Simon, Heinz: Aufnahme und Unterbringung, in: Lemberg/Edding (Hg.) (1959), Band 1, S. 300 ff.

175 Vgl. Pfeil, Elisabeth: Städtische Neugründungen, in: Lemberg / Edding (Hg.) (1959), Band 1, S. 500 ff.

176 Vgl. Füchtner, Hans: Vaterlandssyndrom. Zur Sozialpsychologie von Nationalismus, Rechtsradikalismus und Fremdenhaß, Heidelberg 1996, S. 11 ff.

177 Vgl. Edding, Friedrich: Bevölkerung und Wirtschaft, in: Lemberg / Edding (Hg.) (1959), Band 2, S. 1 ff.

178 Vgl. Jolles (1965), S. 175 ff.

179 Vgl. ebd.

180 Vgl. ebd., S. 193.

181 Vgl. Käss, Friedrich: Die Arbeits- und Wohnraumbeschaffung, in: Merkatz, Hans Joachim von (Hg.): Aus Trümmern wurden Fundamente, Düsseldorf 1979, S. 71 f.

182 Vgl. ebd., S. 72.

183 Vgl. ebd., S. 72 f.

184 Vgl. Baier, Hermann: Maßnahmen zur Förderung der gewerblichen Wirtschaft, in: Lemberg/Edding (Hg.) (1959), Band 2, S. 375 ff.

185 Vgl. Jolles (1965), S. 188 f. Die Zahlenangaben vor der Umsiedlung beziehen sich auf 1939, die nach der Aufnahme und Integration auf 1950.

186 Vgl. Nellner (1959).

187 Vgl. Jolles (1965), S. 143 f.

188 Vgl. Hoffmann, Dierk / Schwartz, Michael (Hg.): Geglückte Integration? Spezifika und Vergleichbarkeiten der Vertriebenen-Eingliederung in der SBZ/DDR, München 1999; Schwartz, Michael: »Ablenkungsmanöver der Reaktion« – Der verhinderte Lastenausgleich in der SBZ / DDR, in: *Deutschland Archiv*, Nr. 3, Mai/Juni 1999; Ther, Philipp: Deutsche und polnische Vertriebene. Gesellschaft und Vertriebenenpolitik in der SBZ / DDR und in Polen 1945 – 1956, Göttingen 1998.

189 Vgl. Mitteilung über die Berliner Konferenz der drei Mächte, a.a.O., S. 416 ff.

190 Vgl. Flechtheim, Ossip K.: Dokumente zur parteipolitischen Entwicklung in Deutschland seit 1945: Erster Band, Berlin 1962, S. 108 ff.

191 Vgl. Kurth, Karl O. (Hg.): Handbuch der Presse der Heimatvertriebenen, Kitzingen-Main 1953, S. 220.

192 Vgl. Boehm, Max Hildebert: Gruppenbildung und Organisationswesen, in:

Lemberg/Edding (Hg.) (1959), Band 1, S. 523.

193 Frantzioch (1987), S. 143 f.

194 Vgl. Landsberg, Ludwig: Soziale Hilfen zur Eingliederung der Vertriebenen, in: Merkatz (Hg.) (1979), S. 163 ff.

195 Vgl. ebd., S. 168 f.

196 Vgl. ebd., S. 169.

197 Vgl. ebd., S. 167.

198 Vgl. ebd., S. 167 f.

199 Vgl. Presse- und Informationsamt der Bundesregierung (Hg.): Deutschland im Wiederaufbau. Tätigkeitsbericht der Bundesregierung für das Jahr 1958, o.O. u. J., S. 406, zit. n.: Weiß, Hermann: Die Organisationen der Vertriebenen und ihre Presse, in: Benz (Hg.) (1996), S. 246 f.

200 Vgl. Weiß (1996), S. 247

201 Vgl. Kather, Linus: Die Entmachtung der Vertriebenen. Erster Band: Die entscheidenden Jahre, München/Wien 1964, S. 20 ff.

202 Vgl. ebd., S. 25 f.

203 Vgl. Pressenotiz zur ZvD-Gründung, zit. n.: ebd., S. 48 f.

204 Vgl. Kather (1964), S. 50.

205 Vgl. ebd., S. 176 ff.

206 Vgl. Imhof, Michael: Die Vertriebenenverbände in der Bundesrepublik Deutschland. Geschichte, Organisation und gesellschaftliche Bedeutung (Diss.), Marburg 1975, S. 86.

207 Wambach, Manfred Max: Verbändestaat und Parteienoligopol. Macht und Ohnmacht der Vertriebenenverbände, Stuttgart 1971, S. 44.

208 Vgl. o.V.: Das Organisationswesen der deutschen Heimatvertriebenen, in: *Deutscher Ostdienst*, Nr. 51/52 vom 18. Dezember 1998.

209 Kurth (Hg.) (1953), S. 220.

210 Auf eine Darstellung der Geschichte der Berufsständischen Vertretungen der »Vertriebenen« wird hier verzichtet, weil diese für die politische Bedeutung der Verbände nicht ins Gewicht fallen.

211 Vgl. Boehm (1959), S. 535.

212 Vgl. Huber, Gustl: Wie entstand der Tag der Heimat?, in: Bund der Vertriebenen (Hg.): Tag der Heimat – Tag der Deutschen (= Kulturelle Arbeitshefte 17), 3. überarb. Aufl., Bonn 1998, S. 8.

213 Vgl. o.V.: Das Organisationswesen der deutschen Heimatvertriebenen, a.a.O., S. 10.

214 Vgl. Bund der Vertriebenen (Hg.): Charta der deutschen Heimatvertriebenen gegeben zu Stuttgart am 5. August 1950 (Faltschrift), Bonn o. J. [1950].

215 Vgl. Czaja, Herbert: Die Charta als Grundlage einer gesamteuropäischen Friedensordnung, in: Bund der Vertriebenen (Hg.): 40 Jahre Charta der deutschen Heimatvertriebenen 1950 – 1990 (= Kulturelle Arbeitshefte 22), Bonn 1990, S. 1 f.

216 Vgl. Bund der Vertriebenen (Hg.) (1950).

217 Vgl. Bundesministerium des Innern (Hg.): Rede von Dr. Horst Waffenschmidt

– Beauftragter der Bundesregierung für Aussiedlerfragen, Parlamentarischer Staatssekretär beim Bundesminister des Innern- bei der Charta-Feier des Bundes der Vertriebenen am 6. August 1995 in Stuttgart-Bad Cannstatt, Bonn 1995, S. 3.

218 BvD und VdL lösten sich im Juli 1959 auf.

219 Vgl. Kather, Linus: Die Entmachtung der Vertriebenen. Zweiter Band: Die Jahre des Verfalls, München / Wien 1965, S. 184.

220 Vgl. Nationalrat der Nationalen Front des demokratischen Deutschland / Dokumentationszentrum der staatlichen Archivverwaltung der DDR (Hg.): Braunbuch – Kriegs- und Naziverbrecher in der Bundesrepublik. Staat, Wirtschaft, Armee, Verwaltung, Justiz, Wissenschaft, 2. überarb. Aufl., Berlin 1965, S. 290 ff.

221 Bund der Vertriebenen: Für Heimat und Zukunft (Dokumentation), in: *Vertriebenen-Korrespondenz* vom 7. März 1959.

222 Vgl. Wambach (1971), S. 94.

223 Vgl. ebd., S. 95.

224 Vgl. ebd., S. 97 f.

225 Vgl. Czaja (1996), S. 97.

226 Vgl. ebd., S. 102.

227 Vgl. Fülberth, Georg: Berlin – Bonn – Berlin. Deutsche Geschichte seit 1945, Köln 1999, S. 41 ff.

228 Vgl. ebd., S. 44.

229 Vgl. Czaja (1996), S. 266.

230 Vgl. ebd., S. 107 f.

231 Vgl. ebd., S. 108.

232 Vgl. Schäfer, Thomas: Die Schleswig-Holsteinische Gemeinschaft 1950 – 1958. Mit einem Beitrag zur Entstehung des »Blocks der Heimatvertriebenen und Entrechteten«, Neumünster 1987.

233 Flechtheim (1962), S. 58.

234 Vgl. Neumann, Franz: Der Block der Heimatvertriebenen und Entrechteten 1950 – 1960. Ein Beitrag zur Geschichte und Struktur einer politischen Interessenpartei, Meisenheim am Glan 1968, S. 502 u. 506.

235 Ebd., S. 38.

236 Vgl. ebd., S. 41 ff.

237 Oberländer war 1923 mit Hitler zur Feldherrnhalle marschiert. Er war Reichsführer des Bundes Deutscher Osten, Gauamtsleiter der NSDAP und SA-Führer gewesen. Vgl. Herde / Maier (1960), S. 70.

238 Neumann schreibt die Fixierung des Terminus K.O.-Gruppe Frank Seiboth (1958 – 1960 GB/BHE-Vorsitzender) zu. Vgl. Neumann (1968), S. 138, Fn. 576. Seiboth war vormals unter anderem als NSDAP-Gauschulungsleiter, Leiter der Gauschulungsburg Sudetenland und Leiter des HJ-Gebietes Sudetenland tätig. Vgl. Herde / Maier (1960), S. 10.

239 Vgl. Kather (1965), S. 48 ff.

240 Vgl. Neumann (1968), S. 228 ff.; Kather (1965), S. 219 ff.

241 In den ersten Jahren hieß das Ministerium noch Bundesministerium für Angelegenheiten der Vertriebenen.

242 Vgl. Brües, Hans-Josef: Artikulation und Repräsentation politischer Verbandsinteressen, dargestellt am Beispiel der Vertriebenenorganisationen (Diss.), Köln 1972, S. 95.

243 Vertriebenenminister nach Lukaschek waren Theodor Oberländer, Hans-Joachim von Merkatz, Wolfgang Mischnick, Hans Krüger, Ernst Lemmer, Johann Baptist Gradl, Kai-Uwe von Hassel und Heinrich Windelen. Vgl. Presse- und Informationszentrum des Deutschen Bundestages (Hg.): Datenhandbuch zur Geschichte des Deutschen Bundestages 1949 bis 1982, 2. Aufl., Bonn 1983, S. 345.

244 Vgl. Windelen, Heinrich: Der letzte Bundesvertriebenenminister (1969), in: Neubach / Abmeier (1985); BdV-Präsidium: Vertriebenen-Vertretung sicherstellen! (Dokumentation), in: *Deutscher Ostdienst*, Nr. 40 vom 29. Oktober 1969.

245 Oberländer, Theodor: Das Bundesministerium für Vertriebene, in: Presse- und Informationsamt der Bundesregierung (Hg.): Deutschland im Wiederaufbau. Tätigkeitsbericht der Bundesregierung für das Jahr 1953, Bonn o. J., S. 263.

246 Vgl. *BVFG* i.d. bis 31.12.92 geltenden Fassung; *BVFG* 1.1.93.

247 Vgl. ebd.

248 Vgl. § 1 *LAG*. Außerdem regelte es noch die »Milderung von Härten, die infolge der Neuordnung des Geldwesens [...] eingetreten sind«. Diese sind aber hier von untergeordneter Bedeutung.

249 Vgl. Park, Myung-Sun: Die Vertriebenen in der Bundesrepublik Deutschland. Mobilität und Klassenstrukturierung in den fünfziger Jahren (Diss.), Bielefeld 1989, S. 143 ff.

250 Vgl. Wiegand, Lutz: Der Lastenausgleich in der Bundesrepublik Deutschland 1949 bis 1985, Frankfurt a.M./Bern/New York/Paris 1992, S. 385.

251 Vgl. Beer (1998), S. 345 f.

252 Vgl. zu den partiellen Konflikten zwischen den wissenschaftlichen Bearbeitern der *Dokumentation* und der Bundesregierung / dem Bundesvertriebenenministerium: Beer (1998), S. 378 ff.

253 Beer (1998), S. 364. Seitens der »Vertriebenen« gab es auch Detailkritik an der *Dokumentation*, die jedoch nicht weiter ins Gewicht fällt. Vgl. Beer (1998), S. 376 f.

254 Vgl. ebd., S. 387.

255 Aly, Götz: Stakkato der Vertreibung, Pizzikato der Entlastung. Welche Sprache ersetzt die Rhetorik der Raumordnung? Eine Entgegnung auf Hans-Ulrich Wehler, in: *Frankfurter Allgemeine Zeitung* vom 3. Februar 1999.

256 Beer (1998), S. 375.

257 Vgl. Haar, Ingo: »Revisionistische« Historiker und Jugendbewegung: Das Königsberger Beispiel, in: Schöttler, Peter (Hg.): Geschichtsschreibung als Legitimationswissenschaft 1918 – 1945, Frankfurt a.M. 1997.

258 Vgl. ebd., S. 53.

259 Aly, Götz: Macht – Geist – Wahn. Kontinuitäten deutschen Denkens, Berlin

1997, S. 153.

260 Vgl. Haar (1997), S. 53.

261 Diese »Landesvertretungen« sind Teil der Vertriebenenverbände und bestanden nach Eigenangaben aus den »Vertretern Ostpreußens, Westpreußens, Pommerns, Berlin-Mark Brandenburgs, Schlesiens und Oberschlesiens«.

262 Entschließung der ostdeutschen Landesvertretungen auf dem Kongreß am 22. März 1964 in Bonn, in: Kongreß der ostdeutschen Landesvertretungen (Hg.): Der Weg zu Frieden und Einheit. 1. Kongreß der ostdeutschen Landesvertretungen am 22. März in Bonn. Entschließung und Reden, Leer 1964, S. 7 ff.

263 Bei dieser Formulierung handelt es sich um eine Metapher, mit der sich die Vertriebenenverbände den Anschein einer legitimen Vertretung der ehemaligen deutschen Ostgebiete geben wollten. Dass diese Vertreter frei gewählt worden seinen, war dabei einerseits ein Angriff gegen die DDR, andererseits hatte dieser Ausdruck den realen Kern, dass diese freie Wahl in der Entsendung von Delegierten der Landsmannschaften und Landesverbände bestand, die zuvor gewählt worden waren.

264 Erklärung des Bundes der Vertriebenen, zit. n.: Ne.: Ruf aus der Hauptstadt, in: *Deutscher Ostdienst*, Nr. 36/37 vom 10. September 1965.

265 Vgl. Fülberth (1999), S. 92 ff.

266 Vgl. ebd., S. 134.

267 Vgl. Czaja (1996), S. 290.

268 Vgl. Kirchenkanzlei der Evangelischen Kirche in Deutschland (Hg.): Die Lage der Vertriebenen und das Verhältnis des deutschen Volkes zu seinen östlichen Nachbarn. Eine evangelische Denkschrift, 5. Aufl., Hannover 1965.

269 Vgl. BdV-Präsidium: Heimatrecht ist kein Kaufpreis. EKD-Denkschrift ist keine Gesprächsgrundlage, in: *Deutscher Ostdienst*, Nr. 43 vom 27. Oktober 1965.

270 Vgl. Jaksch, Wenzel: Aufruf zur Deutschland-Kundgebung, in: *Deutscher Ostdienst*, Nr. 10 vom 4. März 1966.

271 Vgl. Czaja (1996), S. 303 u. 318.

272 Vgl. Imhof (1975), 431 ff.

273 Czaja, Herbert: Eine europäische Friedensordnung. Zusammenfassung der Ergebnisse der Konferenz der Führungsgremien der LdO, zit. n.: o.V.: Neuer Bundesvorstand der LdO, in: *Unser Oberschlesien*, Nr. 8 vom 17. April 1969.

274 Wortlaut der Erklärung des BdV-Europa-Kongresses am 1. und 2. November 1969 in Saarbrücken (Dokumentation), in: *Deutscher Ostdienst*, Nr. 43/44 (Beilage) vom 27. November 1969.

275 Vgl. Czaja (1996), S. 330.

276 Vgl. Fülberth (1999), S. 155 ff.

277 BdV-Pressestelle: Ablehnung des Vertrages durch den BdV (Dokumentation), in: *Deutscher Ostdienst*, Nr. 27 vom 19. August 1970.

278 Landsmannschaft Schlesien: Erklärung zur Paraphierung des Vertrages von Warschau (Dokumentation), in: *Der Schlesier*, Nr. 48 vom 26. November 1970.

279 Erklärung des Sudetendeutschen Rates (Dokumentation), in: *Sudetendeutsche*

*Zeitung*, Folge 29 vom 20. Juli 1973.

280 Kimminich, Otto / Klein, Friedrich / Korkisch, Friedrich / Meissner, Boris / Münch, Fritz / Veiter, Theodor u. a.: Feststellungen zur Anerkennungsfrage, in: *Deutscher Ostdienst*, Nr. 39 vom 16. Oktober 1969.

281 Czaja, Herbert: Die Vertriebenenverbände arbeiten zielstrebig weiter, in: *Deutscher Ostdienst*, Nr. 12 vom 30. April 1974.

282 Vgl. Czaja, Herbert, zit. n.: *Osmipress-Schnelldienst. Nachrichtendienst des Bundes der Vertriebenen*, Nr. 7 vom 6. April 1977.

283 Czaja, Herbert: Zum Tag der Heimat 1973, in: Deutscher Ostdienst, Nr. 23/24 vom 25. August 1973.

284 Vgl. Grundsatzerklärung der Paneuropa-Union und der Europäischen Runde, verabschiedet am 2. Mai 1975 im Europa-Haus zu Straßburg (Dokumentation), in: *Deutscher Ostdienst*, Nr. 10 vom 15. Mai 1975. Die Europäische Runde war 1969 auf dem BdV-Europa-Kongress ins Leben gerufen worden.

285 Hupka, Herbert: Schlußwort beim 3. Deutschen Forum, zit. n.: Kawesp.: Deutsches Forum in Mainz, in: *Der Schlesier*, Nr. 42 vom 22. Oktober 1982.

286 BdV-Mitarbeiterkongreß: Entschließung vom 24./25. November 1979 in Koblenz (Dokumentation), in: *Deutscher Ostdienst*, Nr. 25 vom 6. Dezember 1979. Fehler i. Org.

287 Czaja, Herbert: Rede vor dem Mitarbeiterkongreß des Bundes der Vertriebenen am 3. Mai 1975 in Kehl am Rhein (Dokumentation), in: *Deutscher Ostdienst*, Nr. 10 vom 15. Mai 1975.

288 Vgl. Kussl, Bruno: Dreißig Jahre Deutschlandpolitik begleitet, in: *Deutscher Ostdienst*, Nr. 26 vom 30. Juni 1989. Der *DOD* war 1959 von Kussl mitinitiiert worden; von 1972 bis 1989 war er dessen Chefredakteur. Er hatte nur einen Vorgänger im Amt (Clemens Josephus Neumann, 1959 bis 1972).

289 Kussl, Bruno: BdV-Bundesversammlung 1989 – Mit vorsichtigem Optimismus in die Zukunft blicken, in: Deutscher Ostdienst, Nr. 23 vom 9. Juni 1989.

290 Kohl wurde 1984 die höchste Auszeichnung des BdV, die »Plakette für Verdienste um den deutschen Osten und das Selbstbestimmungsrecht«, verliehen. Vgl. o. V.: Entschlossener Vertreter deutscher Interessen, in: *Deutscher Ostdienst*, Nr. 23 vom 8. November 1984.

291 Czaja, Herbert: Stehen wir vor einer entscheidenden Wende?, in: *Deutscher Ostdienst*, Nr. 26 vom 23. Dezember 1982.

292 Czaja, Herbert: Für ganz Deutschland verantwortlich (Dokumentation), in: *Deutscher Ostdienst*, Nr. 10 vom 11. Mai 1983.

293 Vgl. Czaja (1996), S. 398 f.; Flach, Werner / Kouschil, Christa: Kreuzritter in Trachten. Organisierter Revanchismus und seine Macher, Leipzig / Jena / Berlin 1984, S. 80 ff.; Fülberth (1999), S. 203 f.; Mecklenburg, Jens (Hg.): Handbuch Deutscher Rechtsextremismus, Berlin 1996, S. 451 f.

294 Die Entschließung von Braunschweig (Dokumentation), in: *Deutscher Ostdienst*, Nr. 36 vom 4. September 1986.

295 Titel eines Artikels von Hartmut Koschyk, in: *Deutscher Ostdienst*, Nr. 36 vom 8. September 1989.

296 Czaja, Herbert: In Erwartung eines gerechten Ausgleichs. Eine Betrachtung auf das Jahr 1989, in: *Deutscher Ostdienst*, Nr. 51 vom 22. Dezember 1989.

297 Vgl. o.V.: BdV-Aktion: »Frieden durch freie Abstimmung«. Die Zeit ist reif für eine dauerhafte gesamteuropäische Ordnung, in: *Deutscher Ostdienst*, Nr. 14 vom 6. April 1990. Diese BdV-Aktion forderte die »freie Abstimmung aller Betroffenen« über die Oder-Neiße-Grenze, weil durch Anerkennung selbiger »von uns die Preisgabe von 114.000 qkm Deutschlands, als Verzicht auf Schlesien, Oberschlesien, Ostbrandenburg, Pommern, Ostpreußen und Westpreußen« gefordert würde.

298 Vgl. Bund der Vertriebenen (Hg.) (1950).

299 Vgl. Bund der Vertriebenen (Hg.): Jahresbericht 1990, Bonn 1991, S. 35 ff.

300 Vgl. Kulturstiftung der deutschen Vertriebenen (Hg.): Zum Thema: Minderheitenschutz im östlichen Europa (= Forum für Kultur und Politik Heft 7), Bonn 1993.

301 Vgl. Czaja, Herbert / Koschyk, Hartmut: Ein deutschlandpolitisches Konzept, in: *Deutscher Ostdienst*, Sonderdruck vom 12. Oktober 1989; Schumann, Renata: Gesicherte Volksgruppenrechte gefordert. BdV-Mitarbeiterkongreß in Würzburg diskutierte Lage der Deutschen im Osten, in: *Deutscher Ostdienst*, Nr. 43 vom 26. Oktober 1990.

302 Vgl. o.V.: BdV: Schluß mit dem Schein-Asylantentum. Freiwerdende Mittel für deutsche Aussiedler bereitstellen, in: *Deutscher Ostdienst*, Nr. 7 vom 17. Februar 1989.

303 Vgl. Bund der Vertriebenen (Hg.): Eingliederung der Aussiedler als Aufgabe. Eine Handreichung für die Seminar- und Beratungspraxis, Bonn 1990.

304 Vgl. Mück-Raab, Marion: Heimkehr nach Polen, in: *Die Woche* vom 15. Oktober 1999.

305 Vgl. Urkunde über die Partnerschaft, in: *Das Ostpreußenblatt*, Folge 25 vom 20. Juni 1998.

306 Vgl. Stratmann, Walter: Sorge tragen für die gemeinsame Heimat, in: *Deutscher Ostdienst*, Nr. 25 vom 19. Juni 1998 [1998a].

307 Vgl. Urkunde über die Partnerschaft, a.a.O.

308 Reimann, Joachim: »Wir missionieren bis an die Memel«. Die Vertriebenenverbände, in: Kogelfranz, Siegfried (Hg.): Die Vertriebenen, Reinbek bei Hamburg 1985, S. 82 f.

309 S.V.: Herberge für die Heimatgemeinschaft, in: *Sudetendeutsche Zeitung*, Folge 38 vom 23. September 1983.

310 Vgl. ebd.

311 Vgl. Wippermann, Wolfgang: Der ›Deutsche Drang nach Osten‹. Ideologie und Wirklichkeit eines politischen Schlagwortes, Darmstadt 1981, S. 133. Herv. i. Org.

312 Vgl. Bayer, Erich (Hg.): Wörterbuch zur Geschichte. Begriffe und Fachausdrücke, 4. überarb. Aufl., Stuttgart 1980, S. 451; Beck, Reinhart: Sachwörterbuch der Politik, 2. erw. Aufl., Stuttgart 1986, S. 824; Drechsler, Hanno / Hilligen, Wolfgang / Neumann, Franz (Hg.): Gesellschaft und Staat. Lexikon der Politik,

8. neubearb. u. erw. Aufl., München 1992, S. 620.

313 Kleines politisches Wörterbuch, 3. überarb. Aufl., Berlin (Ost) 1978, S. 767.

314 Vgl. Nationalrat der Nationalen Front des demokratischen Deutschland / Dokumentationszentrum der staatlichen Archivverwaltung der DDR (Hg.) (1965), S. 280 ff.

315 Flach / Kouschil (1984), S. 124.

316 Markovits, Andrei S. / Reich, Simon: Das deutsche Dilemma. Die Berliner Republik zwischen Macht und Machtverzicht, Berlin 1998, S. 299 f.

317 Vgl. Schröder, Helmut / Jelpke, Ulla: Lexikoneintrag ›Bund der Vertriebenen‹, in: Mecklenburg (Hg.) (1996), S. 346 ff.

318 Bund der Vertriebenen (Hg.): Handbuch 1996, 3. überarb. Aufl., Bonn 1996, S. 25.

319 Kather (1964), S. 20 f. Diese Töne deuteten es bereits an: Kather war nicht nur CDU- und später GB/BHE-Politiker, sondern schließlich auch noch für die NPD aktiv.

320 Bei den Landsmannschaften handelt es sich im einzelnen um folgende: Deutsch-Baltische Landsmannschaft im Bundesgebiet, Landsmannschaft der Banater Schwaben, Landsmannschaft Berlin-Mark Brandenburg, Landsmannschaft der Bessarabiendeutschen, Landsmannschaft der Buchenlanddeutschen (Bukowina), Bund der Danziger, Landsmannschaft der Dobrudscha- und Bulgariendeutschen, Landsmannschaft der Donauschwaben, Karpatendeutsche Landsmannschaft Slowakei, Landsmannschaft der Deutschen aus Litauen, Landsmannschaft der Oberschlesier, Landsmannschaft Ostpreußen, Pommersche Landsmannschaft, Landsmannschaft der Deutschen aus Rußland, Landsmannschaft der Sathmarer Schwaben in der Bundesrepublik Deutschland, Landsmannschaft Schlesien – Nieder- und Oberschlesien, Landsmannschaft der Siebenbürger Sachsen in Deutschland, Sudetendeutsche Landsmannschaft, Landsmannschaft der Deutschen aus Ungarn, Landsmannschaft Weichsel-Warthe und Landsmannschaft Westpreußen.

321 Angaben nach: Bund der Vertriebenen (Hg.): Jahresbericht 1998, Bonn 1999, S. 6.

322 Alle Angaben nach: Bund der Vertriebenen (Hg.) (1996).

323 Vgl. etwa: Bannas, Günter: Im Profil: Erika Steinbach, in: *Süddeutsche Zeitung* vom 5. Mai 1998; Klingelschmitt, Klaus-Peter: Das Porträt: Die Tigerin der Vertriebenen, in: *die tageszeitung* vom 4. Mai 1998.

324 Zit. n.: o. V.: Beim Namen genannt – Erika Steinbach, in: *Deutschland-Magazin*, Nr. 5, Mai 1998.

325 Vgl. Steinbach, Erika: »Vor dem Zeitgeist nicht ducken«, Interview in: *stern*, Nr. 21 vom 14. Mai 1998.

326 Vgl. Steinbach, Erika: »Die Opfer entschädigen«, Interview von Thomas Zorn, in: *Focus*, Nr. 20 vom 11. Mai 1998.

327 Steinbach, Erika, zit. n.: Richter, Peter: Rechtslastig – Erika Steinbach, in: *Neues Deutschland* vom 29. April 1998.

328 Angaben nach: Stratmann, Walter: Erika Steinbach, MdB, ist neue Präsidentin

des Bundes der Vertriebenen, in: *Deutscher Ostdienst*, Nr. 19 vom 8. Mai 1998 [1998b].

329 Vgl. Holzapfel, Klaus-J. (Hg.): Kürschners Volkshandbuch Deutscher Bundestag, 12. Wahlperiode, 65. Aufl., Rheinbreitbach 1991, S. 267.

330 Vgl. o.V.: Bund der Vertriebenen in Bayern wählt Knauer zum Vorsitzenden, *dpa*-Meldung vom 23. Oktober 1999.

331 Vgl. Bund der Vertriebenen (Hg.) (1996), S. 113.

332 Vgl. j.l.: Fritz Wittmann (TsM) Vertriebenen-Präsident, in: *Academia*, Heft 4/94, S. 181.

333 Folgerichtig echauffierte sich auch die rechtsextreme Wochenzeitung *Junge Freiheit* über das Ergebnis der BdV-Präsidentschaftswahl. Vgl. Rissmann, Hans-Peter: Mut zur Ehrlichkeit, in: *Junge Freiheit*, Nr. 20 vom 8. Mai 1998. Nach Angaben von Alfred Schobert handelt es sich bei Hans-Peter Rissmann um ein Pseudonym des *JF*-Chefredakteurs Dieter Stein. Vgl. Schobert, Alfred: »Junge Freiheit«: Zombie auf dem Zeitungsmarkt, in: *Der Rechte Rand*, Nr. 52 (Mai/Juni 1998).

334 Vgl. Herzog, Roman: Rede anläßlich der zentralen Veranstaltung des Bundes der Vertriebenen zum 47. Tag der Heimat in Berlin (8. September 1996), in: Presse- und Informationsamt der Bundesregierung (Hg.): Roman Herzog – Reden und Interviews, Band 3/1, Bonn 1998, S. 63 ff. Als Hintergrund: Dietl, Andreas: Rache und Vergeltung, in: *junge Welt* vom 9. September 1996.

335 Vgl. Presseerklärung zur Präsidiumssitzung, in: *Der Schlesier*, Nr. 43 vom 25. Oktober 1996. Die Presseerklärung bezieht sich auf eine BdV-Präsidiumssitzung, die sich im Nachhinein mit dem »Tag der Heimat« beschäftigt hat. Neben Latussek, Parplies und von Gottberg trägt sie die Unterschriften von Christa Wank (Präsidentin des BdV-Frauenverbandes), Rudolf Wollner (Vorsitzender der AG der Landesverbände im BdV und BdV-Vorsitzender in Hessen) und Gerhard Dewitz (BdV-Vorsitzender in Berlin).

336 Vgl. Latussek, Paul: Was fällt Ihnen zu Deutschland ein? Interview in: *Deutsche Wochenzeitung* vom 23. Januar 1998.

337 Vgl. Parplies, Hans-Günther: »Der Auftrag bleibt«, Interview in: *Das Ostpreußenblatt*, Folge 17 vom 25. April 1998.

338 Vgl. »8. Mai 1945 – Gegen das Vergessen«, Anzeige in: *Frankfurter Allgemeine Zeitung* vom 7. April 1995.

339 Vgl. o.V.: Parteien, Verbände, Personen: Bund der Vertriebenen, in: *Junge Freiheit*, Nr. 14 vom 27. März 1998.

340 Vgl. hierzu ausführlich: Gehler, Michael/Heither, Dietrich/Kurth, Alexandra/Schäfer, Gerhard: Blut und Paukboden. Eine Geschichte der Burschenschaften, Frankfurt a.M. 1997.

341 Vgl. Heim, Monika: 6. Ostdeutsche Kulturtage. Höhepunkt der Kulturarbeit des BdV in Thüringen, in: *Der Schlesier*, Nr. 19 vom 8. Mai 1998.

342 Zu den weiteren BdV-Vizepräsidenten wurden Hans Sehling (Präsident der Bundesversammlung der Sudetendeutschen Landsmannschaft), Adolf Fetsch (stellvertretender Vorsitzender der Landsmannschaft der Deutschen aus Russ-

land), Rudolf Meinl (CDU-MdB) und Kurt Josef Rossmanith (stellvertretender Vorsitzender der Ost- und Mitteldeutschen Vereinigung der CDU/CSU) gewählt. Vgl. Stratmann (1998b). Rossmanith ist der CSU-Bundestagsabgeordnete, über den das Landgericht Kempten geurteilt hat, dass es legitim sei, ihn als »Nazi-Fan« zu bezeichnen, weil er den Nazi-Generaloberst Eduard Dietl als »Vorbild in menschlichem und soldatischem Handeln« bezeichnet hatte. Vgl. K.H.: Köpfe & Profile – Kurt Rossmanith, in: *Nation & Europa*, Heft 2, Februar 1998.

343 In studentischen Verbindungen spricht man in Anlehnung an elitäre und aristokratische Traditionen nicht davon, dass Veranstaltungen *in* dem Haus statt finden, sondern *auf* dem Haus.

344 Wählergemeinschaft Deutscher Heimatvertriebener und Entrechteter: Einladung zum 2. Bundeskongreß der WDHE, Brief (undatiert).

345 Hain, Erwin: Rundschreiben vom 28. Mai 1998.

346 Vgl. hierzu ausführlich: Fritz, Joß / Salzborn, Samuel: Nationale Sachpolitik, in: *konkret*, Heft 8, August 1997.

347 Vgl. Hain, Erwin: Rundschreiben vom 21. Mai 1997.

348 Wählergemeinschaft Deutscher Heimatvertriebener und Entrechteter: Grundsatzprogramm vom 2. Juli 1997.

349 Vgl. Bund der Vertriebenen (Hg.): Handbuch 1993, 2. Aufl., Bonn 1993, S. 16.

350 Vgl. Latussek, Paul: *Schlesier*-Interview, Interview von Karl-Ernst Lober, in: *Der Schlesier*, Nr. 43 vom 25. Oktober 1996.

351 Latussek, Paul: Neue Aufgaben für den Bund der Vertriebenen, in: *Nation & Europa*, Heft 4, April 1995.

352 Vgl. o.V.: Blind auf dem rechten Auge, in: *blick nach rechts*, Nr. 7 vom 2. April 1997.

353 Wittmann, Fritz: Brief an Paul Latussek vom 21. Februar 1997 (Faksimile in: *Unabhängige Nachrichten* Nr. 4/97).

354 Latussek, Paul: Brief an Fritz Wittmann vom 26. Februar 1997 (Faksimile in: *Unabhängige Nachrichten* Nr. 4/97).

355 Vgl. Latussek, Paul: Verratene Vertriebene?, Interview von Peter Richter, in: *Neues Deutschland* vom 10. September 1996.

356 Vgl. *MID – Märkischer Informationsdienst der Landsmannschaft Berlin-Mark Brandenburg*, Nr. 8 – 9 vom 19. November 1997, S. 1.

357 Angabe nach: o.V.: »Nach unten wird die Sprache konzilianter«, in: *Der Spiegel*, Nr. 6 vom 4. Februar 1985.

358 Angaben nach: Mecklenburg (Hg.) (1996), S. 356, 358 u. 362.

359 Vgl. Gille, Alfred: In preußischem Geist. Die Erklärung von Goslar (Dokumentation), in: *Das Ostpreußenblatt*, Folge 20 vom 15. Mai 1965.

360 Vgl. ebd.

361 Vgl. Gottberg, Wilhelm von: »Wir haben eine hörbare Stimme«. Interview von Peter Krause, in: *Junge Freiheit*, Nr. 23 vom 29. Mai 1998 [1998a]. Wilhelm von Gottberg kämpfte in der Funktion des CDU-Bürgermeisters in einer kleinen Gemeinde im niedersächsischen Wendland rigoros gegen das alternative

Wohnprojekt einer Bauwagensiedlung (Vgl. fk: »Lebensart« ist nicht erwünscht, in: *Elbe-Jeetzel-Zeitung* vom 3. April 1997). Dies als Kontrastierung seiner Forderungen gegenüber staatlichen Souveränen, resp. dem polnischen und russischen Staat.

362 Vgl. zum 50. Jubiläum der LO: Salzborn, Samuel: Sattel die Elche, Wilhelm!, in: *Jungle World*, Nr. 30 vom 22. Juli 1998.

363 Vgl. Landsmannschaft Ostpreußen (Hg.): Landsmannschaft Ostpreußen 1948 – 1968, o. O. u. J., S. 20 f.

364 Vgl. r.: Heimatpolitische Arbeit an erster Stelle, in: *Das Ostpreußenblatt*, Folge 14 vom 6. April 1957.

365 Vgl. Bund der Vertriebenen (Hg.) (1996), S. 77.

366 Vgl. ebd., S. 77 ff.

367 Vgl. E. B.: Bayern wird unser Patenland, in: *Das Ostpreußenblatt*, Folge 37 vom 16. September 1978.

368 Vgl. Gülzow, Gerhard u. a.: An alle Westpreußen!, in: *Der Westpreuße*, Nr. 1, Juni 1949. Gülzow war erster Sprecher der Landsmannschaft Westpreußen, deren Organ bis heute *Der Westpreuße* ist. Auf regionaler Ebene ist die organisatorische Verbindung dieser beiden Landsmannschaften zum Teil bis in die Gegenwart bestehen geblieben.

369 Vgl. ebd., S. 53.

370 Vgl. o. V.: Neue Geschäftsräume – Hamburg, Parkallee 86, in: *Das Ostpreußenblatt*, Folge 11 vom 17. März 1956.

371 Vgl. o. V.: Die Verleihung des Preußenschildes, in: *Das Ostpreußenblatt*, Folge 21 vom 25. Mai 1957. Bei Initiierung war die Zahl der möglichen Träger des Preußenschilds noch auf zehn lebende Personen beschränkt gewesen.

372 Vgl. Scholtz-Klink, Gertrud: Die Frau im Dritten Reich. Eine Dokumentation, Tübingen 1978, S. 102 f. Vgl. zu Miegel auch: Langenbucher, Hellmuth: Die deutsche Gegenwartsdichtung. Eine Einführung in das volkhafte Schrifttum unserer Zeit, Berlin 1939, S. 48 ff.

373 Vgl. Landsmannschaft Ostpreußen (Hg.): 50 Jahre Landsmannschaft Ostpreußen, Hamburg 1998, S. 205 ff.

374 Vgl. o. V.: Ostpreußische Landesvertretung tagte, in: *Das Ostpreußenblatt*, Folge 44 vom 30. Oktober 1954.

375 Vgl. ebd.

376 Vgl. Landsmannschaft Ostpreußen (Hg.) (1998), S. 183 ff.

377 Vgl. Gille, Alfred / Strüvy, Wilhelm / Otto, Egbert: Rettet das Trakehner Pferd!, in: *Das Ostpreußenblatt*, Folge 26 vom 1. Juli 1961.

378 Vgl. Rehs, Reinhold: Ansprache zur Enthüllung des Trakehner-Standbildes im Garten des Ostheims in Bad Pyrmont, zit. n.: o. V.: Die Elchschaufel ist das Zeichen für Qualität, Ausdauer und Beständigkeit, in: *Das Ostpreußenblatt*, Folge 24 vom 15. Juni 1968.

379 Vgl. Dilba, Benno: Der Elch und die Elchschaufel. Symbole Ostpreußens, Hamburg 1995, S. 53 f.

380 Vgl. Landsmannschaft Ostpreußen (Hg.): 40 Jahre Landsmannschaft Ost-

preußen, Hamburg 1988, S. 36.

381 Vgl. Gause, Fritz (Hg.): Dr. Ottomar Schreiber: Erbe und Aufgabe des deutschen Ostens – Reden und Aufsätze, München 1955, S. 9.

382 Schreiber folgten im Amt des LO-Sprechers Alfred Gille (1952 bis 1966) Reinhold Rehs (1966 bis1971), Joachim Freiherr von Braun (1972 bis 1974), Hans-Georg Bock (1975 bis 1979), Ottfried Hennig (1979 bis 1990), Harry Poley (1990 bis 1992; interimistisch) und schließlich Wilhelm von Gottberg. Vgl. Landsmannschaft Ostpreußen (Hg.) (1998), S. 47 bis 52.

383 Vgl. Schreiber, Ottomar: Unsere Landsmannschaft Ostpreußen. Eine Aufgabe für jeden Landsmann und ihre Bedeutung für unser Volk im Geiste des Grenzlandes, in: *Wir Ostpreußen* vom 1. Februar 1949, zit. n.: Landsmannschaft Ostpreußen (Hg.) (1988), S. 39.

384 Vgl. ebd., S. 37 ff.

385 Vgl. Gottberg, Wilhelm von: »Wir müssen jetzt handeln!«, in: *Das Ostpreußenblatt*, Folge 49 vom 5. Dezember 1998 [1998b].

386 Vgl. Gottberg, Wilhelm von: »Erhalten wir uns eine Option auf Ostpreußen ...« (Redeauszug / Teil I), in: Das Ostpreußenblatt, Folge 47 vom 22. November 1997.

387 Gottberg, Wilhelm von: »Erhalten wir uns eine Option auf Ostpreußen ...« (Redeauszug/Teil II), in: *Das Ostpreußenblatt*, Folge 48 vom 29. November 1997.

388 Vgl. Junge Landsmannschaft Ostpreußen (Hg.): *Potsdamer Programm der JLO* (Flugschrift), Potsdam / Hamburg 1994. Herv. i. Org.

389 Vgl. ebd.

390 Vgl. Knapstein, Bernhard: Ostergrußwort des Bundesvorsitzenden der JLO, in: *Das Ostpreußenblatt*, Folge 13 vom 29. März 1997. Knapstein war von 1995 bis 1997 JLO-Bundesvorsitzender.

391 Vgl. Nehring, René: Unbequeme Fragen. Interview von Till Koch, in: *Junge Freiheit*, Nr. 38 vom 11. September 1998. Nehring wurde Ende 1997 zum JLO-Bundesvorsitzenden gewählt.

392 Vgl. Faesel, Uwe: Liebe Freunde Ostpreußens!, in: *Mitteilungsblatt des Landesverbandes Nord der Jungen Landsmannschaft Ostpreußen*, August 1998.

393 Vgl. Hupka, Herbert: Vorwort, in: Landsmannschaft Schlesien (Hg.): 40 Jahre Landsmannschaft Schlesien. Eine Dokumentation: 1949 – 1989, Königswinter 1989, S. 3.

394 Vgl. Willms, Johannes: Was ist ein Volk? Anmerkungen zu einem grassierenden Wahn, in: *Süddeutsche Zeitung* vom 25. Februar 1999.

395 Vgl. Rinke, Walter: Der Weg der Landsmannschaft Schlesien, in: Landsmannschaft Schlesien (Hg.): 30 Jahre Landsmannschaft Schlesien. Eine Dokumentation, Bonn 1979, S. 6. Vorsitzende der LMS waren neben Rinke Karl Hausdorff (1952 bis 1953), Julius Doms (1954 bis 1955) und Erich Schellhaus (1955 bis 1968). Seit 1968 hat Herbert Hupka das Amt inne. Vgl. Landsmannschaft Schlesien (Hg.) (1999), S. 91 ff.

396 Vgl. o.V.: Zusammenschluß aller Schlesier. Landsmannschaft Schlesien für das Gebiet der Bundesrepublik Deutschland und Berlin konstituiert, in: *Breslauer*

*Nachrichten*, Nr. 10 vom 5. April 1950. Die *Breslauer Nachrichten* waren der direkte Vorgänger des *Schlesiers*. In Sekundärschriften der LMS wird gelegentlich behauptet, ihre Gründung habe bereits am 26. März stattgefunden. Diese Falschangabe geht zurück auf eine Dokumentation des o. g. Textes aus den *Breslauer Nachrichten*, in der das Datum falsch wiedergegeben wird. (Vgl. Landsmannschaft Schlesien (Hg.) (1989), S. 9 ff.). In der Originalquelle ist eindeutig und mehrfach vom 28. März 1950 die Rede.

397 Vgl. Bund der Vertriebenen (Hg.) (1996), S. 101 ff.

398 Vgl. Hupka, Herbert: Gibt es eine schlesische Jugend?, in: *Schlesien Impuls. Zeitung der Schlesischen Jugend*, Nr. 1/97 (Juli 1997).

399 Vgl. Entschließung des außerordentlichen Bundesgruppentages der Schlesischen Jugend am 12. Juli 1997 in Nürnberg (Dokumentation), in: *Schlesische Nachrichten*, Nr. 18 vom 15. September 1997.

400 Vgl. Landsmannschaft Schlesien (Hg.) (1979), S. 20.

401 Vgl. Landsmannschaft Schlesien: Grundsatzerklärung vom 2. Juni 1957, zit. n.: Landsmannschaft Schlesien (Hg.) (1989), S. 16 ff.

402 Vgl. o.V.: LS fordert erneut Sitz im Bundesrat, in: *Der Schlesier*, Nr. 48, Erste Dezember-Folge 1953. Die LMS kürzt sich nicht durchgängig mit ›LMS‹ ab. Besonders in den ersten Jahren war die auch im Titel des zitierten Artikels verwendete Abkürzung ›LS‹ üblich.

403 Vgl. o.V.: Schlesien lebt!, in: *Der Schlesier*, Nr. 41, Zweite Oktober-Folge 1957.

404 Hupka, Herbert: Sieben Punkte zur Deutschland- und Ostpolitik, in: *Der Schlesier*, Nr. 12 vom 22. März 1973.

405 Vgl. Entschließung der Landsmannschaft Schlesien (Dokumentation), in: *Der Schlesier*, Nr. 45 vom 7. November 1980.

406 Vgl. Erklärung der Landsmannschaft Schlesien bei der Bundesdelegiertenversammlung – Schlesische Landesvertretung – im Haus Schlesien in Königswinter (Dokumentation), in: *Der Schlesier*, Nr. 42 vom 21. Oktober 1983.

407 Vgl. Manifest der Landsmannschaft Schlesien (Dokumentation), in: *Der Schlesier*, Nr. 51 vom 18. Dezember 1987.

408 Vgl. Erklärung der Bundesdelegiertenversammlung der Landsmannschaft Schlesien in Stuttgart, zit. n.: H.R.F.: Recht und Freiheit auch in Schlesien, in: *Der Schlesier*, Nr. 21 vom 27. Mai 1965.

409 Vgl. o.V.: Rote Karte, in: *Der Spiegel*, Nr. 2 vom 7. Januar 1985.

410 Vgl. Bruns, Karlheinz: Das Motto des Schlesiertreffens 1985 in der Kontroverse, in: *Der Schlesier*, Nr. 3 vom 18. Januar 1985.

411 Vgl. o.V.: »Unser Rechtskampf war nicht vergebens«, in: *Der Spiegel*, Nr. 24 vom 10. Juni 1985.

412 Vgl. o.V.: Breslauer Nachrichten, in: *Der Spiegel*, Nr. 5 vom 28. Januar 1985.

413 Vgl. Finke, Thomas: Nachdenken über Deutschland, in: *Der Schlesier*, Nr. 4/5 vom 25. Januar 1985.

414 Vgl. Antwort der Bundesregierung auf die Kleine Anfrage der Abgeordneten Ulla Jelpke und der Gruppe der PDS/Linke Liste (BT-Drs. 12/628): Rechtsextremismus und das Publikationsorgan »Der Schlesier«, BT-Drs. 12/800 vom

19. Juni 1991.

415 Vgl. Ney, Johannes P.: Strafe, Sühne, Aussöhnung? Nein, Rache!, in: *Der Schlesier*, Nr. 47 vom 25. November 1988. Ney trat denn auch 1993 und 1994 bei der neofaschistischen Hetendorfer Tagungswoche als Referent auf. Vgl. 3. Hetendorfer Tagungswoche vom 19.6.93 – 27.6.93 *(Programm)* und 4. Hetendorfer Tagungswoche vom 17.6. – 26.6.94 *(Programm)*. Diesen Hinweis verdanke ich der Antifaschistischen Infogruppe Celle.

416 Vgl. Koschyk, Hartmut: Keine Kolletiv-Haftung der Vertriebenen für den »Schlesier«, in: *Deutscher Ostdienst*, Nr. 47 vom 24. November 1988.

417 Vgl. o.V.: Bayern-Antrag auf »Mitteilungsblatt« fand im geschäftsführenden Bundesvorstand Stimmengleichheit, in: *Der Schlesier*, Nr. 45 vom 6. November 1989.

418 Vgl. Albrecht, Ernst: Niedersachsens Patenschaft für Schlesien, in: Neubach / Abmeier (Hg.) (1985).

419 Vgl. Urkunde über die Patenschaft zwischen dem Land Niedersachsen und der Landsmannschaft Schlesien, zit. n.: Albrecht (1985), S. 124.

420 Vgl. Albrecht (1985), S. 126.

421 Vgl. o.V.: Patenschaft Niedersachsens nur noch symbolisch, in: *Schlesische Nachrichten*, Nr. 21 vom 1. November 1990.

422 Vgl. H.F.: »Die Vertreibung beenden«, in: *Bayernkurier*, Nr. 11 vom 20. März 1999.

423 Vgl. o.V.: Gespräch mit dem Patenland, in: *Schlesische Nachrichten*, Nr. 7 vom 1. April 1999.

424 Vgl. Dt.: »Glogowski will Patenschaft für Schlesier wiederbeleben«, in: *Frankfurter Allgemeine Zeitung* vom 5. November 1999.

425 Vgl. Dt.: Glogowski Schirmherr der Vertriebenen, in: *Frankfurter Allgemeine Zeitung* vom 10. November 1999.

426 Vgl. hierzu: Urban, Thomas: Deutsche in Polen. Geschichte und Gegenwart einer Minderheit, 3. akt. Aufl., München 1994, S. 101 ff.

427 Vgl. Heinka, Hedla: Deutsche Organisationen in der Republik Polen, in: *BdV-Dienst. Aktuelle Information für die Verbandsarbeit auf Kreis- und Ortsebene*, Ausgabe 3/1995 (Juli/August/September).

428 Vgl. Schuck, Klaus: Zur Lage der deutschen Volksgruppen, in: *Deutscher Ostdienst*, Nr. 28 vom 11. Juli 1997.

429 Vgl. Nittner, Ernst (Hg.): Dokumente zur Sudetendeutschen Frage 1916 – 1967. Herausgegeben im Auftrag der Ackermann-Gemeinde, Überarb. u. erg. Neuaufl., München 1967, S. 331.

430 Vgl. ebd., S. 331 ff.

431 Vgl. Arbeitsgemeinschaft zur Wahrung sudetendeutscher Interessen (Hg.): Dokumente zur Austreibung der Sudetendeutschen, München 1951.

432 Aufgrund dessen, dass das Treffen am ersten Adventsonntag 1949 stattfand, wird bisweilen auch von der *Eichstätter Adventsdeklaration* gesprochen.

433 Angaben nach: Brand, Walter: Auf verlorenem Posten. Ein sudetendeutscher Politiker zwischen Autonomie und Anschluß, München 1985, S. 182 ff.; Her-

de/Stolze (1987), S. 90.

434 Nittner (Hg.) (1967), S. 349 f.

435 Ebd., S. 352.

436 Zimmermann (1999), S. 290.

437 Vgl. Nittner (Hg.) (1967), S. 352 f.

438 Vgl. *Mitteilungsblatt der Sudetendeutschen Landsmannschaft*, Folge 8/96, S. 240.

439 Sudetendeutschen Rat (Hg.): Selbstdarstellung (Flugschrift), o. O. u. J.

440 Vgl. Mitteilungsblatt der Sudetendeutschen Landsmannschaft, a.a.O.

441 Vgl. o.V.: Beim Namen genannt – Franz Neubauer, in: *Deutschland-Magazin*, Nr. 4, April 1998.

442 Zwischen Lodgman von Auen und Becher bekleidete der von 1949 bis 1966 als Bundesverkehrsminister amtierende Hans-Christoph Seebohm bis 1967 das Amt des SL-Sprechers.

443 Vgl. Kudlich, Jörg: Auszug aus Reden in Hainburg-Hainstadt und Dillingen, zit. n.: S.V.: In Frankfurt würdig vertreten sein, in: *Sudetendeutsche Zeitung*, Folge 13 vom 27. März 1981. Kudlich war seinerzeit stellvertretender Bundesvorsitzender der SL.

444 Angabe nach: o.V.: »Nach unten wird die Sprache konziliánter«, in: *Der Spiegel*, Nr. 6 vom 4. Februar 1985.

445 Vgl. Urkunde über die Schirmherrschaft über die Sudetendeutsche Volksgruppe, Faksimile in: Bayrische Staatskanzlei (Hg.): 50 Jahre Flucht und Vertreibung – 50 Jahre Eingliederung in Bayern, München 1995.

446 Kraus, Heinz: Referat vor dem Sudetendeutschen Heimattag, zit. n.: M.R.: Sudetendeutscher Heimattag in Neu-Ulm, in: *Sudetendeutsche Zeitung*, Folge 45 vom 7. November 1980. Kraus war seinerzeit stellvertretender Vorsitzender des Sudetendeutschen Heimatrates.

447 Vgl. Verlagshaus Sudetenland (Hg.): Handbuch für die Amtsträger der Sudetendeutschen Landsmannschaft (Losebl.), München 1995.

448 Böhm, Franz: Das Ziel, in: ders. (Hg.): Weg und Ziel. Eine Chronik der heimatvertriebenen Sudetendeutschen. Herausgegeben im Auftrag des Bundesvorstandes der Sudetendeutschen Landsmannschaft, München 1974, S. 28.

449 Vgl. Verlagshaus Sudetenland (Hg.) (1995).

450 Vgl. zur Seliger-Gemeinde: Nele, Karl: Volkstumskampf und Sozialdemokratie. Der Sozialismus sudetendeutscher Prägung, in: *Bahamas*, Nr. 25, Frühjahr 1998.

451 Nittner (Hg.) (1967), S. 322 f.

452 Haibach, Franz / Hoppe, Fritz / Krause, Martha / Kunzmann, Adolf / Kussl, Adolf / Schubert, Heinrich / Schütz, Hans / Sladek, Paulus: Grundgesetz der Ackermann-Gemeinde, verkündet 1948. Um die Zukunft der Sudetendeutschen, in: Ackermann-Gemeinde (Hg.): Weg und Ziel, München 1970, S. 19.

453 Vgl. Becher, Walter: Zeitzeuge. Ein Lebensbericht, München 1990, S. 187.

454 Vorsitzende des Witikobundes waren nach Brand Frank Seiboth (1953 bis 1955), Walter Becher (1956 bis 1958), Heinz Lange (1959 bis 1983), Reinfried Vogler (1984 bis 1985), Walter Stain (1986 bis 1989) und Walter Staffa (1990 bis

1996). Seit 1996 wird der WB von Horst Rudolf Übelacker geführt, ehemals REP-Mitglied und Bundesbankdirektor. Lange war als HJ-Gebietsführer im Gau Sudetenland, Stain (seit 1938 NSDAP-Mitglied) als Gaujugendführer des NS-Turnbundes, HJ-Führer und in der Bundesrepublik als Staatsminister in der Bayrischen Landesregierung tätig. Vgl. Herde/Stolze (1987), S. 120 u. 131; Mecklenburg (Hg.) (1996), S. 538 f.; Witikobund (Hg.): Selbstdarstellung (Faltschrift), München o. J.; wst: Witikobund setzt weiter auf Recht und Wahrheit, in: *WitikoBrief*, Folge 5 – 1996.

455 Vgl. Brand, Walter: Zwanzig Jahre Witikobund, in: Witikobund (Hg.): Der Witikobund: Weg – Wesen – Wirken, München 1969, S. 30.

456 Vgl. Zimmermann (1999), S. 44.

457 Vgl. ebd., S. 46.

458 Zu den an dieser Zusammenkunft beteiligten gehörten neben Becher und Brand unter anderem noch Rupert Glaas (ehemals Gauamtsleiter der NSDAP), Konstantin Höß (vormals Kreisleiter der NSDAP, unter anderem in Praha und Hradec Králové), Karl Kraus (ehemaliger SS-Obersturmbannführer und Chef der Gestapo in Beograd) und Hugo Liehm (früher Senator der SdP und NS-Bürgermeister in Zlutice). Vgl. Herde / Stolze (1987), S. 114.

459 Vgl. Brand (1969), S. 30 ff.

460 Vgl. Stifter, Adalbert: Witiko. Vollständige Ausgabe nach dem Text des Erstdrucks von 1865 – 67, 2. Aufl., München 1997.

461 Becher (1990), S. 189.

462 Vgl. Brand (1985), S. 39.

463 Vgl. Spann, Othmar: Der wahre Staat. Vorlesungen über Abbruch und Neubau der Gesellschaft, 4. Aufl., Jena 1938, S. 151.

464 Ebd., S. 149.

465 Vgl. ebd., S. 163.

466 Vgl. ebd., S. 162.

467 Vgl. ebd., S. 163.

468 Vgl. hierzu ausführlich: Braasch, Sönke: Der Witikobund, in: *Der Rechte Rand*, Nr. 35 (Juni / Juli / August 1995); Herde / Stolze (1987), S. 112 ff.; Schwarz, Sebastian: Der »Witikobund«, in: *Der Rechte Rand*, Sonderheft Nr. 2: Der deutsche Ritt nach Osten (September 1997). Beispiele für Witikonen in entsprechenden Positionen sind die Verlagsleiter Herbert Fleissner (Herbig, Langen-Müller und andere Verlage) und Wigbert Grabert (Grabert/Hohenrain-Verlag), Hans-Ulrich Kopp (ehemaliges Redaktionsmitglied der *Jungen Freiheit*) sowie die Professoren Helmut Schröcke und Hellmut Diwald.

469 Merkel, Hans: Deutschland oder Europa?, in: *WitikoBrief*, Folge 6 – 1992.

470 Vgl. Merkel, Hans: Burschenschaft heute – Anachronismus oder lebendige Gegenwart?, in: *Burschenschaftliche Blätter*, Heft 4 – 1997.

471 Vgl. Radke, Doro: Das Leiden nicht vergessen, in: *Das Ostpreußenblatt*, Folge 29 vom 18. Juli 1998.

472 Vgl. ff.: Frau Steinbach wirbt für »Zentrum gegen Vertreibungen«, in: *Frankfurter Allgemeine Zeitung* vom 27. August 1999.

473 Vgl. Bundesversammlung der Sudetendeutschen Landsmannschaft / Sudetendeutscher Rat: Manifest '79 (Dokumentation), in: *Sudetendeutsche Zeitung*, Folge 22 vom 1. Juni 1979.
474 Vgl. Sudetendeutsche Landsmannschaft / Sudetendeutscher Rat (Hg.): Resolution zur Schaffung eines internationalen Minderheiten- und Volksgruppenrechts (Faltschrift), Bonn 1979.
475 Vgl. Becher (1990), S. 418.
476 Vgl. Alt, Gerd: Völkische Aktivisten an der Ostfront, in: *Der Rechte Rand*, Nr. 57 (März/April 1999).
477 Vgl. Unheimliche Nachbarn. Die Rolle der Deutschen in den »Euro-Regionen«. Ein Dokumentarfilm von Hans-Rüdiger Minow, WDR 3, 6. Juni 1998.
478 Vgl. mb: Kreis zu Kreis gesellt sich gern. Erste deutsch-tschechische Landkreispartnerschaft gegründet, in: *Prager Zeitung*, Nr. 28 vom 9. – 15. Juli 1998.
479 Vgl. Elsässer, Jürgen: »Wir lassen uns nicht kaufen!«, in: *junge Welt* vom 22. Januar 1997.
480 Vgl. Wortlaut der deutsch-tschechischen Erklärung (Dokumentation), in: *Deutscher Ostdienst*, Nr. 50 vom 13. Dezember 1996.
481 Wittmann, Fritz: Kein völkerrechtlicher Vertrag, in: *Sudetendeutsche Zeitung*, Folge 4 vom 24. Januar 1997.
482 Übelacker, Horst Rudolf: »Raubsicherung statt Friedenspolitik«. Interview von Gerhard Quast, in: *Junge Freiheit*, Nr. 51 vom 13. Dezember 1996.
483 Neubauer, Franz: Uneinigkeit um Auslegung schon vor der Unterzeichnung, in: *Sudetendeutsche Zeitung*, Folge 4 vom 24. Januar 1997.
484 Vgl. Salzborn, Samuel: Von seinen Opfern lernen, in: *Jungle World*, Nr. 48 vom 25. November 1998.
485 Vgl. Schnürch, Roland: Verpaßte Chancen des Dialoges, in: *Junge Freiheit*, Nr. 8 vom 13. Februar 1998. Posselt war seinerzeit Vizepräsident der Paneuropa-Union Deutschland und wurde inzwischen zu deren Präsident gewählt. Vgl. o. V.: Neuer PEU-Vorstand, in: *Paneuropa Deutschland*, Nr. 3/1998.
486 Vgl. Halbach, Heinz: Die Presse der Revanchistenorganisationen Westdeutschlands – ihre Tradition, Funktion und Entwicklung (Diss.), Leipzig 1964.
487 Vgl. ebd., S. 149.
488 Vgl. Hoffmann, Lutz: Das deutsche Volk und seine Feinde. Die völkische Droge – Aktualität und Entstehungsgeschichte, Köln 1994.
489 Vgl. Frantzioch (1987), S. 144.
490 Diegner, Franz / Kunigk, Hans: Zum Geleit, in: *Heimatbrief der Kreisgemeinschaft Allenstein-Land*, Erste Ausgabe, undatiert (ca. Winter 1970 / Frühjahr 1971).
491 Ebd.
492 Claussen, Detlev: Vergangenheit mit Zukunft. Über die Entstehung einer neuen deutschen Ideologie, in: Eschenhagen, Wieland (Hg.): Die neue deutsche Ideologie. Einsprüche gegen die Entsorgung der Vergangenheit, Darmstadt 1988, S. 12.
493 Adorno, Theodor W.: Auf die Frage: Was ist deutsch, Gesammelte Schriften

10-2, Frankfurt a.M. 1997, S. 691.

494 Jacob, Günther: Ich-Identität und nationale Identität, in: Arbeitsheft – Links ist da, wo keine Heimat ist. Theoretische Konferenz über Nation, Nationalismus und Antinationalismus, Hamburg 1994, S. 32.

495 Anderson, Benedict: Die Erfindung der Nation. Zur Karriere eines folgenreichen Konzepts, Erw. Neuausg., Frankfurt/New York 1996, S. 206.

496 Vgl. bspw. Gause, Margarete: Landwirtschaftsschule Gerdauen 1939/40, in: *Heimatbrief Kreis Gerdauen*, Nr. 4, Dezember 1989.

497 Vgl. bspw. Matuschek, Georg: Schulausflug-Wandertag 1943, in: *Krappitzer Heimatblatt*, Nr. 146, Juli/September 1996.

498 Vgl. bspw. Wente, Edeltraud: Meine Krappitzer Kindheitserinnerungen, in: *Krappitzer Heimatblatt*, Nr. 145, April/Juni 1996.

499 Vgl. bspw. *Mohrunger Heimatkreis-Nachrichten*, 83. Ausgabe, Ostern 1998, S. 65 ff.

500 Vgl bspw. *von tohus – Heimatbrief des Kreises Labiau*, Nr. 52, Juni 1993, S. 85 f.

501 Vgl. bspw. die Rubrik »Die soziale Seite« mit Berichten über Neuerungen aus Gesetzgebung, Verwaltung und Rechtsprechung, in: *Friedländer Heimatbrief*, Folge 551 vom 17. Januar 1995.

502 Vgl. bspw. *Wehlauer Heimatbrief*, 56. Folge, Winter 1996/97, S. 54 f.

503 Vgl. bspw. Stein, Walter: Die Liegnitzer Landschaft, in: *Liegnitzer Heimatbrief*, Nr. 9/10, Mai 1968.

504 Vgl. bspw. Stetter, Hans-Joachim: Aus der Liegnitzer Geschichte, in: *Liegnitzer Heimatbrief*, Nr. 15/16, August 1967.

505 An dieser Stelle ist deshalb von der *Erfindung* jahrhundertelanger deutscher Traditionslinien die Rede, weil die jeweiligen Regionen nur über eine sehr kurze Geschichte verfügen, die als von Deutschen geprägt zu bezeichnen wäre – im Falle des »Sudetenlandes« sind es sogar nur wenige Jahre, weil das Gebiet vor seiner Angliederung bzw. Annektion nicht zu Deutschland gehört hatte.

506 Vgl. bspw. Beyer, Klaus: »Ostpreußen – Preußen – Deutschland« – 700 Jahre Geschichte des deutschen Ostens, in: *Johannisburger Heimatbrief*, Ausgabe für das Jahr 1985.

507 Vgl. bspw. Höfer, Josef: Die Kleidung der Böhmerwäldler, in: *Böhmerwäldler Heimatbrief*, Nr. 6, Juni 1993 (1. Teil) und Nr. 7, Juli 1993 (2. Teil).

508 Vgl. bspw. Felchner, Christine: Die 35. heimatpolitische Arbeitstagung in Rotenburg (Wümme), in: *Angerburger Heimatbrief*, Heft 112, Winter 1993.

509 Vgl. bspw. H.S.: Gewaltigstes Heimatkreistreffen im Bundesgebiet, in: *Waldenburger Heimatbote*, Nr. 114 vom 15. September 1956.

510 Vgl. bspw. *Gumbinner Heimatbrief*, Nr. 78, Dezember 1991, S. 30 ff.

511 Vgl. bspw. die Rubrik »Gumbinnen heute. Nachrichten, Verständigung, Brückenschlag«, in: *Gumbinner Heimatbrief*, Nr. 76, April 1991, S. 26 ff.

512 Vgl. bspw. *Gumbinner Heimatbrief*, Nr. 77, August 1991, S. 23 ff. Hier wurden neben Übersetzungen auch Faksimiles der russischsprachigen Artikel abgedruckt.

513 Hoffmann, Hajo: Das Bild der Heimat erhalten, in: *Neustädter Heimatbrief*,

Heft 1, Januar 1993.

514 Matuschek, Georg: Für die Heimat gibt es keinen Ersatz, in: *Krappitzer Heimatblatt*, Nr. 136, Januar/März 1994.

515 Schönfelder, Erich: Die Grenze mitten durchs Herz, in: *Waldenburger Heimatbote*, Nr. 50, August 1953.

516 Vgl. http://www.ostpreussenblatt.de/mediadaten/nielsen.htm (Stand: 8. Dezember 1999).

517 Vgl. Gaida, Hans-Jürgen: Die offiziellen Organe der ostdeutschen Landsmannschaften. Ein Beitrag zur Publizistik der Heimatvertriebenen in Deutschland, Berlin 1973.

518 Vgl. Dregger, Alfred: Stets mit klarem Ziel, in: *Das Ostpreußenblatt*, Folge 14 vom 7. April 1990.

519 Vgl. o. V.: Geschichte bedeutet nicht Stillstand, in: *Das Ostpreußenblatt*, Folge 23 vom 7. Juni 1986.

520 Vgl. o.V.: In eigener Sache, in: *Das Ostpreußenblatt*, Folge 49 vom 6. Dezember 1997. Der BdV-Bundesverband nahm hingegen erst Mitte 1999 seine Homepage im Internet in Betrieb.

521 Vgl. Salzborn, Samuel: Rechts(d)ruck bei den Ostpreußen, in: *Frankfurter Rundschau* vom 16. Januar 1998.

522 Vgl. Mecklenburg (Hg.) (1996), S. 448.

523 Vgl. Gottberg, Wilhelm von: Liebe Leser, in: *Das Ostpreußenblatt*, Folge 45 vom 8. November 1997.

524 Vgl. zur Begriffsdiskussion: Gessenharter, Wolfgang / Fröchling, Helmut (Hg.): Rechtsextremismus und Neue Rechte in Deutschland, Opladen 1998.

525 Vgl. Junge, Barbara / Naumann, Julia / Stark, Holger: RechtsSchreiber. Wie ein Netzwerk in Medien und Politik an der Restauration des Nationalen arbeitet, Berlin 1997, S. 9 – 12.

526 Vgl. Fischer, Peter: »Bekenntnis zur Heimat ist Bekenntnis zum Frieden«, in: *Das Ostpreußenblatt*, Folge 21 vom 24. Mai 1997.

527 Gottberg, Wilhelm von: Deutschlandtreffen der Ostpreußen 1997 (Redemanuskript), Düsseldorf 1997, S. 2. Unter dem Titel »Ostpreußen, unsere Heimat« wurde die Rede in *Das Ostpreußenblatt* (Folge 21 vom 24. Mai 1997) veröffentlicht.

528 Vgl. Schreiber, Ottomar: Das einzige Organ unserer Landsmannschaft!, in: *Das Ostpreußenblatt*, Probenummer, März 1950. Der Aufsatz wurde in der ersten regulären Ausgabe des *OB* (Folge 1 vom 5. April 1950) nachgedruckt.

529 Vgl. Gille, Alfred: Unser Ostpreußenblatt, in: *Das Ostpreußenblatt*, Folge 14 vom 2. April 1960.

530 Vgl. Hennig, Ottfried: Dreißig Jahre Treue zur Heimat, in: *Das Ostpreußenblatt*, Folge 16 vom 19. April 1980.

531 Angaben nach: Gottberg, Wilhelm von: In eigener Sache, in: *Das Ostpreußenblatt*, Folge 31 vom 2. August 1997.

532 Vgl. Sothen, Hans B. von: Zeitschriftenkritik: »Das Ostpreußenblatt« – Auf neuen Wegen, in: *Junge Freiheit*, Nr. 31-32 vom 25. Juli 1997. Sothen war seiner-

zeit *JF*-Redakteur. In der Folge 50 vom 12. Dezember 1998 des *Ostpreußenblattes* wird er erstmals als *OB*-Redakteur geführt. Ebenfalls erstmals in dieser Ausgabe des *OB* in der Redaktion als Freier Mitarbeiter geführt wird Martin Schmidt, vormals wie Sothen *JF*-Redakteur.

533 Vgl. Gottberg (1998b).

534 Leonhart, Leonore: Das unsichtbare Fluchtgepäck. Kulturarbeit ostdeutscher Menschen in der Bundesrepublik, Köln/Berlin 1970, S. 19 f.

535 Vgl. Bund der Vertriebenen (Hg.): Handreichung für Heimatstubenleiter (= Kulturelle Arbeitshefte 21), 2. Aufl., Bonn 1993.

536 Hupka, Herbert: Der Ostdeutsche Kulturrat bietet sich als Forum an, in: *Der Schlesier*, Nr. 44 vom 5. November 1982.

537 Angabe nach: Bundesverband Deutscher Stiftungen (Hg.): Verzeichnis der Deutschen Stiftungen 1997, 3. Aufl., Darmstadt 1997, S. 948.

538 Vgl. Parplies (1998).

539 Hupka (1982).

540 Vgl. Leonhart (1970), S. 21 f.

541 Vgl. ebd., S. 24.

542 Herder-Institut (Hg.): Wissenschaftliche Serviceeinrichtung für historische Ostmitteleuropaforschung (Selbstdarstellung), Marburg o. J.

543 Mühle, Eduard: Ostmitteleuropa: Heute gehören die Vereinfachungen der Vergangenheit an, in: *Oberhessische Presse* vom 5. Juni 1996.

544 Vgl. Leonhart (1970), S. 22.

545 Vgl. Bund der Vertriebenen (Hg.) (1996), S. 232 – 257.

546 Vgl. Leonhart (1970), S. 33.

547 Meissner, Boris: Die Entwicklung des Göttinger Arbeitskreises e.V. seit 1946 und sein Beitrag zur Osteuropaforschung, in: Göttinger Arbeitskreis (Hg.): 50 Jahre Göttinger Arbeitskreis e.V., Göttingen 1998, S. 19. Meissner, ehemaliger SA-Mann und Offiziersanwärter im Armeeoberkommando 18 der Wehrmacht, ist seit 1965 Präsident des Göttinger Arbeitskreises.

548 Zit. n.: Ebd., S. 19 f.

549 Ebd., S. 28.

550 Vgl. ebd., S. 19.

551 Vgl. Goldendach, Walter von / Minow, Hans-Rüdiger: »Deutschtum erwache!« Aus dem Innenleben des staatlichen Pangermanismus, Berlin 1994.

552 Vgl. Goldendach, Walter von / Minow, Hans-Rüdiger: Von Krieg zu Krieg. Die deutsche Außenpolitik und die ethnische Parzellierung Europas, 3. akt. Aufl., Berlin / München 1999.

553 Vgl. Bund der Vertriebenen (Hg.) (1996), S. 226 – 231.

554 Vgl. als sich positiv abhebende Beispiele, die eine ideologiekritische Analyse mit der Darstellung von personalen Verknüpfungen verbinden, etwa: Jelpke / Schröder (1996); Velpen, Jos Vander: Horizons noirs. L'Extrême droite en Europe, Bruxelles 1996, S. 165 ff.

555 Vgl. Thoma, Fritz: Offensive für geschichtliche Wahrheit und Ächtung der Vertreibung, in: *Deutscher Ostdienst*, Nr. 38 vom 25. September 1992.

556 Vgl. Lemmer, Torsten: Sänger für Deutschland. Die Biographie des Volkssängers Frank Rennicke, Düsseldorf 1996, S. 183 f.
557 Vgl. Antifaschistisches Autorenkollektiv: Drahtzieher im braunen Netz. Ein aktueller Überblick über den Neonazi-Untergrund in Deutschland und Österreich, Hamburg 1996, S. 131 ff.
558 Vgl. Röpke, Andrea / Salzborn, Samuel: Ehrung für Rechtsextremisten, in: *stern*, Nr. 27 vom 25. Juni 1998.
559 Bilke, Jörg Bernhard: Im Osten Europas erinnert man sich der Deutschen, in: *Kulturpolitische Korrespondenz*, Nr. 963 vom 25. Februar 1996. Die *Kulturpolitische Korrespondenz*, deren verantwortlicher Redakteur Bilke ist, wird von der OKR herausgegeben.
560 Vgl. bspw. die Aufsätze von Nordbruch in: *Eckartbote* 3/1998, *Nation & Europa* 1/1998 und 2/1998, *Das Ostpreußenblatt* 49/1997, *Recht und Wahrheit* 7 – 8/1997, *Nordische Zeitung* 4/1997.
561 Vgl. *Junge Freiheit* 34/1997 und *Das Freie Forum* 2/1998.
562 Vgl. Nordbruch, Claus: Sind Gedanken noch frei? Zensur in Deutschland, München 1998, S. 194.
563 Hupka, Herbert: »Selbsternannte Vertriebene«, in: *Kulturpolitische Korrespondenz*, Nr. 1041 vom 15. Mai 1998.
564 Vgl. Aktion »Deutsches Königsberg«: *Rundschreiben* Nr. 2/95.
565 Vgl. Aktion »Deutsches Königsberg«: *Rundschreiben* Nr. 2/96.
566 Vgl. *Deutsche Schule Trakehnen – Nachrichten des »Schulvereins« aus Nord-Ostpreußen*, Nr. 1/99. Grußbotschaften gingen außerdem unter anderem noch von dem Tierfilmer Heinz Sielmann und Elisabeth Noelle-Neumann vom Institut für Demoskopie Allensbach ein.
567 Vgl. Ihlau, Olaf: »Da werden Blasen geschlagen«, in: *Der Spiegel*, Nr. 17 vom 24. April 1995.
568 Vgl. Aktion »Deutsches Königsberg«: *Rundschreiben* Nr. 1/92.
569 Vgl. Aktion »Deutsches Königsberg«: *Rundschreiben* Nr. 2/97.
570 Vgl. Aktion »Deutsches Königsberg«: *Rundschreiben* Nr. 1/93.
571 Blumenwitz wurde beispielsweise mit der höchsten Auszeichnung der SL, dem Europäischen Karlspreis, geehrt.
572 Vgl. Eibicht, Rolf-Josef (Hg.): Hellmut Diwald. Sein Vermächtnis für Deutschland – Sein Mut zur Geschichte, Tübingen 1994.
573 Eibicht, Rolf-Josef: Hellmut Diwald – Geschichtserwecker und Vorkämpfer gegen eine kriminalisierte und gestohlene Geschichte, in: ders. (Hg.) (1994), S. 32.
574 Vgl. Eibicht, Rolf-Josef (Hg.): Unterdrückung und Verfolgung Deutscher Patrioten. Gesinnungsdiktatur in Deutschland?, Viöl 1997, S. 643 ff.
575 Eibicht (1994), S. 20 f.
576 Vgl. Amtsgericht Tübingen: Beschluss 4 Gs 1085/97 vom 26. November 1997.
577 Vgl. Eibicht, Rolf-Josef (Hg.): 50 Jahre Vertreibung. Der Völkermord an den Deutschen. Ostdeutschland – Sudetenland: Rückgabe statt Verzicht, Tübingen 1995.

578 Vgl. Eibicht (Hg.) (1997).

579 Vgl. Steinbach, Erika: »In ordnungsgemäßer und humaner Weise«, Rezension von Heinz Nawratil: Schwarzbuch der Vertreibung 1945 bis 1948, in: *Frankfurter Allgemeine Zeitung* vom 8. Juni 1999.

580 Wiedemann, Erich: »Ojottchen, im Reich haben sie uns verjessen«, in: *Der Spiegel*, Nr. 25 vom 17. Juni 1985.

581 Vgl. Die Deutschen Konservativen (Hg.): Ungewöhnliche Weihnachtsgeschenke (Faltblatt), Hamburg 1998, Fehler i. Org.

582 Sonneborn, Martin: Deutsche Dokumente, in: *Titanic*, Nr. 3, März 1999.

583 Frantzioch (1987), S. 125.

584 Die auf einer matriarchalischen Gesellschaftsinterpretation aufbauende religiöse Vorstellung der »Mutter Erde« geht zwar in der Bedeutung für die Vertriebenenverbände auf den deutschen Volksglauben zurück, ist jedoch nicht nur dort verankert. Vgl. hierzu ausführlich: Highwater, Jamake: Sexualität und Mythos, München 1995.

585 Vgl. ebd.

586 Vgl. Pohrt, Wolfgang: Heimat, in: *konkret*, Heft 11, November 1984.

587 Nahm übte diese Tätigkeit vom 10. Juni 1953 bis zum 29. November 1967 aus. Sein Vorgänger war Ottomar Schreiber, sein Nachfolger Gerd Lemmer. Vgl. Presse- und Informationszentrum des Deutschen Bundestages (Hg.) (1983), S. 345.

588 Nahm, Peter-Paul: Eine Weltseuche (Interview mit dem Sender Freies Berlin), in: Presse- und Informationsamt der Bundesregierung (Hg.): *Bulletin*, Nr. 172 vom 14. September 1955, S. 1440 f.

589 So der damalige Bundeskanzler Helmut Kohl beim »Tag der Heimat« 1984, zit. n.: Gremliza, Hermann L.: Gremliza's Express, in: *konkret*, Heft 10, Oktober 1984.

590 Winter, Gerhard: Heimat, was ist das?, in: Berg, Wolfgang / Göllner-Scholz, Antje / Orlovius-Wessely, Anita (Hg.): Identität und Heimat – interkulturelle Zugänge, Hilden 1996, S. 13.

591 Rehs, Reinhold: Vorwort, in: Landsmannschaft Ostpreußen (Hg.): Landsmannschaft Ostpreußen 1948 – 1968, o. O. u. J., S. 3.

592 Semmler, Hildegard: Grenzen sind Narben der Geschichte, in: *Der Westpreuße*, Nr. 9 vom 4. Mai 1991.

593 Landsmannschaft Westpreußen: Politische Richtlinien für die Arbeit der Landsmannschaft Westpreußen (April 1969), in: Landsmannschaft Westpreußen (Hg.): 1949 – 1969. 20 Jahre Landsmannschaft Westpreußen, Münster 1969, S. 66.

594 Strelow, Heinz-Siegfried: Regionalismus als eine neue Zwischenstufe?, in: *Das Ostpreußenblatt*, Folge 39 vom 26. September 1992.

595 Ebd. Zu den ökologischen Motiven vgl. Strelow, Heinz-Siegfried: Das verlorene Grün der Konservativen, in: *Criticón* Nr. 155, Juli / August / September 1997. Strelow schreibt hier: »Nation, so wie sie vor der Zeit des Nationalstaates verstanden wurde: Auch diese Frage gehört zu den ökologischen Themen der

Zukunft. Denn es geht darum, ob Nation primär als staatliche Apparatur und Verwaltungsinstitution aufgefasst wird oder aber als natürlich gewachsene Summe aus Individuen, Familien, Stämmen und Landsmannschaften. Eine Weltsicht, die diese naturhaften Züge menschlicher Gemeinschaften in den Mittelpunkt rückt, wird die bunte Vielfalt der Kulturen, Sprachen und Traditionen als Eigenwert erkennen, den es ebenso zu schützen gilt wie den Arten- und Landschaftsreichtum in der ›übrigen‹ Natur.« Eine kritische Betrachtung zum Thema liefert: Geden, Oliver: Rechte Ökologie. Umweltschutz zwischen Emanzipation und Faschismus, Berlin 1996.

596 Anderson (1996), S. 207.

597 Elwert, Georg: Nationalismus und Nativismus, in: Nohlen, Dieter/Waldmann, Peter (Hg.): Wörterbuch zur Politik, Band 6: Dritte Welt. Gesellschaft – Kultur – Entwicklung, München/Zürich 1987, S. 378.

598 Anderson (1996), S. 133; Herv. i. Org.

599 Reichert-Flögel, Ute: Im Kulturbereich vielfältig engagiert, in: *Deutscher Ostdienst*, Sonderausgabe II / 1985.

600 Vgl. Emmerich, Wolfgang: Zur Kritik der Volkstumsideologie, Frankfurt a.M. 1971, S. 128.

601 Vgl. ebd., S. 128 f.

602 Anderson (1996), S. 15.

603 Vgl. Hoffmann, Lutz: Das »Volk«. Zur ideologischen Struktur eines unvermeidbaren Begriffs, in: *Zeitschrift für Soziologie*, Heft 3, Juni 1991, S. 191 ff.

604 Ebd., S. 196.

605 Knapstein, Bernhard: Auf ein Wort – Ostpreußen: Kritik aus Tradition!, in: *Fritz*, Nr. 1, Mai 1998.

606 Ebd.

607 Löther, Rolf: Der Mensch – Natur- und Gesellschaftswesen, in: Fischer, Gero / Wölflingseder, Maria (Hg.): Biologismus – Rassismus – Nationalismus. Rechte Ideologien im Vormarsch, Wien 1995, S. 14.

608 Müller, Jost: Mythen der Rechten – Nation, Ethnie, Kultur. Berlin/Amsterdam 1995, S. 107 f.

609 Kamphausen, Helmut: Der erzwungene Abschied, in: *Das Ostpreußenblatt*, Folge 8 vom 26. Februar 1994.

610 Vgl. Bundesversammlung der Sudetendeutschen Landsmannschaft / Sudetendeutscher Rat (1979).

611 Vgl. Ortlieb, Sylvia: Palästinensische Identität und Ethnizität. Genese und Entwicklung des Selbstverständnisses der Palästinenser, Köln 1995.

612 Politisches Programm des 14. Palästinensischen Nationalrates in Damaskus vom 15. bis 23. Januar 1979, zit. n.: Neuhaus, Dietrich / Sterzing, Christian (Hg.): Die PLO und der Staat Palästina, Frankfurt a.M. 1991, S. 229.

613 Vgl. Kudlich, Jörg: Das Sudetenproblem und die Palästina-Frage – Gedanken zum Selbstbestimmungsrecht der Sudetendeutschen, in: *Sudetendeutsche Zeitung*, Folge 21 vom 23. Mai 1980.

614 Vgl. Kudlich (1980).

615 Vgl. Zimmermann (1999), S. 35 bis 70.

616 Vgl. Büren, Rainer: Ein palästinensischer Teilstaat? Zur internen, regionalen und internationalen Dimension der Palästinafrage, Baden-Baden 1982, S. 204 ff.

617 Kudlich (1980).

618 Vgl. Salzborn, Samuel: Königsberger Klops, in: *Allgemeine Jüdische Wochenzeitung*, Nr. 1 vom 8. Januar 1998.

619 Vgl. jrh: Weltweit ist doch klasse – oder?, in: *Fritz*, Nr. 1, Mai 1997.

620 Piper, Ernst: Achtes Bild: »Die jüdische Weltverschwörung«, in: Schoeps, Julius H. / Schlör, Joachim (Hg.): Antisemitismus – Vorurteile und Mythen, Frankfurt a. M. 1995, S. 133.

621 Vgl. Reinhard, Jens: Biedermänner und Brandstifter, in: *Fritz*, Nr. 2, September 1993.

622 Vgl. *Fritz*, Nr. 2, September 1993, Titelseite; *Fritz*, Nr. 1, Mai 1997, Titelseite.

623 Vgl. Wippermann, Wolfgang: Konzentrationslager – Geschichte, Nachgeschichte, Gedenken, Berlin 1999, S. 143 f.

624 EK: Jedem das Seine ..., in: *Das Ostpreußenblatt*, Folge 1 vom 5. Januar 1963.

625 Die JLO hatte in Dresden in Räumlichkeiten des BdV eine Veranstaltung zum *Schwarzbuch des Kommunismus* durchgeführt und dafür Flugblätter mit einer antisemitischen Darstellung verbreitet. Vgl. Lasch, Hendrik: Ermittlungen wegen Volksverhetzung, in: *Neues Deutschland* vom 10. Juni 1999.

626 Vgl. reck: Rote Karte, in: *Frankfurter Rundschau* vom 12. Dezember 1998.

627 Vgl. o. V.: Verband will Zentrum für deutsche Vertriebene in Berlin, *dpa*-Meldung vom 22. März 1999.

628 Fromm, Erich: Haben oder Sein. Die seelischen Grundlagen einer neuen Gesellschaft, 6. Aufl., München 1980, S. 47.

629 Foucault, Michel: Archäologie des Wissens, 6. Aufl., Frankfurt a. M. 1994, S. 23.

630 Benz, Wolfgang: Rechtsextremismus in Deutschland. Ideologie, Tradition, Erscheinungsformen, in: ders. (Hg.): Rechtsextremismus in Deutschland. Voraussetzungen, Zusammenhänge, Wirkungen, akt. u. erw. Neuauf., Frankfurt a. M. 1994, S. 17.

631 Vgl. Poley, Harry: »... mit seiner Selbstachtung eins werden«. Hellmut Diwalds schonungslose Abrechnung mit den Umerziehern, in: *Das Ostpreußenblatt*, Folge 17 vom 24. April 1993.

632 Vgl. bspw. Antwort der Bundesregierung auf die Kleine Anfrage der Abgeordneten Ulla Jelpke und der Gruppe der PDS / Linke Liste (BT-Drs. 12/8042): Das »Ostpreußenblatt« und der Rechtsextremismus (II), BT-Drs. 12/8362 vom 8. August 1994. Die in der Kleinen Anfrage von Ulla Jelpke in eindrucksvoller Materialdichte zusammengetragenen Belege sind in Ausschnitten unter dem Titel *Das Ostpreußenblatt* in *analyse & kritik* (Folge 368 vom 6. Juli 1994) publiziert worden. Vgl. ferner: Jelpke, Ulla / Schröder, Helmut: Der Bund der Vertriebenen. Für ein Deutschland in den Grenzen von 1937, 1938, 1939 ..., in: Mecklenburg (Hg.) (1996), S. 885 bis 900.

633 Degenhart, Fritz: Der Beginn des Untergangs, in: *Das Ostpreußenblatt*, Folge 43 vom 29. Oktober 1994.
634 Fisch, Bernhard: Nemmersdorf, Oktober 1944. Was in Ostpreußen tatsächlich geschah, Berlin 1997, S. 16.
635 Vgl. ebd., S. 141 ff.
636 Vgl. ebd., S. 160 ff.
637 Ebd., S. 128.
638 Neubauer, Franz: Falscher Jubel: Benesch-Dekrete nicht abgeschafft, in: *Sudetendeutsche Zeitung*, Folge 11 vom 19. März 1999. Neubauer verwendet hier die in der SL übliche Eindeutschung des Namens von Edvard Beneš.
639 Gemeinsame deutsch-tschechische Historikerkommission (Hg.) (1996), S. 67.
640 Vgl. Memorandum of the Czechoslovak Government on the problem of the german minority in Czechoslovakia, 23. November 1944, in: Král, Václav (Hg.): Die Deutschen in der Tschechoslowakei 1933 – 1947. Dokumentensammlung, Praha 1964, S. 538 ff.
641 Vgl. Elaborat des tschechoslowakischen Ministeriums für Auswärtige Angelegenheiten vom 2. November 1945, in: Král (Hg.) (1964), S. 570 ff.
642 Vgl. Dekret des Präsidenten der Republik vom 19. Mai 1945 über die Ungültigkeit einiger vermögensrechtlicher Rechtsgeschäfte aus der Zeit der Unfreiheit und über die nationale Verwaltung der Vermögenswerte der Deutschen, der Madjaren, der Verräter und Kollaboranten und einiger Organisationen und Anstalten, in: Bundesministerium für Vertriebene, Flüchtlinge und Kriegsgeschädigte (Hg.): Dokumentation der Vertreibung der Deutschen aus Ost-Mitteleuropa. Die Vertreibung der deutschen Bevölkerung aus der Tschechoslowakei, Band IV/1, Bonn 1957, S. 204 ff.
643 Vgl. Dekret des Präsidenten der Republik vom 19. Juni 1945 über die Bestrafung der nazistischen Verbrecher, der Verräter und ihrer Helfershelfer sowie über die außerordentlichen Volksgerichte, in: ebd., S. 211 ff.
644 Vgl. Dekret des Präsidenten der Republik vom 21. Juni 1945 über die Konfiskation und beschleunigte Aufteilung des landwirtschaftlichen Vermögens der Deutschen, Madjaren, wie auch der Verräter und Feinde des tschechischen und des slowakischen Volkes, in: ebd., S. 225 bis 230.
645 Vgl. Verfassungsdekret des Präsidenten der Republik vom 2. August 1945 über die Regelung der tschechoslowakischen Staatsbürgerschaft der Personen deutscher und madjarischer Nationalität, in: ebd., S. 240 ff.
646 Vgl. ebd.
647 Vgl. Neubauer (1999).
648 Vgl. Gesetz vom 8. Mai 1946 über die Rechtmäßigkeit von Handlungen, die mit dem Kampf um die Wiedergewinnung der Freiheit der Tschechen und Slowaken zusammenhängen, in: Bundesministerium für Vertriebene, Flüchtlinge und Kriegsgeschädigte (Hg.) (1957), S. 291.
649 Vgl. Brandes, Detlef / Kural, Václav (Hg.): Der Weg in die Katastrophe. Deutsch-tschechoslowakische Beziehungen 1938 – 1947, Essen 1994.
650 Vgl. Gemeinsame deutsch-tschechische Historikerkommission (Hg.) (1996),

S. 69.

651 Fromm, Erich: Die Furcht vor der Freiheit, 7. Aufl., München 1998, S. 207.

652 Vgl. Schelsky, Helmut: Die Flüchtlingsfamilie, in: *Kölner Zeitschrift für Soziologie*, Jg. 3 (1950/51), S. 171.

653 Vgl. Connell, Robert W.: Der gemachte Mann. Konstruktion und Krise von Männlichkeiten, Opladen 1999, S. 205 ff.

654 Schlee, Emil: Rittertum heute, in: *Das Ostpreußenblatt*, Folge 49 vom 4. Dezember 1993.

655 Vgl. Kurth, Alexandra: Mit Gott für Kinder – Küche – Kirche. Rechtskonservative Politikangebote von und für Frauen, in: Bitzan, Renate (Hg.): Rechte Frauen. Skingirls, Walküren und feine Damen, Berlin 1997.

656 Vgl. Frauenforum 1999 zum 50. Sudetendeutschen Tag: Mahnung der Frauen (Dokumentation), in: *Sudetendeutsche Zeitung*, Folge 21 vom 28. Mai 1999.

657 Loeffke, Barbara D.: Die Hungerhölle von Cranz, in: *Das Ostpreußenblatt*, Folge 7 vom 20. Februar 1999.

658 Vgl. Steinbach, Erika: Die Töchter der Penthesilea – nur eine radikale Minderheit ..., in: *Deutschland-Magazin*, Nr. 9, September 1996.

659 Naumann, Michael, zit. n.: Lau, Jörg: Lauter kleine Projekte, in: *Die Zeit*, Nr. 44 vom 22. Oktober 1998; Fehler i. Org.

660 Vgl. Steinbach, Erika: Bundeskanzler Schröder spricht beim Festakt der Vertriebenen im Berliner Dom, in: *Deutscher Ostdienst*, Nr. 4 vom 29. Januar 1999.

661 Genau genommen ist von einer Wiederentdeckung zu sprechen. So schrieb beispielsweise die SPD ein von Erich Ollenhauer, Willy Brandt und Herbert Wehner gezeichnetes Telegramm zum Deutschlandtreffen der LMS 1963, in dem es u.a. hieß: »Verzicht ist Verrat, wer wollte das bestreiten: 100 Jahre SPD heißt vor allem 100 Jahre Kampf für das Selbstbestimmungsrecht der Völker. Das Recht auf Heimat kann man nicht für ein Linsengericht verhökern – niemals darf hinter dem Rücken der aus ihrer Heimat vertriebenen oder geflüchteten Landsleute Schindluder getrieben werden. [...] Der Wiedervereinigung gilt unsere ganze Leidenschaft. Wer an diesem Feuer sein kleines Parteisüppchen zu kochen versucht, kann vor dem großen Maßstab der Geschichte nicht bestehen.« Zit. n.: Landsmannschaft Schlesien (Hg.) (1979), S. 37.

662 Vgl. dja/bk: Schily spricht statt Schröder am »Tag der Heimatvertriebenen«, *AFP*-Meldung vom 4. Mai 1999.

663 Vgl. Stratmann, Walter: Bundesinnenminister Otto Schily – Weltbürger und Antroposoph, in: *Deutscher Ostdienst*, Nr. 20 vom 21. Mai 1999; Fehler i. Org.

664 Vgl. ebd.

665 Vgl. Stratmann, Walter: Bundesinnenminister Schily bietet BdV faire partnerschaftliche Zusammenarbeit an, in: *Deutscher Ostdienst*, Nr. 51/52 vom 18. Dezember 1998.

666 Vgl. Schily, Otto: Erinnerung und Gedenken finden ihren Sinn im Willen für eine bessere Zukunft, in: Presse- und Informationsamt der Bundesregierung (Hg.): *Bulletin*, Nr. 35 vom 1. Juni 1999, S. 368.

667 Vgl. Facius, Gernot: Suche nach einem Haus für Vertriebenen-Stiftung, in: *Die*

*Welt* vom 27. August 1999.

668 Steinbach, Erika: Begrüßung und Ansprache zum Tag der deutschen Heimatvertriebenen im Dom zu Berlin (Redemanuskript), Bonn/Berlin 1999, S. 7.

669 Steinbach, Erika: »SPD nimmt wieder Anteil an Vertriebenen«, Interview von Margarete van Ackeren, in: *Rheinische Post* vom 28. Mai 1999.

670 Vgl. Steinbach, Erika: Menschenrechte sind unteilbar, in: *Deutscher Ostdienst*, Nr. 50 vom 11. Dezember 1998.

671 Vgl. hierzu ausführlich: Salzborn, Samuel: Deutsche Authentizität als universelles Konzept, in: *Bahamas*, Nr. 28, Frühjahr 1999.

672 Vgl. Thüne, Wolfgang: »Es waren Notgemeinschaften«, in: *Das Ostpreußenblatt*, Folge 41 vom 10. Oktober 1998.

673 Vgl. Berger, Hans: Sinn und Auftrag der Landsmannschaften, in: *Das Ostpreußenblatt*, Folge 37 vom 16. September 1978.

674 Vgl. Diepgen, Eberhard: Rede anlässlich des Festtages des Bundes der Vertriebenen (Tag der deutschen Heimatvertriebenen) am 29. Mai 1999 im Berliner Dom im Rahmen der Feiern zum 50. Bestehen der Bundesrepublik Deutschland (Redemanuskript), Berlin 1999, S. 5 f.

675 Vgl. Monath, Hans: Goodwill-Trip, in: *die tageszeitung* vom 13. Mai 1995.

676 Vgl. Verter, Bernd: Optimismus mit Scheuklappen, in: *junge Welt* vom 13./14. Januar 1996.

677 Vgl. hierzu ausführlich: Salzborn, Samuel: Normalität der Zusammenarbeit. Anmerkungen zum Verhältnis von SPD und »Vertriebenenverbänden«, in: *newsletter – Magazin der Jusos Niedersachsen*, Nr. 22 (August/September 1999).

678 Vgl. SPD-Bundestagsfraktion (Hg.): Konstruktiver Dialog mit den ostdeutschen Landsmannschaften, *Pressemitteilung* Nr. 1765 vom 27. Oktober 1995.

679 Vgl. o.V.: SPD und BdV im Gespräch, in: *Deutscher Ostdienst*, Nr. 18 vom 30. April 1998.

680 Vgl. Stratmann, Walter: Bundestagswahl 1998 bringt Machtwechsel, in: *Deutscher Ostdienst*, Nr. 40 vom 2. Oktober 1998.

681 Vgl. Haushaltsplan der Bundesregierung 1999: Einzelplan 06, Kapitel 0640 – Bewilligungen für Spätaussiedler, Deutsche Minderheiten und Vertriebene, Titelgruppe 01/Titel 68412-246 (S. 214), Bonn 1999.

682 Vgl. ebd.

683 Welt, Jochen, zit. n.: o.V.: Deutschland rechnet mit unter 100.000 Aussiedlern in diesem Jahr, *dpa*-Meldung vom 17. Januar 1999.

684 Vgl. Haushaltsplan der Bundesregierung 1999: Einzelplan 06, a.a.O., Titelgruppe 02 (S. 214).

685 Ebd., Titelgruppe 02 / Titel 89622-249 (S. 215).

686 Vgl. § 96 *BVFG* 1.1.93.

687 Vgl. Haushaltsplan der Bundesregierung 1999, Einzelplan 04, Kapitel 0405 – Der Bundesbeauftragte der Bundesregierung für Angelegenheiten der Kultur und der Medien, Titelgruppe 07 (S. 45 ff.), Bonn 1999.

688 Vgl. ebd., Titelgruppe 07/Titel 68471-246 (S. 46).

689 Vgl. Haushaltsplan der Bundesregierung 2000: Einzelplan 06, Kapitel 0640 –

Bewilligungen für Spätaussiedler, Deutsche Minderheiten und Vertriebene, Titelgruppe 01/Titel 68412-246 (S. 192 f.), Bonn 1999.

690 Vgl. Haushaltsplan der Bundesregierung 2000, Einzelplan 04, Kapitel 0405 – Beauftragter der Bundesregierung für Angelegenheiten der Kultur und der Medien, Titelgruppe 07/Titel 68471-246 (S. 43 f.), Bonn 1999.

691 Vgl. Salzborn, Samuel: Naumanns Rohrkrepierer, in: *Jungle World*, Nr. 31 vom 28. Juli 1999.

692 Vgl. Welt, Jochen: »Dramatische Orientierungsprobleme«. Interview von Christian Sauer, in: *Deutsches Allgemeines Sonntagsblatt*, Nr. 11 vom 12. März 1999.

693 Vgl. Beauftragter der Bundesregierung für Aussiedlerfragen (Hg.): *Info-Dienst Deutsche Aussiedler*, Nr. 100, April 1999, S. 3.

694 Vgl. ebd., S. 9 – 33.

695 Vgl. ebd., S. 2.

696 Waffenschmidt, Horst, zit. n.: Kuhr, Holger: Deutsche »Wohlstands-Inseln«?, in: *Der Rechte Rand*, Sonderheft Nr. 2: Der deutsche Ritt nach Osten (September 1997).

697 Vgl. Beauftragter der Bundesregierung für Aussiedlerfragen (Hg.) (1999), S. III.

698 Ebd., S. 2 f.

699 Sauer, Helmut: Volksgruppenrechte für die Deutschen in der Heimat durchsetzen, in: *Das Vertriebene Landvolk – Der vertriebene Bauer*, Nr. 1, Januar 1998.

700 Bundestagsbeschluss vom 29. Mai 1998 (Dokumentation), in: *Deutscher Ostdienst*, Nr. 28 vom 10. Juli 1998.

701 Resolution des Sejm (Dokumentation): »Gefährliche Tendenzen«, in: *Frankfurter Rundschau* vom 4. Juli 1998.

702 Vgl. Byrt, Andrzej: Warum kritisiert der Sejm die Resolution aus Bonn? Interview von Lydia Utech, in: *junge Welt* vom 4./5. Juli 1998.

703 Zit. n.: o. V.: Walesa ruft zu fairem Umgang auf, in: *Frankfurter Rundschau* vom 7. Juli 1998.

704 Vgl. Veiter, Theodor: Das Volksgruppenrecht als elementarer Baustein für ein vereinigtes Europa, München 1967, S. 15.

705 Vgl. Goldendach/Minow (1999), S. 47, 95, 121 ff.

706 Vgl. Klein, Friedrich/Kloss, Heinz/Meissner, Boris /Münch, Fritz/Rehs, Reinhold/Veiter, Theodor (Hg.): System eines internationalen Volksgruppenrechts, 1. Teil: Grundlagen und Begriffe, Wien/Stuttgart 1970; 2. Teil: Innerstaatliche, regionale und universelle Struktur eines Volksgruppenrechts, 1972; 3. Teil: Sonderprobleme des Schutzes von Volksgruppen und Sprachminderheiten, 1978.

707 Vgl. Ne.: Bausteine für ein neues Europa, in: *Das Ostpreußenblatt*, Folge 49 vom 6. Dezember 1969.

708 Vgl. Elsässer, Jürgen (Hg.): Nie wieder Krieg ohne uns. Das Kosovo und die neue deutsche Geopolitik, Hamburg 1999.

709 Vgl. Veiter (1967), S. 14.

710 Neumann, Franz: Behemoth. Struktur und Praxis des Nationalsozialismus 1933 – 1944, Frankfurt a. M. 1984 (Erstauflage: 1942), S. 185.

711 Vgl. Roth, Karl Heinz: Der Volksgruppenzoo, in: *konkret*, Heft 7, Juli 1999.

712 Vgl. Schwarz, Hans-Peter: Die Zentralmacht Europas. Deutschlands Rückkehr auf die Weltbühne, Berlin 1994.

713 Möller, Heiner: »Wir müssen lernen, so klug zu sein, wie wir stark sind«. Acht Jahre deutsche Außenpolitik seit der Wiedervereinigung: Eine Bilanz, in: Dietl, Andreas/Möller, Heiner/Vogel, Wolf-Dieter u. a.: Zum Wohle der Nation, Berlin 1998, S. 60.

714 Czaja, Herbert: Friedlicher Wandel oder Status quo?, in: *Deutscher Ostdienst*, Nr. 43 vom 24. Oktober 1985.

715 Veiter, Theodor: Wege zu einem modernen Volksgruppenrecht, in: *Aus Politik und Zeitgeschichte*. Beilage zur Wochenzeitung *Das Parlament* B 18/75 vom 3. Mai 1975, S. 30.

716 Veiter, Theodor: Volk und Volksgruppe, in: Klein u. a. (Hg.) (1970), S. 29.

717 Vgl. Eichenberger, Carsten: Die Deutschen in Polen. Von der verleugneten Minderheit zur anerkannten Volksgruppe, Augsburg 1994. Die Arbeit wurde in einer Reihe des Bukowina-Instituts publiziert, einer Forschungseinrichtung im Umfeld der Landsmannschaft der Buchenlanddeutschen (Bukowina).

718 Vgl. Pernthaler, Peter: Volksgruppe und Minderheit als Rechtsbegriffe, in: Wittmann, Fritz / Bethlen, Stefan Graf (Hg.): Volksgruppenrecht. Ein Beitrag zur Friedenssicherung, München/Wien 1980, S. 10.

719 Vgl. Zayas, Alfred Maurice de: Ansprache anlässlich des Tages der Heimat 1997 (Redemanuskript), Berlin/Chicago/Genf 1997, S. 1.

720 Vgl. Blumenwitz, Dieter (Hg.): Recht auf die Heimat im zusammenwachsenden Europa. Ein Grundrecht für nationale Minderheiten und Volksgruppen, Frankfurt a. M./Berlin/Bern/New York/Paris/Wien 1995.

721 Blumenwitz, Dieter: Minderheiten- und Volksgruppenrecht. Aktuelle Entwicklung, Bonn 1992, S. 32.

722 Charta von Paris für ein neues Europa, in: Presse- und Informationsamt der Bundesregierung (Hg.): *Bulletin*, Nr. 137 vom 24. November 1990, S. 1411.

723 Vgl. Europäische Charta der Regional- oder Minderheitensprachen, Bundesratsdrucksache 125/98, S. 10

724 Vgl. Bundesministerium der Justiz (Hg.): Schutz nationaler Minderheiten in Europa. Texte, Materialien, Erläuterungen zum Rahmenübereinkommen des Europarats zum Schutz nationaler Minderheiten, Bonn o. J., S. 18.

725 Vertrag zwischen der Bundesrepublik Deutschland und der Republik Polen über gute Nachbarschaft und freundschaftliche Zusammenarbeit, in: Presse- und Informationsamt der Bundesregierung (Hg.): *Bulletin*, Nr. 68 vom 18. Juni 1991, S. 542.

726 Vgl. ebd., S. 544.

727 Vgl. Druon, Maurice: Un affrontement franco-allemand en 2010?, in: *Le Figaro* vom 31. August 1999.

728 Vgl. ebd. Die staatlich inexakten Bezeichnungen Tschechoslowakei und Schlesien werden von Druon im Original verwandt.

729 Vgl. Brössler, Daniel: Zwei Pässe – für Deutsche in Polen bereits Alltag, *dpa*-Meldung vom 7. Januar 1999.

730 Vgl. Salzborn, Samuel: Illoyale Pässe, in: *Jungle World*, Nr. 3 vom 13. Januar 1999.

731 Vgl. Bingen, Dieter: Die Entwicklung der deutsch-polnischen Beziehungen seit 1991 (= Berichte des BIOst Nr. 52/1997), Köln 1997, S. 21 f.

732 Vgl. ruh.: Polnische Lokalwahlen mit großer Bedeutung, in: *Neue Zürcher Zeitung* vom 12. Oktober 1998.

733 Vgl. Mis, Engelbert: Die Wahlsensation, in: *Dialog. Deutsch-Polnisches Magazin*, Nr. 3 – 4, Dezember 1998.

734 Vgl. Noir, Marcel / Salzborn, Samuel: Deutscher Sieg, in: Jungle World, Nr. 43 vom 21. Oktober 1998.

735 Vgl. o. V.: Deutsche Minderheit bei Kommunalwahlen in Polen erfolgreich, *dpa*-Meldung vom 12. Oktober 1998.

736 Bund der Vertriebenen (Hg.): Die menschenrechtliche Lage der Deutschen in der Gebieten jenseits von Oder und Neiße. Verfasst von Dietrun Günther (= Kulturelle Arbeitshefte 26), Bonn 1990, S. 16.

737 Kroll, Henryk, zit. n.: Urban (1994), S. 117.

738 Vgl. o. V.: Hoffnung der Minderheit, in: *Auslandskurier Spezial*, Nr. 25, Juli 1998.

739 Vgl. Salzborn, Samuel: Deutsche Dominanz, in: *Jungle World*, Nr. 23 vom 2. Juli 1999.

740 Vgl. Steinbach, Erika: »Die Schutzpflicht aufgekündigt«. Interview von Thorsten Thaler, in: *Junge Freiheit*, Nr. 11 vom 12. März 1999.

741 Pohrt, Wolfgang: Das Jahr danach. Ein Bericht über die Vorkriegszeit, Berlin 1992, S. 81.

742 Vgl. hierzu ausführlich: Salzborn, Samuel: Getrennt kämpfen, vereint schlagen. Die »Vertriebenen« und der Krieg gegen Jugoslawien, in: *Der Rechte Rand*, Nr. 59 (Juli / August 1999); ders.: Solidarität mit den Vertriebenen. Die prominentesten Kosovo-Opfer sind die Deutschen, in: *Bahamas*, Nr. 29, 1999.

743 Vgl. Salzborn, Samuel: Sind wir nicht alle etwas Kosovo? Wie die Deutschen die Debatte um den Jugoslawien-Krieg nutzen, um ein Recht auf Heimat für sich zu reklamieren, in: *Jungle World*, Nr. 30 vom 21. Juli 1999.

744 Vgl. Schlögel, Karl: Kosovo war überall, in: *Die Zeit*, Nr. 18 vom 29. April 1999.

745 Vgl. Steinbach, Erika: Das Gewissen ist gegen Vertreibungen sensibilisiert, in: *Süddeutsche Zeitung* vom 26. August 1999.

746 Vgl. Stoldt, Hans-Ulrich: So herrlich fluchen, in: *Spiegel Spezial*, Nr. 6, Juni 1999.

747 Vgl. Cerny, Frantisek: »Schröder hat bei Tschechen Ängste abgebaut«, in: *Stuttgarter Nachrichten* vom 21. Mai 1999.

748 Vgl. Facius, Gernot: »Gebt uns Tschechen Zeit«, in: *Die Welt* vom 30. Juni 1999.

749 Vgl. o. V.: Mehrheit der Tschechen gegen Rückkehr der Sudetendeutschen, *dpa*-Meldung vom 28. Juni 1999.

750 Habsburg, Otto von: Die Zukunft der Heimatvertriebenen, in: Merkatz (Hg.) (1979), S. 422.

## Der Autor

Samuel Salzborn, Journalist, Korrespondent der Wochenzeitung *Jungle World*. Zuletzt erschienen: Momentaufnahmen. Sechzehn Absagen an »Vertriebenenverbände« und deutsch-völkische Außenpolitik, Düsseldorf 1998.

# Personenregister

## A



## B

**S**

Antifa Edition
herausgegeben von Jens Mecklenburg


Umschlaggestaltung Blank / Holtfreter
Gesetzt aus der Berthold Garamond
Agentur Marina Siegemund, Berlin
Druck Interpress, Budapest
Printed in Hungary
ISBN 3-88520-770-2
www.elefantenpress.de